KB088510

노동자

고통에 관하여

독일 파시즘의 이론들

노동자
Der Arbeit

고통에 관하여
Über den Schmerz

독일 파시즘의 이론들
Theorien des deutschen Faschismus

에른스트 윙거 · 발터 벤야민 지음
최동민 옮김

글항아리

일러두기

1. 이 책은 에른스트 윙거의 논쟁적 사상이 핵심적으로 드러나 있는 『노동자』(Ernst Jünger, *Der Arbeit*, Klett-Cotta, 1932)의 일부분과 『고통에 관하여』(Ernst Jünger, *Über den Schmerz*, Klett-Cotta, 1932)를 번역한 것이다. 아울러 윙거 사상에 대한 비판적 성찰을 제시한 발터 벤야민의 『독일 파시즘의 이론들』(Walter Benjamin, *Theorien des deutschen Faschismus*, GS: III, Suhrkamp, 1991)의 일부를 덧붙여 윙거 독해의 균형감을 확보하고자 했다.

2. 각주는 옮긴이의 것이다. 저자의 주는 '원주'로 표시했다.

차례

Ⅲ

노동자: 지배와 형상

고통에 관하여 ▪ 208

독일 파시즘의 이론들 ▪ 293

Ⅲ

노동자: 지배와 형상

Der Arbeiter: Herrschaft und Gestalt
Ernst Jünger

이 책의 계획은 노동자Der Arbeit의 형상을 가시화하는 데 있다. 노동자의 형상은 모든 이론과 당파, 선입견의 너머에서 약동하는 하나의 거대한 무엇이다. 이는 이미 강력하게 역사에 개입하기 시작했으며, 변화된 세계의 형식들을 단호하게 규정하고 있다. 여기서 다루는 내용은 새로운 사유나 새로운 체계가 아니라 하나의 새로운 현실이기 때문에, 중요한 것은 이를 날카롭게 서술하는 일이다. 이를 위해서는 온전하고 선입견 없는 눈이 전제되어야 한다.

위와 같은 근본 의도가 모든 문장 속에 잘 표현된 반면에, (증거로서) 제시된 자료는 불가피하게도 전망에 있어서 제한적이고 개인의 특수한 경험에 상응할 뿐이다. 그저 레비아탄Leviathan(리바이어던)의 일부분이라도 가시화하는 데 성

공할 수 있다면, 독자는 좀 더 쉽게 자신만의 발견, 즉 노동
자의 형상에서 빈곤함의 요소가 아닌 충만함의 요소를 발
견할 수 있을 것이다.

　이 중요한 협업은 강연의 방식을 통해 뒷받침되었으며, 강
연의 방식을 군인적인 연습의 규칙에 따라 시행하고자 노력
했다. 군인적인 연습은 군인적인 포착을 훈련할 기회를 제공
하는 다양한 종류의 주제를 활용한다. 그러나 중요한 것은
단순히 기회가 아니라, 포착을 위한 본능적인 확신이다.

베를린, 1932년 7월 14일

제1부

가상지배의 시대로서 제3신분의 시대

1.

독일에서 제3신분의 지배는 부와 권력 그리고 삶의 충만함을 규정하는 가장 깊은 핵심에 결코 다다를 수 없었다. 지난 한 세기의 독일 역사를 뒤돌아볼 때, 우리는 자랑스럽게 우리가 형편없는 시민이었다고 고백해도 될 것이다. 이제 그 마지막 한 가닥까지 해진 예복은 **우리**의 체형에 맞게 재단된 것이 아니었으며, 이 옷의 누더기 뒤로 이미 야성적이고 천진난만한 천성이 드러난다. 이 천성의 예민한 목소리는 일찍이 장막을 떨리게 만들었는데, 이 장막 뒤로 시대는 민주주의의 거대한 연극을 감춰놓았었다.

그렇다. 독일인은 좋은 시민이 아니었으며, 독일인은 시민의 속성이 가장 두드러진 곳에서 가장 보잘것없었다. 가장 심원하고 대담한 사유가 전개되고 가장 활기찬 감성이 지배하며 가장 무자비한 싸움이 벌어지는 모든 곳에서 특정한 가치들에 대한 반란이 분명하게 감지되는데, 이 가치들은 이성의 위대한 독립선언서를 자신의 간판으로 내세웠었다. 그러나 천재라 일컬어지는 책임의 직접적 주체가 이처럼 외톨이였던 적은 없었고, 그의 작업과 활동이 이곳에서처럼 위협을 받은 적은 없었으며, 영웅의 순수한 발현이 이처럼 부족한 자양분을 공급받은 적은 없었다. 언어가 저항할 수 없게 만드는 피와 정신의 마법적인 일치가 깃들어 있는 수원水原을 찾아, 뿌리는 메마른 땅을 깊숙이 뚫고 들어가야만 했을 것이다. 권력Macht(혹은 힘)과 정의Recht(혹은 법)를 새로운 방식으로 일치시키려는 의지에도 어려움이 따랐을 것인데, 이 일치는 낯선 것에 대항해 우리의 고유한 방식을 법률의 지위로 끌어올린다.

따라서 이 시기에는 위대한 영혼을 지닌 이가 무척이나 많았는데, 이들의 마지막 저항은 자신과 같은 유형의 행동을 저지하는 데 있었으며, 지고한 정신의 소유자도 넘쳐났는데, 이들은 암흑세계의 침묵을 환영했다. 이 당시에는 정치인도 많았다. 그러나 시대의 샘은 이들에게 접근을 거부했고, 정치인들은 미래에 관한 행동을 위해 과거로부터 물을 길어야만 했었다. 전투도 많아서, 피는 여러 승리와 패배 속에서 정신Geist으로서의 자신을 시험했다.

따라서 중요한 것은 이 시대에 독일인들이 취할 수 있었던 모든 입장이 만족스럽지는 못했음에도 불구하고, 이러한 입장들이 결정적인 측면에서 중요한 전투의 깃발을 상기시켰다는 사실이며, 이 깃발의 의미는 아직은 멀리 떨어져 있는 군대의 행진 규칙 속에 존재한다. 이러한 분열分列은 모든 곳에서 개별적으로 입증될 수 있을 것이다. 이 분열의 원인은 독일인이ㅡ모든 무력과 설득의 기술을 통해 그에게 제안되었으며 보편적 인권의 선포 속에서 자신을 정립했던ㅡ자유를 전혀 사용할 줄 몰랐기 때문이며, 자유는 독일인에게 있어서 그의 가장 내밀한 기관Organ과 어떠한 관계도 맺고 있지 않은 작업도구였던 것이다.

독일의 어디에서 이 언어(자유)가 말해지기 시작했는지를 추측하는 것은 어렵지 않았는데, 이는 그저 형편없는 번역이 문제였던 것이다. 그리고 근원 언어[1]가 끊임없이 사람들로 하여금 점점 더 귀를 기울이게 만들었고, 그 언어의 위험하고도 상이한 의미에 대해 의심의 여지가 없었기 때문에, 시민적 예절의 발상지가 되는 세계에 대한 불신은 보다 타당성을 얻게 되었다. 사람들은 여기에서 대단히 값비싸고 귀중한 가치가 진지하게 받아들여지지 않는다는 사실에 의문을 품게 되었고, 이 가치의 가면 뒤에서 계산 불가능하고 길들여지지 않으며 고유한 근원 관계 속에서 자신의 마지막 피난처를 탐지해내는 힘을 어렴풋이 느꼈다. 그리고 이 느낌은 타당했다.

왜냐하면 이 땅에서 자유의 개념은 실행 불가능하기 때문인데, 마치 확고하며 자신 안에 아무런 내용이 없는 척도인 듯 구는 이 개념은 자신에게 복속시키고자 하는 모든 임의의 거대한 것Größe에 자신을 적용시킨다. 여기에서는 오히려 일찍이 다음과 같은 사실이 유효했는데, 즉 하나의 힘이 소유하고 있는 자유의 정도는 바로 그 힘이 구속Bindung되어 있는 정도에 상응한다는 사실이다. 그리고 해방된 의지의 크기 속에서 책임의 크기가 드러나며, 책임은 해방된 의지에 정당성과 유효성을 부여한다는 사실이다. 이러한 사실

1_ 벤야민이 비판하는 파시즘의 신비주의적 언어의 형식이다.

은 책임의 인장印章을 지닌 것 이외에는 그 어떠한 것도 최상의 그리고 운명적인 의미로써 우리의 현실 내부로, 그러니까 우리의 역사 내부로 들어올 수는 없다는 점에서 알 수 있다. 이 인장에 대한 별도의 논의는 필요 없을 것인데, 이는 무매개적으로 부여되는 것이고, 따라서 항상 준비된 순종Gehorsam만이 그 안에 새겨진 기호들을 무매개적으로 읽어낼 수 있기 때문이다.

따라서 우리의 자유란 그것이 하사받은 영지領地인 의식이 존재하는 곳에서 언제나 가장 강력하게 드러난다. 이러한 의식은 모든 망각될 수 없는 격언 속에 아로새겨져 있다. 민족의 고대 귀족Uradel der Nation[2]은 백성의 문장을 그린 방패에 이러한 격언을 새겨놓았으며, 사유와 감정, 행위와 작업, 국가 통치술과 종교가 이곳을 지배하고 있다. 따라서 독일인이 자유가 무엇인지 인식하게 된다면, 다시 말해서 무엇이 필연적인 것인가를 인식한다면, 세계는 매번 근본 토대에 이르기까지 뒤흔들리게 된다. 이곳에서는 어떠한 흥정의 가능성도 없으며, 만약 세계가 멸망한다 할지라도 부름을 듣게 되면 명령은 반드시 수행되어야만 한다.

2_ 대략 1350~1400년에 이미 신성로마제국에서 귀족 지위를 가지고 있던 유서 깊은 독일 귀족 가문을 의미한다.

누군가 서열질서Ordnung 안에서 자유에 대한 강철과 같은 거울상을 인식하지 못한다면, 그는 독일인의 특징 가운데 제일로 여겨지는 속성, 즉 서열질서를 언제나 지나치게 낮게 평가할 것이다. 순종은 경청하는 기술이고, 서열질서는 언어에 대한 준비태세이자 명령에 대한 준비태세이며, 이 명령은 마치 번갯불과 같이 재빨리 꼭대기에서 밑바탕에 이른다. 모든 사람과 모든 사물은 이 봉건적 질서 속에 존재하며, 지도자Führer는 그가 제1의 시종[3]이자 제1의 군인이며 제1의 노동자라는 사실을 통해 식별될 것이다. 따라서 자유뿐만 아니라 질서 또한 사회와 관련된 것이 아니라 국가와 관련된 것이며, 모든 조직의 모범은 사회계약이 아닌 군대조직인 것이다. 그러므로 지도와 복종에 대해 어떠한 의문도 없을 때에야 비로소 우리는 최고도의 강력함에 도달하게 된다.

지배와 복무Dienst는 동일하다는 사실을 인식해야 한다. 제3신분의 시대는 이러한 일치의 놀라운 힘을 결코 인식하지 못했고, 이에 따라 이들에게는 너무나 값싸고 너무나 인간적인 즐거움만이 추구해야 할 만한 가치가 있는 것으로

3_ 프로이센의 군주 프리드리히 대왕은 스스로를 "국가 제1의 시종Der erste Diener des Staates"이라고 칭했다. 지도자를 일컫는 'Führer'라는 단어는 히틀러의 비공식적 호칭인 총통을 의미하기도 한다.

보였던 것이다. 독일인이 이 시대에 도달할 수 있었던 모든 지점은 **그럼에도 불구하고** 도달되었다. 즉 활동은 모든 영역에서 낯설고 부자연스러운 요소들 속에서 진행되었던 것이다. 진정한 토대는 이를테면 잠수용 헬멧 같은 것을 쓰고서만 내디뎌질 수 있었던 것이며, 가장 중요한 작업은 죽음의 공간에서 수행되었다. 사랑이나 인식에 대한 소름끼치는 고독이 파괴해버렸거나, 작열하는 전장의 언덕에서 강철이 땅바닥으로 내쳐버렸던 이 전사자들에게 경의를!

그러나 후퇴는 없다. 오늘날 독일에서 새로운 지배를 열망하는 사람은 자유와 책임에 대한 새로운 의식이 활동 중임을 확인할 수 있는 곳으로 시선을 돌린다.

시민세계의 거울상 속의 노동자

2.

우리는 우선 이 의식이 가장 격렬하게 활동하고 있는 곳으로 찾아가고자 한다. 현존하는 것을 명백하게 해명하려는 애정과 의지를 가지고 이를 찾아가보자! 그러므로 우리는 '노동자'[4]에게 향해볼 것인데, 노동자는 이미 일찍이 모든 시민적 가치와 철저히 대립했으며, 이러한 대립의 감정으로부터 자신의 활동을 위한 힘을 이끌어냈다.

우리가 이 운동을 올바르게 평가하기에는 그 출발점에서 이미 너무 멀리 떨어져 있다. 사람들은 노동자의 성격이 형성된 책걸상을 샅샅이 찾을 수는 없을 것이다. 왜냐하면 그 학교는 조상들에 의해 규정되었지만, 노동자가 학교로부터 벗어날 정도로 성장하고 고유한 부름을 인식하는 날이 도래

4_ 원주) **노동자**라는 단어는 여기에서 다른 단어와 마찬가지로 유기체적 개념으로 사용될 것이다. 나시 말해 이 단어는 관찰의 과정 속에서 변화할 것인데, 이 변화는 추후에 다시 조망될 것이다.

할 것이기 때문이다. 만약 누군가 노동자의 도구Mittel[5]를 파괴력 측면에서 조사한다면, 그 도구가 전투 중에 생성되었고, 전투 중에서 모든 배치는 상대방의 영향을 받는다는 사실을 고려해야 할 것이다. 따라서 노동자의 존립이 아직 이 물질과 완전하게 분리되지 않은 금속처럼 순수하게 시민적 가치로부터 분리되어 성장하지는 못했으며, 의심의 여지없이 20세기에 속해 있는 그의 언어 내부에 19세기의 문제 설정에 따라 형성된 개념이 많다고 비난하는 것은 지나치게 경솔한 행동일 것이다. 왜냐하면 그가 처음으로 말하기 시작했을 때, 의사소통을 위해 그러한 개념들을 사용하도록 지시받았기 때문이며, 그의 요구의 경계는 그의 적수의 요구에 의해 규정되었기 때문이다. 그래서 그는 천천히 그리고 궁극적으로 이를 폭파하기 위해, 시민이라는 지붕[6]의 압박 아래에서 성장했던 것이며, 그가 성장의 흔적을 지니고 있는 것은 놀라운 일이 아니다.

그러나 저항뿐 아니라 자양분의 섭취도 이러한 흔적을 남긴다. 우리는 독일에서 제3신분이 타당한 이유로 개방되고 인정된 지배를 성취할 능력이 없었다는 사실을 앞서 확인했

5_ 경우에 따라서 수단으로 번역했다.
6_ 시민적 가치체계의 총체를 뜻한다.

다. 따라서 노동자에게 지배를 되찾아오라는 기묘한 부차적 과제가 주어진다. 그리고 노동자가 최초에 그의 노력이 뒤섞여 있는 낯선 것[7]을 지배의 위치로 올려야만 했었고, 그 과정에서 낯선 것이 자신에게 고유한 것이 아니라는 사실을 경험했다는 것은 매우 유의미한 행위 과정이다. 말하자면 이 것은 자양분을 섭취한 흔적이며, 유해한 것이 제거되면 흔적도 제거될 것이다. 노동자의 첫 장인匠人이 시민적 혈통이었고, 젊은 도제가 속해 있는 체제의 성향이 시민적 이상에 들어맞는 것이었을진대, 어찌 이와 달리 될 수 있었겠는가!

그러므로 시민계급과 권력 간의 선혈이 낭자한 결혼식에 대한 기억, 즉 프랑스 혁명에 대한 기억이 최초의 움직임에 자양분을 공급하고 행동의 척도를 제공한 근원이었다는 사실이 설명된다. 그러나 역사적 과정이 거의 반복되지 않듯이, 역사적 사건의 생동감 있는 내용이 전달되는 일도 없다. 그 때문에 독일에서 혁명적인 작업이 수행된다고 했던 모든 곳에서는 그저 혁명의 연극이 상연되었던 것이며, 진정한 전복은 고요한 공간에서 혹은 전투의 작열하는 장막 아래에 감추어진 채 보이지 않게 진행되었던 것이다.

7_ 시민적인 것을 의미한다.

그러나 진정 새로운 것은 그것이 격동하고 있다는 사실을 강조할 필요가 없다. 새로운 것의 최고의 위험성은 그것이 존재한다는 사실에 있다.

3.

따라서 첫째로, 노동자계급Arbeitertum[8]과 제4신분Stand을 동일시하는 것은 날카롭지 못한 입장에서 기인한 시각이다.

그저 기계적 이미지에 익숙해진 정신에게 지배 계승의 과정은 다음과 같이 나타난다. 즉 마치 시곗바늘이 자신의 그림자를 시간 위에 드리우는 것처럼, 물밑에서 이미 하나의 새로운 계급klasse이 의식화되는 동안에, 한 신분이 다른 신분에 뒤이어 권력의 틀 안으로 미끄러지듯 들어간다는 것이다.[9]

8_ 윙거는 마르크스주의에서 노동자계급을 지칭하는 Arbeiterklasse 대신, Arbeitertum 이라는 단어를 사용한다. 하나의 신분제적인 계급을 뜻하는 'klasse' 대신 어떤 집단의 성격을 포괄적으로 설명하는 '-tum'이라는 접미어를 사용한 것이다. 이를 통해 윙거는 노동자계급이라는 단어의 의미를 경제적·계급적 특수성에서 내용적·존재론적 특수성으로 전환시키고자 하며, 그 과정에서 마르크스주의적·경제적 개념을 자신의 존재론적 개념으로 전유한다.
9_ 마르크스의 사적 유물론에 대한 비판이다.

그러나 오직 시민계급Bürgertum만이 스스로를 이러한 특별한 의미를 지니는 신분으로 생각했다. 이들은 아주 오래되고 훌륭한 기원이 있는 이 단어를 성장 배경과의 연관 관계로부터 분리시키고, 자의적으로 발가벗겨서 이해관계의 가면 외에는 그 어떤 것도 의미하지 않는 것으로 만들어버렸다.

따라서 노동자계급을 하나의 신분으로 해석하는 것은 시민적인 관점이며, 이러한 해석에는 담소談笑를 지속적으로 나누는 낡은 틀에 새로운 요구를 끼워 맞추려고 하는 무의식적 계략이 담겨 있다. 왜냐하면 시민은 담소Unterhaltung를 나누고 교섭할 수 있는 곳에서 안전하기 때문이다. 그러나 노동자계급의 봉기는 케케묵은 처방전에 따라 준비된 제2의, 특색 없는 복제물이 아닐 것이다. 시민과 노동자 간에 존재하는 본질적인 차이는 지배의 시간적 순서나 낡은 것과 새로운 것의 대립에 있는 것이 아니다. 활기를 잃은 이해관계가 젊고 잔혹한 이해관계에 자리를 내준다는 사실은 지극히 당연해서 왈가왈부할 필요가 없다.

이보다 더 이목을 집중시키는 것은 시민과 노동자 사이에는 나이의 차이뿐 아니라 무엇보다 등급의 차이가 있다는 사실에 있다. 요컨대 노동자는 시민이 그 존재에 대해 전혀 생각조차 하지 못했던 근원적인 힘들과 관계를 맺고 있다.

노동자가 자신의 존재로 말미암아 시민의 자유와는 아주 다른 종류의 자유를 누릴 수 있다는 사실과, 그가 늘 준비 중인 요구들이 하나의 신분Stand이 제기하는 요구보다 더욱 포괄적이고 의미심장하며 가공할 만한 것이라는 사실은—추후에 상술할 바와 같이—서로 긴밀히 연관되어 있다.

4.

둘째로 모든 전선戰線은 단지 일시적인 전선일 뿐이고, 그저 최초의 전초전의 전선으로 간주되어야 하며, 이는 노동자를 사회Gesellschaft에 대한 공격에만 제한된 전투태세에 돌입시킨다. 왜냐하면 이 단어[10] 또한 시민의 시대에 가치가

10_ 윙거는 'Gesellschaft'라는 단어를 기본적으로 공동체Gemeinschaft의 반대개념으로, 즉 '사적 이익'을 추구하는 '시민의 단체'의 의미로 사용하고 있다. 국가 및 국가공동체와 대립적인 관계 속에 위치한 Gesellschaft는 공동의 목적이나 관심을 공유하는 사람들의 모임을 지칭하는 포괄적인 의미를 지니고 있으며, 이 때문에 사회단체나 조합, 주식회사Aktiengesellschaft, 친목모임 등 다양한 사인私人간의 조직들도 Gesellschaft로 불린다. 윙거는 시민이 만든 사회가 다양한 시민의 단체Gesellschaft 조직으로 이루어져 있다고 생각한다. 또한 그는 국가조직을 최우선에 놓기 때문에 19세기의 시민적 유산인 Gesellschaft를 부정하는 입장을 취한다. 이 번역본에서는 Gesellschaft를 '사회' '시민사회' 혹은 '시민의 단체' '사교모임' 등으로 번역했다. 만약 사회라는 단어로 번역했을지라도 이는 모두 시민적인 사회를 의미한다.

추락했기 때문이다. 즉, 사회라는 단어는 특수한 의미를 얻게 되었는데, 곧 최고의 권력수단인 '국가에 대한 부정'이다.

이러한 노력의 가장 근저에 놓여 있는 것은 안전에 대한 욕구이며, 그와 함께 위험한 것Das Gefährliche을 부정하고 그 침입을 막기 위해 삶의 공간을 물샐틈없이 막으려는 시도다. 물론 위험한 것은 항상 존재하며, 자신을 기만하려는 가장 정교한 간계奸計에 대해서조차 승리를 구가한다. 더구나 위험한 것은 오히려 예측 불가능하게 이 책략 내부로 흘러들어가서 스스로를 이 책략의 가면으로 위장하며, 이를 통해 도덕에 두 개의 얼굴을 부여한다. 예를 들어, 형제애와 단두대, 인권과 흉악한 전투 사이에 존재하는 밀접한 관계는 너무나 잘 알려져 있다.

그러나 시민이 언젠가 —그의 전성기 때에라도— 스스로의 힘으로 위험한 것을 초래할 수 있었을 것이라고 추측한다면, 이는 그릇된 생각이다. 말하자면 이 모든 것은 오히려 자연을 도덕에 굴복시키려는 시도에 대한 자연의 끔찍한 비웃음과 다름없으며, 아름다운 연설의 서막이 끝나면 시작되는 정신에 대한 피의 광포한 환호와 같다. 따라서 사회와 근원적인 것 간의 모든 관계는 부인될 것이다. 이러한 부인의 과정은 자금의 소모를 동반할 것인데, 가장 비밀스러운 소망의 이미지가 사유의 아버지라는 사실을 알아차리지 못하는 자는 이 자금의 소모를 이해할 수 없을 것이다.

이러한 부정은 근원적인 것을 오류, 꿈 혹은 필연적으로 악한 의지의 왕국으로 추방함으로써, 나아가 이를 말도 안 되는 것과 동일시함으로써 실행된다. 어리석고 비도덕적이란 비판은 여기서 결정적인 비판이다. 사회가 이성과 도덕이라는 두 개의 상위 개념에 의해 규정되므로, 이러한 비판은 상대방을 사회의 공간, 즉 인류의 공간, 그러니까 법률의 공간에서 추방시키는 수단이 되기 때문이다.

이러한 구분은 사람들이 항상 놀라움 속에서 지켜봐온 과정에 상응하는데, 즉 내전이 피 튀기는 정점에 이른 바로 그때 사회가 슬로건과 같이 사형제도 폐지를 선언했으며, 전장이 시체로 뒤덮였을 때에는 언제나 사회가 전쟁의 부도덕성과 무의미함에 대한 최고의 착상을 생산해냈다는 사실과 상응한다.

만약 누군가 이처럼 매우 기이한 변증법의 이면에 감춰진 의도를 추정해내고자 한다면, 이는 시민을 너무 과대평가하는 일일 것이다. 왜냐하면 시민은 이성적, 도덕적 영역 외에는 어떠한 영역도 중요하게 생각하지 않기 때문이다. 확실히 시민은 자신의 가장 유의미한 현상 속에서 이성적인 것과 도덕적인 것의 통일 그 자체인 것이다.

근원적인 것은 시민의 고유한 강점이 존재하는 영역이 아니라 완전히 다른 영역을 통해 그에게 침투하며, 시민은 협상이 종결되는 지점을 공포에 질린 채 인식한다. 만약 폭도 Pöbel[11]가 적절한 시점에 시민에게—늘의 근원적 힘에서 양분을 얻는 강력하지만 형상이 없는 힘이라는—예상치 못한 선물을 바치지 않는다면, 그는 영원히 미덕과 정의를 주춧돌로 삼는 자신의 아름다운 고발을 통해 즐거워할 것이다. 만약 이따금 그를 뛰어넘어 전사戰士가 나타나지 않는다면, 그는 영원히 권력을 자기 자신을 위해 존재하는 예술작품처럼 균형 속에서 유지시킬 수 있을 것이며, 시민은 (만약 등장한다면) 이러한 전사를 마음에 들지는 않지만 꾸준한 준비 상태 속에서 타협하고자 내버려둘 것이다. 그러나 시민은 모든 책임을 거부한다. 왜냐하면 그는 자유를 자신이 천성적으로 타고난 방식이 아니라 보편-도덕적인 방식으로 인식하기 때문이다. 시민이, 자신에게 지배로 향하는 관문을 폭파시켜 열어준 진정한 행위자와 암살자를 임무가 종결되는 즉

11_ 아직 윙거가 '노동자'로 지칭하는 집단으로 형성되지는 않았지만, 시민들과 달리 근원적 힘과 관련을 맺고 있는 사람들. 사회주의적으로 말하자면, 아직 계급의식이 부재한 조직되지 않은 노동자·프롤레타리아트라고 볼 수 있다.

시 처형한다는 사실[12]보다 이에 대한 좋은 예는 없을 것이다. 열정의 감금은 그가 혁명의 전리품을 수령했음을 나타내는 증명서이며, 사형집행인에 대한 교수형은 봉기의 비극을 종결짓는 풍자극Satyrspiel이다.

또한 시민은 전쟁에 대한 최상의 근거Begründung인 공격을 거부한다. 왜냐하면 그는 공격이 자신에게 적합하지 않다고 생각하기 때문이다. 그리고 그가 가장 공공연한 사적 이해를 위해 군인들에게 도움을 요청하든지 아니면 스스로 군인으로 위장하든지 간에, 그는 전쟁이 방어를 위해, 반드시 인류의 방어를 목적으로 감행되어야 한다는 선언을 절대로 포기하지 않는다. 시민은 오로지 방어 전쟁만을 알 뿐이다. 이는 다시 말해 그가 전쟁을 전혀 모른다는 뜻이다. 왜냐하면 시민은 자신의 본성으로 인해 모든 전쟁적인 요소로부터 배제되어 있기 때문이다. 그러나 다른 한편으로 시민은 시민적 질서 속으로 전쟁적인 요소들이 침입해 들어오는 것을 막을 능력이 없는데, 그가 전쟁적인 요소에 맞세울 수 있는 가치들은 모두 낮은 등급의 가치들이기 때문이다.

여기에서 시민적 개념의 기교 넘치는 장난이 시작된다. 그

12_ 프랑스 혁명의 초기 지도자였던 로베스피에르, 당통 등이 공포정치 끝에 결국 실각해 처형된 사실을 지적하는 것으로 보인다.

리고 시민의 정치는, 나아가 우주 그 자체는 그가 자신의 미덕을 부단히 확인할 수 있는 하나의 거울이다. 끊임없는 연마 작업에 매진 중인 시민을 관찰하는 일은 많은 시사점을 제공할 것인데, 이 작업을 통해 단어의 견고하고 필연적인 특징을 보편적으로 구속력 있는 도덕성이 드러날 때까지 확실하게 깎아내는 것이다. 예를 들어, 이는 시민이 식민지 점령에서 평화적인 침투를, 지방 분할에서 국민의 자기결정[13]을 혹은 패자에 대한 약탈[14]에서 배상을 인식하든지 간에 마찬가지다. 이러한 방식을 식별할 수 있다면, 위와 같은 사전辭典의 구상이 국가와 시민사회를 동등한 것으로 간주하는 데에서 시작되었다는 사실[15]을 충분히 짐작할 수 있을

13_ 미국 대통령 우드로 윌슨의 민족자결주의 원칙에 근거해 제1차 세계대전의 패전국인 독일 제국의 영토 일부가 주민투표를 통해 각각 덴마크, 폴란드에 귀속된 과정을 의미한다. 또한 주민투표 없는 알자스로렌의 프랑스 귀속 및 폴란드 회랑과 슐레지엔 일부 지방의 폴란드 귀속 그리고 단치히와 메멜란트에 대한 국제연맹 위임통치는 독일 민족주의 및 보수주의 진영의 격한 반발을 야기했으며, 훗날 영토 회복을 주장하는 히틀러의 침략 전쟁에 좋은 핑곗거리를 제공해주었다.

14_ 베르사유 조약에 따른 전쟁배상금을 의미한다. 전쟁배상금이 독일 경제에 미친 실제적 영향이 얼마나 컸는지에 대해서는 학자 간에 의견이 분분하다. 하지만 전쟁배상금 문제가 독일 민족주의자들 사이에서 공분을 일으켰다는 사실에는 이론의 여지가 없다.

15_ 도덕성을 가장한 사기꾼과 같은 상인(시민)의 언어로 국가 간의 관계를 표현한다는 뜻이다. 예를 들어, 시민사회에서 자본가에 의한 노동자의 수탈을 '자유의지에 따른 계약 관계'로 표현하듯이 식민지에 대한 수탈을 '평화적인 국가 간 조약'이라는 말로 표현하는 것 등을 이른다.

것이다. 이제 이러한 사실을 이해한 사람이라면 누구라도 사회가 노동자의 최우선 공격 목표로 지정되었다는 사실 속에 감추어진 커다란 위험, 즉 권리에 대한 심대한 강탈을 인지할 수 있을 것이다. 이 결정적인 공격 명령은 여전히 특정한 시대의 모든 특징을 드러내는데, 시민의 시대에 성장한 권력(힘)이 스스로를 당연히 신분으로 인식해야 했던 것처럼, 권력 장악의 완성 또한 이와 마찬가지로 당연히 사회계약의 변경을 통해서 나타나야만 했던 것이다.

유념해야 할 점은, 사회Gesellschaft는 고유한 형식이 아니라 시민적 관념의 근본 형식에 불과하다는 사실이다. 이는 시민적인 정치에서 시민의 단체Gesellschaft로써 포괄되지 않는 거대한 조직이 존재하지 않는다는 사실에서도 입증된다.

시민의 단체Gesellschaft가 곧 지구의 전체 주민이며, 이 전체 주민이 인류에 대한 이상적 이미지로서 시민의 단체 개념에 제시되는데, 이러한 인류가 국가와 민족, 그리고 인종별로 나뉘어져 존재하는 이유는 근본적으로 사유의 오류에서 기인하는 것이다. 그렇지만 이 사유의 오류는 시간의 흐름에 따라 계약에 의해, 계몽에 의해, 예의범절 혹은 그저 교

통수단의 발전을 통해 수정될 것이다.[16]

시민의 단체가 곧 국가다. 국가의 본질은 시민의 단체가 국가를 자신의 척도에 맞게 굴복시키는 정도에 상응해 소멸된다. 이 공격은 시민적 자유 개념에 의해 발생되는데, 공격의 과제는 모든 책임 있는 의무 관계를 해약解約에 근거한 계약 관계로 변경시키는 데 있다.

궁극적으로 시민사회와 가장 밀접한 관계를 맺고 있는 것은 개별자der Einzelne[17]인데, 이는 기이하고 추상적인 인간상이며, 시민적 감수성의 가장 값진 발견물인 동시에 시민의 예술가적 형성력bildungskraft이 지칠 줄 모르고 다루는 대상물이다. 인류Menschheit가 이러한 표상의 우주Kosmos인 것처럼, 인간은 이 표상의 원자다. 물론 실제적으로 개별자가 마주 보고 있는 것은 인류가 아니라 군중Masse인데, 군중은 매우 기이하고 대단히 가상적인 세계 속에 존재하는 개별자의 정확한 거울상이다. 왜냐하면 군중과 개별자는 하나이기 때문이다. 그리고 이러한 일치로부터 가장 다채롭고 혼란스러운 혼돈과 가장 냉철한 민주주의의 직무 규정이라는 당혹스러운 이중상像이 생겨나는데, 이는 한 세기 동안 펼쳐진 연

16_ 이 문단은 윙거의 생각이 아니라, 시민들이 이렇게 착각한다는 비판이다.

17_ 개별자 혹은 개개인으로 번역했다.

극이었다.

그러나 시민적 사회가—이 사회의 자유 개념이 군중을 통해서 표현되든지 개인을 통해서 표현되든지 관계없이—사형을 언도받았다는 사실은 새로운 시대의 징표다. 첫 번째 단계는 사람들이 시민적 사회의 형식에 따라서 더 이상 사유하지도 감각하지도 못한다는 데 있으며, 두 번째 단계는 사람들이 이 형식 속에서 더 이상 활동할 수 없다는 데 있다.

이는 바로 시민의 삶을 가치 있게 해주는 모든 것에 대한 공격을 의미한다. 따라서 노동자가 스스로를 미래 사회의 주체로서 이해한다는 사실은 시민에게는 생사가 달린 문제다. 왜냐하면 이것만은 도그마적인 존립에 해당하기 때문이며, 그래야 시민적 사상의 근본 형식이 구제되고 지배 가능성이 최대로 보증되기 때문이다.

따라서 시민적 정신이 대학의 강단과 다락방**18**에서 노동자에게 써서 내려준 모든 처방전 안에 시민적 사회가 심겨져 있다는 사실은 놀랍지 않은데, 여기 심겨져 있는 것은 단순히 시민적 사회의 외견이 아니라 그보다 훨씬 효과적인

18_ 가난한 시인의 창작 공간을 의미하는 것으로 보인다.

것, 즉 시민적 사회의 근본 원칙이다. 시민적 사회는 자기 자신에 대한 가상적 공격을 통해 스스로를 혁신한다. 따라서 사회의 불확실한 특징 혹은 나아가 특징 자체의 부재는 자신에 대한 가장 날카로운 거부마저 내부로 받아들일 수 있게 한다. 시민적 사회의 수단은 이중의 것이다. 즉 사회는 거부Verneinung를 개개의 무정부적인 극점으로 추방시키고, 거부를 자유의 개념에 종속시킴으로써 거부를 자신의 존재 속으로 편입시킨다. 아니면 사회는 거부를 겉보기에 대립된 군중의 극점으로부터 자신의 내부로 끄집어들이고, 거기서 이 거부를 셈하기, 의결, 교섭 혹은 담소를 통해 민주적인 행위로 변화시킨다.

시민적 사회의 여성적 성향은 모든 대립을 자신으로부터 분리시키는 것이 아니라, 자신 내부로 수용하고자 한다는 사실에서 드러난다. 중요하다고 판단되는 요구와 마주하는 모든 곳에서 시민적 사회가 행하는 최상의 매수買收 행위는 사회가 이 요구를 자유의 개념에 대한 하나의 견해 표명으로서 설명하고, 이 요구를 자신의 기본법의 공개토론장 앞에서 합법화한다는 것에, 다시 말해서 무해하게 만든다는 것에 있다.

이는 **극단적**radikal이라는 단어에 견딜 수 없는 시민적 인상Beigeschmack을 부여한다. 그리고 부연하자면, 이는 저 극단주의 자체를 돈벌이가 되는 사업으로 만들어버려서, 이 사업으로부터 한 세대의 정치가와 한 세대의 예술가들이 뒤를 이어 그들의 하나뿐인 영양분을 취한다. 이는 어리석음과 뻔뻔함, 희망 없는 무능력의 마지막 도피처이며, 극단적 신념 외에는 아무것도 아닌 공작 깃털로 스스로를 꾸밈으로써 서투르게 사기를 치려는 것이다.

너무 오랫동안, 너무나도 오랫동안 독일인은 이 보잘것없는 연극에 참석해 있었다. 모든 형식 속에는 필연적으로 하나의 내용이 내재되어 있다는 믿음이 독일인의 유일한 변명거리다. 그리고 유일한 위로는 이 연극이 비록 독일에서 실행되지만, 독일적 실체 내에서 실행되는 것은 결코 아니라는 사실이다. 따라서 이 모든 것은 망각의 왕국에서 잊힌다. 그러나 이는 폐허와 전사자의 무덤을 뒤덮는 담쟁이넝쿨과 같은 망각이 아니라 다른 종류의 끔찍한 망각인데, 이 망각은 거짓말과 존재한 적이 없던 것을 흔적도 없이 그리고 헛되게 흩날려버림으로써 그것의 실체를 폭로한다.

시민적 사유가 자기부정의 기만술을 이용해 시민적 사회의 이미지를 노동자의 초기 노력 내부로 변조해 집어넣는데 어느 정도까지 성공했는지를 밝혀내는 일은 별도의 추후

연구를 위해 남겨놓아야만 할 것이다. 사람들은 여기서 노동자의 자유를 시민적 자유의 모형틀Schablone에 따라 그려진 하나의 새로운 복사물의 형태로 발견하게 될 것인데, 이제 여기서 운명은 아주 공공연하게 해약 가능한 계약으로, 삶의 최상의 승리는 계약의 변경으로 해석된다. 바로 여기서 사람들은 노동자를 이성적이고 미덕이 있는 개별자의 직접적인 후계자로서 그리고 제2의 감수성의 대상물로서 인식하게 될 것인데, 제2의 감수성은 제1의 감수성보다 더욱 궁핍함dürftigkeit을 드러낼 뿐이다. 나아가 사람들은 마찬가지로 노동자Arbeiterschaft를 인류라는 이상형의 복제물로서 발견하게 될 것인데, 인류의 순수한 이상향에는 이미 국가와 국가의 근간에 대한 부정이 담겨져 있다. 이것, 바로 이것이야말로 '국제적' '사회적' '민주적'이라는 단어 뒤에 감춰진 혹은 지금껏 감춰져온 요구가 의미하는 바다. 그러므로 추측할 능력이 있는 사람이라면 누구나 다음과 같은 사실, 즉 시민적인 세계가 자신을 가장 명백하게 입증해줬던 요구에 의해 뒤흔들릴 수 있다고 믿어왔다는 사실에 대해 사람들은 깜짝 놀라게 될 것이다.

그러나 이러한 연구가 사후적이라고 한 까닭은, 이미 가시적 세계 내에서 입증이 이루어지고 있기 때문이다. 그리고 시민은 노동자의 도움을 받아 19세기 내내 부족함이 없었던 그 정도의 재량권을 확보하는 데 실제로 성공했다.

그리고 독일에서 시민적 사회의 지배가 등장한 시점을 상기해보면, 상징적 이미지들이 다시금 풍부하게 나타난다. 여기서 시민적 사회의 지배가 등장한 시점과 국가가 최고도의 끔찍한 위기 상황에 직면해 있었고 독일인이 적과 대치하고 있었던 시점이 일치한다는 사실은 완전히 배제되어도 무방할 것이다. 왜냐하면 시민은 눈곱만큼의 근원적인 힘도 마련해내지 못했기 때문이며, 긴박한 상황으로 인해 시민은 자기 자신에 대한, 다시 말해 그 핵심에 있어서 이미 오래전에 시민화된 정권을 향한 새로운 가상 공격이 필요로 했음에도 불구하고 이러한 힘을 만들어내지 못했다. 독일 역사의 한 단락의 종언을 드러내기 위해 필요했던 저 몇 발의 포탄 또한 이 정권은 발포하지 못했으며, 이들의 행위는 독일 역사를 인정하는 데 있었던 것이 아니라, 이를 악용하는 데 있었다.

시민들은 협상이 시작되기를 충분히 오랫동안 잠복해 기다렸으며, 시민의 협상은 전 세계의 어떤 극단적인 노력도 도달하지 못했던 것을 이루어냈다.

그러나 여기서 언어는 행위를 중지하고 저 엄청난 희비극[19]의 세부사항을 다루는 것을 거부해야만 한다. 이 희비극은 노동자위원회, 군인위원회와 함께 시작되었고, 이들 위원회의 구성원들의 특징은 한 번도 일해본 적도 싸워본 적도 없다는 점에 있었으며, 나아가 이 희비극에서 시민적인 자유 개념은 평온과 빵에 대한 굶주림으로 나타났다. 나아가 이 희비극은 무기와 함선의 양도라는 상징적인 행위에 의해 계속되었으며, 인류의 이상형에 대항한 독일의 죄에 대해 논쟁했을 뿐 아니라, 감히 이 죄를 인정할 것을 요구했다. 이 희비극은 이해하기 어려운 파렴치함으로 가장 케케묵은 개념인 자유주의를 독일의 질서로 만들고자 시도했다. 그리고 국가에 대한 시민적 사회의 승리는 아주 명징하게 독일적 불변Bestand에 대한 비천하고도 너무나 비천한 자들의 연속되고 결합된 내란죄와 간첩죄임이 밝혀졌다. 독일적 불변과 관련하여 모든 담소는 중단되는데, 이와 관련해서는 죽음의 침묵을 예감케 하는 침묵이 요구되기 때문이다. 여기서 독일 청년은 시민의 적나라한 최후 모습을 확인했다. 그리고 독일적 불변과 관련하여 독일 청년은 자신 안에서 군인과

19_ 1918년 11월 혁명으로 시작해 베르사유 조약이 체결되고, 이후 바이마르 공화국이 설립된 과정을 의미한다.

노동자를 최고도로 구현함으로써 곧장 투쟁을 지지했는데, 이 투쟁에서 다음의 사실, 즉 이 공간[20] 속에서 시민이 되기 보다는 범죄자가 되는 일이 훨씬 더 추구할 만한 가치가 있다는 사실이 드러났다.

나라의 운명에 뿌리를 두고 성장하고 있는 힘인 노동자와—시민이 자신의 인위적인 놀이에서 마리오네트로 사용하기 위해 이 힘을 변장시켰던—(시민적) 예복 간의 차이를 구분하는 일이 얼마나 중요한지가 이로써 밝혀진다. 이 차이는 상승과 몰락 간의 차이다. 그리고 노동자의 상승이 독일의 새로운 시작을 의미한다는 것이 우리의 신념이다.

노동자는 자신의 시민적 상속 부분을 지배의 위치로 올림으로써, 동시에 한 세기보다도 더 전에 탈곡된 마른 짚으로 채워진 인형과 같은 이 시민적 유산을 자신에게서부터 분명하게 분리시켰다. 새로운 사회가 옛것의 반복이자 싸구려 모조품이라는 사실을 노동자의 시선은 더 이상 놓치지 않는다.

노동자와 시민적 사회 간에 대립 관계가 존재하는 것이 아니라 종種적 차이의 관계가 존재한다는 사실을 깨닫지 못

20_ 시민적 공간의 반대 개념으로서 독일적인 공간을 의미한다.

하는 한, 새롭게 창조된 대립으로부터 영원히 동력을 공급받는 기계의 운행은 지속될 것이며, 대립관계에 근거한 분리가 영원히 계속될 것이다.

노동자가 시민적 사회의 형식으로 사유하고 느끼며 존재하는 것을 거부할 때에야 비로소 그가 시민적 사회의 진정한 천적이라는 사실이 드러날 것이다. 그러나 이러한 일은, 노동자가 지금껏 자신의 요구에 있어서 너무나 소박했다는 사실과 시민이 오직 시민 자신에게 갈망할 가치가 있어 보이는 것만을 갈망하도록 노동자를 교육시켰다는 사실을 깨달을 때에야 가능하다.

그러나 삶은 시민이 선한 것으로 이해하는 것과는 다른, 그 이상의 것을 가져다준다. 그리고 노동자가 제기할 수 있는 최상의 요구는 그가 새로운 사회의 주인이 되는 데 있는 것이 아니라, 새로운 국가의 주인이 되는 데 있다.

이 순간에서야 비로소 그는 생사의 투쟁을 선언하는 것이다. 그러면 근본에 있어 종업원에 불과한 개별자로부터 전사戰士가 창조되고, 군중으로부터 군대가 창조되며, 사회계약 변경의 자리에 새로운 명령의 질서가 확립될 것이다. 이는 노동자를 협의, 연민Mitleid, 문학의 영역으로부터 밀어낼 것이며, 그를 행동의 영역으로 밀어올릴 것이며, 그가 맺었던 법적인 연관 관계는 군사적인 연관 관계로 변화될 것이다. 즉 그는 변호사 대신에 지도자Führer를 가지게 될 것이며, 그의 현존재는 해석이 필요 없는 척도가 될 것이다.

그렇다면 그의 계획이 아직 쓰이지 않은 원전原典에 대한 주석과 다를 것이 무어란 말인가?

부분의 총합 이상을 포괄하는 전체로서의 형상Gestalt

7.

막 제기된 질문21에 대해 답변하려면, 먼저 무엇이 형상으로 파악되어야 할 것인가에 대한 질문이 전제되어야 한다. 이에 대한 해명은 비록 여기에 많은 공간이 할애되지 않는다고 할지라도 절대로 부차적인 주석에 속하지는 않는다.

21_ 윙거는 "노동자의 형상 속에 사람들이 지금껏 추정해왔던 것보다 더 많은 것이 감춰져 있지 않을까?"라는 질문으로 앞선 6장을 끝마친다. 7장은 이 질문에 답변하는 방식으로 시작한다.

앞으로 형상들이 일단 복수형으로 언급된다면, 이는 등급서열Rangordnung이 일시적으로 결여되어 있기 때문에 발생하는 일이며, 이 연구의 과정에서 사라지게 될 것이다. 형상의 왕국에서 등급서열을 결정하는 것은 원인과 결과의 법칙이 아니라, 도장과 각인이라는 다른 종류의 법칙이다. 그리고 우리는 우리가 진입하는 시대에서 공간과 시간 그리고 인간에 대한 각인이 단 하나의 형상, 즉 노동자의 형상으로 소급되는 것을 보게 될 것이다.

이러한 질서와 별개로, 사람들은 일시적으로 눈에 보이는 거대한 것들Größen을 형상이라 생각할 것인데, 사람들의 눈은 세계가 인과관계의 법칙보다 중요한 법칙에 따라 통합된다는 사실을 파악하긴 하지만, 이러한 통합이 일어나고 있는 통일성을 아직 파악하지는 못한다.

8.

해부학의 시대에 도달될 수 없었던, 부분의 총합 이상을 포괄하는 전체가 형상 안에 깃들어 있다. 다가오는 시대의 특징은 사람들이 형상들의 마력魔力 아래에 서고 느끼며 행동할 것이라는 데에 있다. 정신의 등급과 시각Auge의 가치는 형상의 영향력이 정신과 시각에 있어서 가시적으로 드러나는 정도에 따라 결정된다. 이미 최초의 유의미한 노력이 존재하는데, 이 노력은 예술과 학문 그리고 또한 종교의 영역에서도 간과될 수 없다. 또한 정치에서도 모든 것은 투쟁을 위해 개념이나 이념 혹은 단순한 현상과 같은 것을 사용하는 것에 달린 게 아니라 형상들을 투입하는 일에 달려 있다.

누군가가 형상들 속에서 체험하는 순간에 모든 것은 형상이 된다. 그러므로 형상은 이미 알려진 것에 더해 발견될 수 있는 새로운 거대한 것이 아니라, 시각이 새롭게 열림으로써 세계가 형상들과 그와 관계된 것들의 무대로서 나타나게 된다. 이행移行기에서 특징적인 오류를 예시해보자면, 이것이 마치 개개인이 소멸해버리거나 오직 단체Körperschaft와 공동체Gemeinschaft 그리고 이념과 같은 상위의 단위들이 개개인에게 의미를 부여하는 것과 같은 방식으로 이루어지 것은 아니다. 또한 개개인에게서 이 형상은 재현Repräsentation되며, 모든 손톱과 모든 원자가 그에게는 형상이다. 덧붙여 말하자면, 우리 시대의 학문은 이미 원자를 최소 단위가 아닌 형상으로서 보기 시작하지 않았던가?

부분들의 총합으로부터 형상이 생성될 수 없는 것과 마찬가지로 하나의 부분은 물론 형상이 아니다. 예를 들어, 누군가 '인간'과 같은 단어를 상투어와 동떨어진 의미에서 사용하고자 한다면, 이를 유념해야 할 것이다. 인간은 구체적이며 파악 가능한 개별자로 이해될 때에만 형상을 갖게 된다. 그러나 이는 그저 이성의 모형틀 중의 하나에 불과한 인간에게는 해당되지 않으며, 아무것도 의미하지 않거나 어떤 것도 의미할 수 있지만, 절대로 무언가 특정한 것을 의미할 수 없는 인간에게는 해당되지 않는다.

개별자가 속하게 되는 보다 포괄적인 형상들에도 동일한 규칙이 적용된다. 이러한 소속은 곱셈에 의해서도 나눗셈에 의해서도 도달될 수 없다. 즉 많은 사람이 여전히 형상을 도출해내지 못하고 있으며, 형상을 분할한다고 해서 개별자로 환원되는 것이 아니다. 왜냐하면 형상은 부분의 총합 이상을 포괄하는 전체이기 때문이다. 한 인간은 그를 구성하는 원자, 사지, 장기, 체액의 총합보다 크며 결혼은 남성과 여성

보다 크며, 가정은 남성과 여성 그리고 아이 이상의 것이다. 우정은 두 명의 남성 이상의 것이며, 민족은 인구조사 결과 혹은 정치적 투표의 총계에서 표현될 수 있는 것 이상의 무엇이다. 19세기에 사람들은 이 '무엇 이상의 것das Mehr'[22]과 총체성Totalität[23]에 근거한 모든 정신을, 마치 총체성이 현실의 세계가 아닌 어떤 아름다운 세계 속에 존재하는 것인양 몽상의 왕국으로 쫓아내버렸다.

바로 이러한 전도된 가치 평가가 현존하는 가치 평가이며, 정치적인 것에도 이 무엇 이상의 것을 보는 시각이 결여된 낮은 등급의 정신이 존재한다는 사실에는 의심의 여지가 없다. 낮은 등급의 정신이 정신사와 경제사 그리고 이념사에서 역할을 수행할 수도 있다. 그러나 역사는 그 이상의 무엇이다. 즉 역사가 형상들의 운명을 내용으로 다루는 것처럼, 역사는 형상인 것이다.

물론—다음과 같은 부연설명이 형상이 무엇을 의미하는지 보다 명백하게 해줄 것인데—삶에 관한 수학자와 논리학자인 다수의 적이 한편에서 활동했는데, 이들은 대결하는

22_ 영어로는 'The more'라고 번역될 수 있을 것이다. '무엇보다 더 많다' '무엇 이상'이라는 뜻.

23_ 원주) 앞으로도 등장할 **총체적인**total이라는 중요한 단어에 대한 더욱 상세한 설명은 「총동원Die Totale Mobilmachung」에서 제공할 것이다.

상대에 비해 어떠한 등급의 우위도 점하지 못했다. 왜냐하면 방치된 인간에게서 근거를 찾는 대신에 방치된 영혼이나 방치된 이념에서 근거를 찾는다고 해도 아무런 차이가 없기 때문이다. 이러한 의미의 영혼과 이념은 형상이 아니며, 이러한 것들과 신체 혹은 물질 간에는 어떠한 설득력 있는 대립 관계도 존재하지 않는다.

영혼은 신체의 집이며 따라서 인간의 불멸하는 부분이 유한한 부분을 떠난다는 관례적인 표상을 따르는 사람에게 죽음의 경험은 모순되는 것처럼 나타난다. 그러나 죽어가는 인간이 자신의 육체를 떠난다는 것은 모순이고 외래학설이며, 그의 형상은 오히려 모든 공간적, 시간적, 원인적 비교를 불허하는 새로운 질서 속으로 들어간다. 바로 이러한 지식에서 우리 조상들의 표상이 유래한 것인데, 이에 따르면 전사는 죽음의 순간에 발할라[24]로 인도되며, 그는 그곳에 영혼으로 받아들여지는 것이 아니라, 영웅의 신체가 전장 속에서 숭고한 비유가 되게 해주었던 빛나는 육체성 속에서 받아들여지는 것이다.

우리가 다시금, 사체는 영혼이 빠져나간 육체와 같은 것

24_ 북유럽 신화에서 전사자들이 사후에 머무는 일종의 천국으로, 매일 전투와 연회가 펼쳐진다고 한다.

이 아니라는, 온전한 의식으로 나아간다는 사실은 매우 중요하다. 죽음의 순간을 맞은 신체와 그 직후의 사체 사이에는 일말의 관계도 존재하지 않으며, 이러한 사실은 육체가 사지의 총합 이상을 포괄하는 반면에, 사체는 해부학적 부분들의 총합과 동일하다는 사실에서 드러난다. 영혼이 마치 불꽃처럼 먼지와 재를 남긴다는 생각은 착각이다. 그러나 형상이 고작 대지의 요소에 종속되지 않으며, 형상으로서 인간은 영원성에 속한다는 사실은 매우 중요하다. 모든 도덕적인 가치 평가와 모든 구원 그리고 모든 "정진하는 노력"으로부터 해방된 그의 선천적이고 불변적이며 불멸하는 공로가, 그의 최고의 현존이 그리고 그에 대한 가장 깊은 증명이 그의 형상 속에 깃들어 있다. 우리가 이 운동에 더 매진하면 할수록, 이 깃들어 있는 존재가 바로 이 운동 속에 숨어 있다는 사실과 모든 속도의 상승이 오로지 이 형상의 불멸하는 근원 언어Ursprache에 대한 번역이라는 사실을 더욱더 마음 속 깊이 확신하게 될 것이다.

이러한 의식으로부터 인간에 관한 새로운 관계가, 즉 뜨거운 사랑과 끔찍한 무자비함이 생겨난다. 유쾌한 무질서의 가능성이 생겨나는데, 이는 동시에 매우 엄격한 질서이기도 하다. 거대한 전투와 대도시들에서 이미 예고된 것과 같은

연극이 바로 이러한 가능성의 예이며, 이에 대한 이미지가
우리 세기의 시작점에 존재한다. 이러한 의미에서 엔진은 지
배자가 아니라 우리 시대의 상징이며, 폭발과 정밀함이 서로
대립하지 않는 힘의 표상이다. 엔진은 즐겁게 하늘로 치솟아
오를 수 있으며, 이러한 행위에서 (서열)질서가 확정됨을 인
식하는 '인종'의 모험적인 장난감이다. 관념론으로부터도 유
물론으로부터도 성취될 수 없으며, 영웅적 리얼리즘이라고
지칭되어야만 하는 이러한 태도로부터 우리가 필요로 하는
엄청난 규모의 공격력이 생겨난다. 이 공격력의 추진자는 위
대한 전쟁을 환호성과 함께 환영했으며 전쟁을 뒤따랐고 앞
으로 뒤따르게 될 모든 것을 환영하는 자원병의 인간 유형
Schlag이다. 상술한 바와 같이 개별자 또한 형상을 가지고 있
다. 그리고 개별자가 돌, 식물, 동물, 별들과 공유하는 가장
숭고하며 손실될 수 없는 삶의 권리는 형상에 대한 권리다.
형상으로서 개별자는 자신의 힘과 능력의 총합보다 더 많은
것을 포괄한다. 따라서 그는 자신이 가장 깊은 숙고 속에서
추측해낼 수 있는 것보다 더 깊으며, 자신의 가장 강력한 행
위 속에서 표현해내는 것보다 더욱 강력하다.

　　따라서 그는 자신 안에 척도를 지니고 있다. 그리고 그
가 개별자로 살아가는 한, 최대의 삶의 예술Lebenskunst이란

그가 자신 스스로를 척도로 삼는 데 있다. 이것은 한 생애의 자랑거리와 슬픔을 구성하는 것이다. 청춘의 불타오르는 꿈들, 사랑의 도취, 전쟁의 포화 같은 생의 모든 위대한 순간들은 형상에 대한 보다 깊은 의식과 일치한다. 그리고 기억이란 형상의 마법적 귀환인데, 이는 가슴을 뭉클하게 하고, 가슴이 이러한 순간들에 대한 망각 불가능성을 확신하도록 만든다. 생의 가장 씁쓸한 절망은 자신을 성취하지 못했다는 사실이며, 자신에 걸맞게 성장하지 못했다는 사실이다. 여기서 개별자는 자신의 유산을, 그것이 얼마나 크든 작든 간에, 헛되이 타지에서 탕진한 탕자와 닮았다. 그리고 그럼에도 그가 아버지의 땅(조국)에서 다시 받아들여질 것이라는 사실에 대해서는 의심의 여지가 없다. 왜냐하면 개별자의 상실될 수 없는 유산은 그가 영원함에 속한다는 사실이며, 최상의 순간, 의심의 여지가 없는 순간에 스스로 이를 분명히 인식할 것이기 때문이다. 이를 시간 속에서 표현해내는 것이 바로 그의 과제가 된다. 이러한 의미에서 그의 삶은 형상의 모상模相이 된다.

그러나 개별자는 더 나아가 형상들의 거대한 등급질서 속에 편입되며, 다시 말해 사람들이 실제적이고 살아 있으며 충분히 필연적이라고는 전혀 상상할 수 없을 힘들의 질서 속에 편입된다. 이러한 힘들과 마주하여 개별자는 그 자체로 모상이 되며 대리자가 된다. 그리고 개별자의 힘과 부유함, 생의 의미는 그가 형상들의 질서와 형상들의 싸움에 참여하는 정도에 달려 있다.

진정한 형상들의 특징은 그것에 모든 힘의 총합이 바쳐지고, 최상의 존경이 향하며, 가장 극단의 증오가 향한다는 점에 있다. 진정한 형상들은 전체Das Ganze를 자신 안에 감추고 있기 때문에, 형상들은 전체를 강하게 요구한다. 따라서 인간이 형상을 통해 자신의 사명Bestimmung과 자신의 운명Schicksal을 동시에 발견하는 일이 중요하다. 그리고 이 발견은 인간이 희생할 수 있게 만들어주며, 희생은 피의 제물에서 자신의 가장 유의미한 표현을 얻는다.

9.

시민의 시대에는 노동자를 형상에 의해 결정된 등급서열 속에서 식별해낼 수 없었는데, 시민의 시대와 형상의 세계 사이에 진정한 관계가 부재했기 때문이다. 여기서 모든 것은 이념과 개념 혹은 단순한 외견外見 속으로 녹아들어갔으며,

이 액체 공간의 양축은 이성과 감수성이었다. 최근의 희석화稀釋化 속에서 유럽과 세계는 여전히 이러한 액체와 독단적이 되어버린 정신의 창백한 겉치레에 침수되어 있다.

그러나 우리는 유럽과 이 세계가 독일에서 그저 하나의 지방地方의 지위를 가지고 있을 뿐이며, 이 지방의 행정 책임을 맡은 사람이 최상의 영혼을 가진 사람도, 최소한 최고의 두뇌를 가진 사람도 아니었다는 사실을 알고 있다. 이미 금세기에 사람들은 이 세계에 대항해 봉기 중인 독일인들을 목도했으며, 진정한 형상의 소유자인 독일 전방 군인들이 바로 독일인들을 대표했다. 이는 동시에 **독일적** 혁명의 시작이었고, 이 혁명은 이미 19세기에 고도의 정신Geister들에 의해 선포되었으며, 오직 형상의 혁명으로서만 파악될 수 있다. 그럼에도 불구하고 이 봉기가 여전히 단지 하나의 서막Vorspiel에 불과했다면, 그 원인은 봉기의 전체 규모에 비해 여전히 형상이 부족했기 때문이다. 제국의 모든 국경에서 밤낮으로 외롭고 무명인 채 전사했던 모든 군인은 이 형상으로 말미암아 이미 하나의 모상이었던 것이다.

왜냐하면 첫째로, 지도부가 하나같이 독일을 가장 위협적인 적대자로 인식했던 세계[25]의 가치들에 의해 지배되고 있었고, 이 가치들을 지나치게 확신하고 있었기 때문이다. 그리고 이 지도부가 패배하고 제거된 반면에, 독일의 전방 군인들은 무적일 뿐만 아니라 불사한다는 것이 입증되었다는 사실은 정의에 부합한다. 전사자 모두는 오늘날 그 어느 때보다도 살아서 생동하며, 이는 그가 형상으로서 영원에 속한다는 사실에서 기인한다. 그러나 시민은 형상에 속하지 않으며, 따라서 비록 시민이 군주의 왕관과 최고사령관의 번드르르한 제복으로 자신을 꾸민다고 해도 시간은 그를 먹어치워 없앤다.

그러나 다른 한편으로 우리는 노동자의 봉기가 시민적 사유의 학교에서 준비되었다는 사실을 확인했다. 그래서 이 봉기는 독일적인 봉기와 부합할 수 없었다. 그리고 이는 유럽에 대한 항복과 세계에 대한 항복이, 한편으로 옛 방식의 시민적 상류층과 다른 한편으로 마찬가지로 시민적인 소위 혁명의 대변인에 의해, 즉 그 근본에 있어 동일한 종류의 인간 유형들에 의해 이루어졌다는 사실을 암시한다.

그러나 독일에서는 독일에 대항하는 어떠한 봉기도 새로

25_ 독일의 보수적 지식인들은 제1차 세계대전을 유럽 세계의 '문명'과 독일의 '문화' 간의 충돌로 해석하면서, 이 전쟁을 유럽 '문명'에 대항해 독일 '문화'를 수호하기 위한 전쟁으로 인식했다. 이러한 맥락에서 여기서 윙거가 언급하는 '세계'란 시민사회에 기초한 유럽의 문명세계를 의미한다. 윙거는 거듭해서 생명력을 잃어버린 시민세계의 문명과 군인적 형상에 의해 활동적으로 약동하는 독일의 '노동자' 사회의 새로운 문화를 대립시킨다.

운 질서의 지위Rang를 가질 수 없다. 이러한 봉기는 이미 실패가 확정되어 있는데, 독일인이 자기 힘의 가장 비밀스러운 뿌리를 스스로 단념하지 않는 한 절대 벗어날 수 없는 법칙성에 이러한 봉기가 위배되기 때문이다.

따라서 독일적 책임의 주체이기도 한 세력들만이 자유를 위해 투쟁할 수 있다. 그러나 스스로 책임을 지지 않았던 시민들이 어떻게 노동자에게 책임을 양도할 수 있었겠는가? 마찬가지로 시민은 자신의 통치 시기에 민족의 근원적인 힘을 저항할 수 없는 일에 투입할 수 없었으며, 정권을 얻으려고 노력하면서는 근원적 힘을 혁명적으로 약동시킬 수 없었다. 따라서 시민은 운명에 저항한 자신의 배반에 '근원적 힘'이라 불리는 이들을 가담시키고자 했던 것이다.

이러한 배반이 띠는 반란죄로서의 속성은 중요하지 않다. 이 배반은 시민적 질서의 자기파괴 과정으로 인식되어야만 한다. 그러나 이러한 배반은, 시민이 제국의 형상을 시민의 자기 파괴 과정에 연루시키고자 시도했다는 점에서 동시에 반역죄이기도 하다. 시민에게는 죽음의 기예Kunst가 부재하기 때문에, 그는 죽음의 순간을 어떤 대가를 치르고서라도 지연시키고자 시도한다. 시민의 전쟁 책임은 그가 전쟁을 진정으로, 즉 총력전의 의미에서 수행할 능력도 없었고 전쟁에서 패배할 능력, 즉 자신이 지닌 최대의 자유를 몰락에서 파악하는 능력도 없었다는 데 있다. 다음의 사실에서 시민과 전방 군인은 구분된다. 시민이 전쟁에서조차 협상을 위한 모든 가능성을 탐색하고자 노력했던 반면에, 전쟁은 군인들에게 죽음의 공간을, 다시 말해 제국의 형상이 입증되는 생의 공간을 의미했다. 이 제국은 비록 육체를 앗아갈지라도, 반드시 우리에게 남아 있을 제국인 것이다.

두 개의 인간 유형이 존재한다. 하나에서는 어떠한 대가를 치르더라도 협상할 준비가 되어 있는 태세를 인식하고, 다른 하나에서는 어떠한 대가를 치르더라도 전투를 치를 준비태세를 인식한다. 노동자에 대한 시민의 교육 목적은 노동자를 협상의 파트너로서 교육시키는 데에 있었다. 그 뒤에는 시민적 사회의 수명을 무슨 수를 써서라도 연장시키려는 희망이 감추어져 있었으며, 이러한 의미는 이 시민적 사회가 강국들의 균형 속에서 대외정치적인 닮은꼴26을 유지하고 있었던 동안에는 은폐된 채 유지될 수 있었다. 국가에 저항하도록 정향된 시민의 경향은 이러한 강국들 사이에서 협상의 관계가 아닌 다른 관계가 등장했던 바로 그때 폭로되었

26_ 시민적 사회가 지배하는 유럽의 다른 열강들을 의미한다.

다. 그럼에도 불구하고 유럽의 지난번 승리는 시민들이 다시금 저 인공적인 공간을 창조해낼 수 있도록 도와주었는데, 이 공간에서 바라보면 형상과 운명은 뚱딴지같은 것일 뿐이다. 저러한 공간의 존속과 유럽의 존속이 시민들의 가장 깊숙이 숨겨진 소망의 이미지였다는 사실이 바로 독일 패배의 비밀이다.

이제 여기서 시민이 노동자들에게 내주려고 생각했던 부적절한 역할이 또한 아주 선명하게 폭로되는데, 시민은 대단한 수완으로 국내 정치와 관련해 노동자에게 통치에 대한 의식을 슬쩍 건네줌으로써 이를 달성하고자 했다. 이러한 국내적 통치의 권리는 대외정치적인 채무 관계에 견주어 볼 때 항상 부도난 어음임이라는 사실이 밝혀졌다. 짧은 저항의 순간은 동시에 시민적 사회의 생의 마지막 순간이다. 그리고 또한 여기서 시민적 사회의 가상적 현존재가 표현되는데, 이는 이미 오래전에 소진된 19세기의 자본에 의지하고자 한다.

그러나 이 공간은 노동자가 대항해 싸울 필요가 없는 곳이다. 왜냐하면 이 공간 안에서 노동자는 협상과 양보 이외에는 어떠한 다른 것도 만날 수 없을 것이기에, 그저 경멸을 담아 이곳을 떨쳐버리면 족하기 때문이다. 이 공간의 가장 바깥 경계는 무기력에 근거하며, 이 공간의 내부적 질서는 배반에 근거한다. 따라서 독일은 유럽의 식민지, 세계의 식민지가 되었다.

그러나 노동자가 이 공간을 뿌리치게 하는 행위는 바로 그가 자기 자신을 형상으로서 그리고 형상의 등급서열 내에서 인식하는 데 있다. 바로 여기에 국가를 둘러싼 투쟁의 가장 깊은 정당성이 깃들어 있는데, 이 정당성은 더 이상 계약Vertrag에 대한 새로운 해석이 아닌 운명을 증거로 하는 직접적인 임무지시Auftrag에 근거할 것이다.

10.

형상들을 보는 일은 혁명적 행위인데, 하나의 존재를 삶의 전체적이고 통일적인 충만함 속에서 인식한다는 점에서 그렇다.

이러한 과정이 도덕적·예술적 혹은 학문적 가치 평가 너머에서 실행된다는 사실은 이러한 과정의 엄청난 우월성을 입증한다. 이러한 영역에서 무엇이 선한지 악한지, 아름다운지 흉한지, 거짓인지 참인지 여부는 우선 중요하지 않다. 중요한 것은 그것이 어떠한 형상에 속하는지 여부다. 이를 통해 책임의 영역은 19세기가 정의에 관해 이해했던 모든 것과 전혀 합치될 수 없는 방식으로 확장된다. 즉, 한 개인이 이러한 혹은 저러한 형상에 속한다는 사실이 그 개인의 정당성 혹은 과실이 되는 것이다.

이것이 인식되고 인정됨과 동시에 너무나 인공적이 되어버린 삶이 자신을 보호하기 위해 구축해놓았던 엄청나게 복잡한 기구apparrat들도 붕괴하는데, 이는 우리가 이 연구의 처음에 야생적 천진난만wildes Unschuld이라고 표현한 태도가 저러한 기구들을 필요로 하지 않기 때문이다. 이는 존재를 통한 삶의 교정Revision이며, 삶의 새롭고 더욱 거대한 가능성을 인식하는 사람은 이러한 교정을—그것의 무자비성의 적절함과 과도함에 있어서— 환영한다.

새롭고 보다 용감한 삶을 준비하기 위한 수단 가운데 하나는 분리되고 독단적이 되어버린 정신의 가치들과 시민의 시대에 인간에게 수행되었던 교육 작업을 파괴하는 데 있다. 따라서 이 과정이 세계를 150년가량 과거로 되돌리려는 반동의 방식이 아닌 근본적인 방식으로 수행되려면, 이 수업 과정을 거치고 지나가는 것은 필수적이다. 이제 중요한 것은 하나의 인종Menschenschlag을 교육하는 일이며, 이를 통해 이 인종은—하나의 상위 심급이 시민적 자유의 세계 내에서 감지될 것인데—추상적인 정의와 자유로운 연구 그리고 예술가적 양심[27]에 대한 요구들이 이 상위의 심급 앞에서 스스로를 입증해야만 할 것이라는 결연한 확신을 가지게 될 것이다.

만약 이러한 일이 맨 먼저 사유의 영역에서 일어난다면, 이는 상대방이 강점을 지닌 전장에서 전투가 벌어져야 하기 때문이다. 생에 대한 정신의 반역을 향한 최고의 응수는 "정신"에 대한 정신의 반역이다. 그리고 이러한 파괴 작업에 참여한다는 것이 우리 시대의 고상하고도 잔혹한 즐거움 중 하나다.

27_ 시민사회의 핵심적인 가치들이다.

근원적인 힘들의 시민적 공간으로의 침입

13.

근원적인 것, 자유, 권력과 맺는 새로운 관계가 노동자의 고유한 특성이라는 사실이 이제까지 전제되었다.

삶의 공간을 근원적인 것의 침입으로부터 밀봉하려는 시민의 노력은 안전을 추구하려는 태곳적 노력이 각별히 성공한 결과이며, 이러한 노력은 자연사와 정신사에서 그리고 물론 모든 개개인의 삶 속에서도 추적 가능하다. 이러한 의미에서 시민의 환영幻影 뒤에는 불변적ewig 가능성이 감추어져 있는데, 모든 시대와 모든 사람은 이 가능성을 자신 안에서 발견할 수 있을 것이다. 이는 마치 모든 시대와 모든 사람에게 공격과 방어에 관한 불변의 형식이 주어져 있는 것과 유사하다. 비록 이 불변의 형식 중 어떠한 것이 선택되어 사용되는지는 우연이 아닐지라도 말이다.

시민은 시작부터 자신이 방어에 의존하고 있음을 확인한다. 그리고 성의 담벼락과 도시의 담벼락 사이에는 최후의 피난처와 유일한 피난처라는 차이가 드러난다. 여기에서 어떤 이유로 변호사 계급이 처음부터 시민적 정치에서 특별한 역할을 수행했는지 그리고 마찬가지로 사람들이 왜 민주주의 민족국가 간의 전쟁에서 누가 공격자인가에 대해 논쟁을 벌였는지에 대한 이유가 암시된다. 왼손(좌파)[28]은 방어하는 손인 것이다.

시민들은 한 번도 자발적으로 운명을 찾아 전투와 위험 속으로 들어가려는 감정에 이끌린 적이 없다. 왜냐하면 근원적인 것은 그들의 영역 저편에 놓여 있기 때문이며, 이는 비이성적이고, 따라서 비윤리적인 것 그 자체이기 때문이다. 그래서 시민은 근원적인 것이 그에게 힘과 열정으로 나타나든지 아니면 불, 물, 땅, 공기의 근원적인 요소 속에서 나타나든지 간에 상관없이 항상 이로부터 떨어지고자 노력한다.

이러한 관점 아래에 세기 전환기 무렵의 대도시는 이상적인 안전의 요새로—지난 100여 년 동안 낡아빠진 원형 성곽이 붕괴된 이래[29]—담벼락의 승리 그 자체로 나타나며, 담

28_ 독일에서 Die Linke는 왼쪽, 왼손이라는 뜻과 함께 좌파라는 뜻을 지닌다. 독일의 좌파정당의 이름도 Die Linke이다.

29_ 19세기 중반에 이르러 중세 내내 존재했던 도시의 원형 성곽은 대도시화와 교통의 발달과 함께 허물어졌다. 파리는 나폴레옹 3세 당시인 1853년 오스만 남작에 의해, 빈도 프란츠 요제프 황제가 즉위한 1850년대 후반부터 도시를 둘러싼 원형 성곽을 허물고, 그 대신 집집마다 담을 쌓아 근대적인 모습으로 탈바꿈했다.

벼락은 돌과 아스팔트 그리고 유리의 형태로 마치 삶의 가장 내밀한 질서 속으로 침투해 들어가듯이 삶을 벌집 모양의 질서 속에서 에워싼다. 모든 기술의 승리는 안락함의 승리이며, 기본 원소들Elemente의 유입Zutritt은 경제이론에 의해 결정된다.

그러나 시민의 시대의 특이한 점은 안전을 향한 노력에 있다기보다는 이러한 노력이 보여주는 특징적인 배타적 성격에 있다. 중요한 점은 근원적인 것das Elementare이 의미 없는 것으로 나타난다는 사실과, 따라서 시민적 질서의 경계벽이 스스로를 동시에 이성의 경계벽으로서 제시한다는 사실에 있다. 바로 이 때문에 시민은 신자, 전사, 예술가, 항해자, 사냥꾼, 범죄자 등과 같은 다른 종류의 외형Erscheinung과 그리고 특히 노동자의 외형과도 대조를 이룬다.

아마도 이미 이 지점에서 시민이 이러저러한 외형들 앞에서 느끼는 혐오가 분명해질 것인데, 시민들은 이들이 흡사 옷에 위험한 것의 냄새를 담아 도시로 들어오는 것처럼 느낀다. 이는 가령 이성에 가해지는 공격에 대한 혐오라기보다는, 그저 이러한 삶의 태도가 이성 숭배에 가하는 공격에 대한 혐오인 것이다.

시민적 사고의 포석布石 중 하나는 바로 이성 숭배에 대한 공격을 이성에 대한 공격이라고 폭로하고, 이를 통해 이 공격을 비이성적인 것으로 무시하려는 방식에서 나타난다. 이 두 가지 공격이 일치되는 일이 오직 시민적인 세계 내에서만 가능하다는 사실에 대해 이의가 제기될 수도 있을 것이다. 노동자에 대한 시민의 견해가 존재하는 것처럼 특수한 시민적 이성 또한 존재하기 때문이다. 이 이성은 바로 근원적인 것들과 합치될 수 없다는 점에서 특징적이지만, 이러한 특징은 절대로 예시된 바와 같은 삶의 태도[30]에 부합될 수 없다.

그래서 전투는 전사에게 고도의 질서 속에서 수행되는 과정이 되고, 비극적인 갈등은 시인에게 삶의 의미가 매우 확실하게 포착될 수 있는 상태가 되며, 불타는 혹은 지진에 의해 초토화된 도시는 범죄자에게 활발한 활동의 무대가 되는 것이다.

마찬가지로 신앙심이 있는 사람들도 의미심장하며 삶이 확장되는 권역과 관계한다. 마치 기적에 의해 그리하듯 운명은 불운과 위험을 통해 그를 직접적으로 더욱 강력한 (신의) 지배 속으로 편입시킨다. 그리고 이러한 사로잡힘의 의미는 비극에서 인정되었다. 신들은 기본 원소들을 통해서 그리고

30_ 시민적 삶과 또렷이 구별되는 위험한 직업군의 삶의 방식을 의미한다.

작열하는 별자리와 천둥과 번개, 불꽃이 해치지 못하는 불타는 수풀을 통해 자신을 계시하는 것을 즐긴다. 전 세계가 신들과 인간의 전투 아래에서 우르릉 쾅쾅 소리를 낼 때에 제우스는 최고의 옥좌에서 흥분에 겨워 전율하는데, 이는 그가 여기서 자기 권력의 최대 범위가 입증되는 것을 확인하기 때문이다.

인간이 기본 원소와 맺고 있는 관계 중에는 수준 높은 관계도 있고 수준 낮은 관계도 있으며, 안전뿐 아니라 위험 또한 하나의 동일한 질서를 통해 포괄하는 다양한 층위가 존재한다. 이와 반대로 시민은 안전을 최상의 가치로 인식하고 그에 따라 자신의 생활 방식을 결정하는 인간이다.

시민이 안전을 보증해준다고 믿는 최상의 힘은 이성이다. 그가 이성의 중심에 가까이 다가가면 갈수록 위험한 것이 감춰져 있는 어두운 그림자는 점점 더 용해된다. 이 위험한 것은 종종 작은 구름 한 점도 하늘을 가리지 않는 순간에 원경遠景 속에서 사라진다.

그럼에도 불구하고 위험은 상존한다. 위험은 기본 원소와 마찬가지로 끊임없이 질서를 둘러싸고 있는 둑을 무너뜨리고자 한다. 그리고 위험은 비밀스럽고 매수되지 않는 수학적 법칙에 따라 질서가 자신을 제거하려고 하면 할수록 그 정도에 상응해 더 위험스러워지고 더 살인적이 될 것이다. 왜냐하면 위험은 모든 질서로부터 일부분을 차지하고자 할 뿐만 아니라, 위험 또한 으뜸가는 안전의 어머니이기 때문인데, 시민은 이를 절대로 소유하지 못할 것이다.

진보가 도달하고자 노력하는 안전의 이상적 상태는 시민적 이성이 세계를 지배하는 것인데, 시민적 이성은 위험한 것의 근본을 약화시키고자 할 뿐 아니라, 최종적으로 이를 고갈시키고자 한다. 이것이 행해지는 과정은 바로 위험한 것이 이성의 가상 속에서 무의미한 것으로 나타나는 과정이며, 이를 통해 현실에 대한 위험한 것의 요구가 상실되는 과정이다. 이러한 세계에서 중요한 것은 위험한 것을 무의미한 것으로 보는 일이며, 위험한 것은 이성의 거울에 비추어 오류로 나타나는 바로 그 순간에 극복되는 것이다.

이러한 사실은 시민적 세계의 정신적·사실적 질서 내부의 어디서든 개별적으로 증명될 수 있다. 이는 크게는 등급 서열에 기인하는 국가를 사회Gesellschaft로 보려는 노력에서 나타나는데, 사회의 기본 원칙은 평등이며 이성의 행위를 통해 정당화된다. 이는 보험체계의 포괄적인 구조Aufbau에서 나타나는데, 이를 통해 국내 및 대외정치의 위험뿐만 아니라, 개인의 위험 또한 균등하게 분배되며, 이에 따라 이성에 종속되어야 하는 것이다. 즉 운명을 확률 계산을 통해 소멸시키고자 하는 노력들 속에서 나타나는 것이다. 나아가 이는 영혼의 삶을 인과관계로 인식하고자 하고, 이를 통해 영혼의 삶을 계산 불능의 상태에서 계산 가능한 상태로 이전시키려는, 즉 이성이 지배하는 영역으로 편입시키려는 다수의 매우 뒤엉킨 노력에서 드러난다.

이러한 공간 내에서 모든 문제 제기는, 그것이 예술가적 성격이든지 학문적 성격이든지 혹은 정치적 성격이든지 간에 충돌을 피할 수 있다고 보는 사고방식으로 귀결된다. 전쟁이나 범죄와 같은 불변의 사실에 직면해 못 본 체할 수 없는 것처럼, 만약 충돌이 불가피하게 생겨나는 경우 중요한 것은 이것이 오류임을 입증하는 것이며, 이 오류의 반복은 교육을 통해 혹은 계몽을 통해 예방될 수 있는 것이다. 오류가 나타나는 이유는 오직 저 위대한 계산의 인수因數가 아직 보편적 지식이 되지 못했기 때문이며, 이 계산의 결과는 통일적이고 근본적으로 선할 뿐만 아니라 근본적으로 이성적이며, 따라서 또한 근본적으로 보증된 인간성을 가진 전 지구의 주민일 것이다. 이러한 전망의 설득력에 대한 믿음 때문에 계몽은 자신에게 주어진 힘을 과대평가하는 경향이 있다.

제2부

군중과 개인의 몰락

33.

이제 전쟁을 통해 스스로 형성되었으며, 최근 거대한 전투 과정 중 점점 더 명확하게 그 특징이 관찰되는 전사의 유형Schlag과 시민계급 청년의 마지막 엘리트Auslese 사이에 존재하는 유의미한 차이에 주목해보자. 우리는 여기서, 즉 죽음의 영역을 마침내 지배하게 된 숨겨진 힘의 중심에서 새롭고 독자적인 요구를 발전시켜온 하나의 인류Menschentum와 조우하게 된다.

개별자가 좀처럼 식별될 수 없는 지형Landschaft에서 포화는 물적인 성격을 지니지 않은 모든 것을 불로 달군다. 이러한 진행 과정에서 '왜'와 '무엇을 위해'라는 질문은 최소화되는 반면에 행동은 최대한으로 나타난다. 이러한 과정을 여전히 개인적이고 얼마간 낭만적이거나 관념적으로 채색된 공간과 일치시키려는 모든 시도는 즉각 무의미하게 끝을 맺는다.

죽음과의 관계는 변화되었다. 극도로 죽음에 가까운 상황은 여전히 축제와 비견될 일체의 분위기Stimmung를 결여하고 있다. 개별자는 그가 최상의 신체적·정신적 요구 아래 놓여 있을 귀중한 순간에 파괴의 급습을 받는다. 그의 전투력은 개인적인 가치가 아니라 기능적인 가치다. 즉 사람은 더 이상 전사하지 않으며, 기능이 정지할 뿐이다. 또한 여기서 총체적 노동 성격이—이 경우 총체적 노동 성격은 그 특성에 있어 총체적 전투 성격으로 나타나는데—어떻게 다수의 특별한 전투 양식 속에서 표현되는지를 관찰할 수 있다. 전쟁의 체스판 위에 엄청난 수의 새로운 상Figur이 나타난 반면, 수를 두는 방식은 단순화되었다. 전투 윤리성의 정도는—전투 윤리성의 근본 원칙은 적을 죽이는 데 있다는 점에서 언제나 동일한데—점점 더 분명하게 총체적 노동 성격이 실현되는 정도와 일치하기 시작한다. 이는 전투하는 국가들의 활동 영역Wirkungsfeld과 전투하는 개별자의 활동 영역에도 마찬가지로 적용된다.

여기서 담력과 신경을 최고도로 훈육Zucht하는 일에 관한 이미지들은 최상의 전설에 필적할 만한 역사가 되었다. 즉 가장 극단적이고 분별 있는 동시에 금속과 같은 냉정함에 대한 연습, 바로 그 연습으로부터 영웅적인 정신은 신체를 순수한 도구로 다룰 줄 알게 되며, 자기보존 욕구의 경계를 넘어 신체가 더욱더 복잡한 성과를 달성할 수 있게 한다. 격추된 비행기의 화염과 폭풍 속에서도 바다에 잠수 중인 잠수함에서 나오는 공기 방울에서도 노동이 실행되고 있다. 이러한 노동은 이미 실제로 생명의 영역 바깥에서 수행된다. 이에 대해 어떠한 보고서도 제출된 적이 없으며, 이를 탁월하다는 의미에서 프로이센 왕을 위한 노동1이라고 칭할 수 있을 것이다. 새로운 전투력의 주체Träger가 전쟁의 말기에 이르러서야 비로소 가시화되었다는 사실과 이들의 차별성이 19세기의 원칙에 따라 조직된 군대의 무리Masse가 해체

1_ 직역하면 "프로이센 왕을 위한 노동"이라는 뜻이지만, 실제로는 대가를 생각하지 않고 성실하게 일에만 집중한다는 의미로 사용된다. 요컨대, 이는 우직하게 일하는 독일인들의 노동 방식을 프랑스인들이 우회적으로 표현한 것이다.

되는 정도에 상응해 분명하게 드러났다는 사실에 각별히 주목해야 한다. 또한 사람들은 이 주체를 무엇보다 이 주체의 시대가 가진 특별함이 도구의 사용을 통해 분명하게 표현되는 곳에서 발견할 수 있다. 즉 육상편대 및 공중편대[2]에서, 와해되며 기관총에 의해 뭉개지는 보병이 새로운 영혼을 얻게 되는 돌격대[3]에서 그리고 공격의 숙련을 통해 단련된 함대의 일부에서 발견할 수 있다.

철모 혹은 보호헬멧 아래로 관찰자를 주시하는 얼굴 또한 변화했다. 가령 집회나 단체사진 속에서 관찰되듯이, 얼굴이 다채롭게 묘사되지 않으면서 개성을 상실한 반면, 개별적 특징에 있어서는 날카로움과 단호함을 얻었다. 얼굴은 더

2_ 윙거는 보병소대장으로 근무하면서도 전투기 조종사가 되기 위해 여러 차례 항공대로의 전출을 요청하기도 했다. 땅에서의 전투가 대량학살극의 양상으로 전개된 것과 달리, 공중전은 당시 사람들에게 마치 일대일로 겨루는 중세적인 기사 간의 결투로 인식되었기 때문이다. 따라서 당시 '붉은 남작'과 같은 공군 전투기 조종사는 전쟁의 아이콘으로 국민적인 사랑과 추앙을 받았다.

3_ 제1차 세계대전의 참호전이 지루하게, 또 대량학살극의 양상으로 진행되면서 전쟁 말기에는 이를 타개하기 위해 새로운 무기가 개발되고 새로운 부대가 편성되었다. 특히 육군에서는 대량 포격 후 대군이 적진으로 돌격하는 단순한 돌격 전술에서 벗어나, 1917년경에는 소형 박격포 등으로 무장한 소규모 단위의 엘리트 돌격부대가 탄생했다. '사격 후 이동'이라는 현대적 전투 교리에 따라 소규모 병력을 적진에 침투시킴으로써 돌격부대는 인원 부족에 시달리는 독일군에 새로운 전술적 대안으로 떠올랐다. 에른스트 윙거는 이 돌격부대의 소대장으로 눈부신 전공을 쌓았으며, 이 경험을 자서전적 소설인 『강철 폭풍 속에서』에 담아 1920년에 출간했다.

욱 금속성을 띠어 마치 피부가 도금된 것 같으며, 뼈대가 더욱더 도드라져 보이면서 속이 비어 긴장감이 서려 있다. 시선은 고요하고 고정되어 있으며, 고속高速의 상태에서 파악될 수 있는 대상들을 관찰하는 일에 능숙하다. 이것이 바로 새로운 지형의 고유한 요구 아래 발전하기 시작한 인종의 얼굴이며, 개별자는 이 인종을 인격Person이나 개인Individuum이 아니라 유형Typus으로써 표현해낸다. 이러한 지형의 영향은 지대地帶, 원시림, 산맥 혹은 해안의 영향이 인식될 수 있는 것처럼 분명하게 인식된다. 개인적 성격은 점점 더 상위의 법칙성 뒤로, 아주 특수한 과제 뒤로 물러난다.

따라서 이를테면 전쟁의 말기에는 점점 더 장교를 구분해내는 것이 어려워졌다. 왜냐하면 노동 과정의 총체성Totalität이 계급 차이와 신분 차이를 지워버리기 때문이다. 전투 행위는 한편으로 부대 내에서 숙련된 작업반장과 같은 통일적인 인간 유형Schlag을 만들어내며, 다른 한편으로 중요한 직책들의 수를 증가시키는데, 이러한 직책의 승무원들에 대해서는 선별Auslese[4]이 필수적으로 요구된다. 그래서 비행과 같

4_ 선별Auslese은 독일의 사회학자 막스 베버Max Weber가 「행정의 공개성과 정치 지도자 선출」이라는 글에서, 의회민주주의 사회에서 지도자를 선출하는 과정을 설명하기 위해 사용한 용어다. 즉 공공성과 토론에 기반한 의회 내에서 가장 합리적이고 가장 이성적인 사람이 선별된다는 것인데, 이러한 선별 과정은 민주정의 지도자의 능력과 정치적 정당

은 것, 특히 전투비행은 신분제적인 사안이 아니라 인종적인 rassenmäßig[5] 사안이다. 민족국가 내에서 이러한 고도의 능력을 가진 개인의 수는 매우 제한되어 있어서 순수한 적성만이 그 직책의 자격 요건이 되어야 한다. 심리기술적인 방법은 바로 이러한 사실을 학문적인 수단을 통해 파악하려는 시도다.

이러한 변화가 비단 구체적인 전투 작업의 영역에서만 관찰되는 것이 아니다. 이는 또한 상위 지도부의 영역에도 영향을 끼친다. 따라서 매우 특별한 전투상像의 실행, 이를테면 거대한 규모의 방어 전투를 실행하기에 특별히 적합한 지능을 가진 사람이 존재한다. 이들은 더 이상 소속 부대의 하위단위에서부터 활동하는 것이 아니라, 전투의 과정이 너무 거대해져서 전선의 규모가 거의 추상적인 이미지로 발전하는 모든 곳에서 군사전술적 활동을 개시한다. 이는 대부

성을 보증해주는 절차라는 것이다. 민주정에 적합한 엘리트를 선출해내는 의회민주주의 제도의 합리성을 설명하기 위해 베버가 사용한 이 개념을 윙거는 전쟁을 통한 엘리트의 선별이라는 군국주의적 선별 과정에 응용하고 있다.

5_ 윙거가 사용하는 '인종'이라는 용어와 나치가 사용한 '인종'이라는 용어는 같은 단어 Rasse이지만 전혀 다른 의미를 지닌다. 나치의 인종이 우생학적 우위에 근거한 인종차별적 의미를 띤다면, 윙거의 인종은 개인의 능력과 기술적 세계를 향한 태도에 따라 그 지위가 결정된다는 점에서 엘리트주의적 구별짓기의 성격을 지니고 있다. 나아가 윙거의 인종 개념은 세계 차원에서 진행되는 지구 전체의 노동자화를 그 배경으로 삼고 있다는 점에서 오히려 민족 단위를 초월하는 양상을 보이기도 한다.

분 알려지지 않은 재능이며, 이러한 재능의 특징적인 가치
는 개인적인 가치를 훨씬 능가한다.

그러나 또한 이러한 순수한 군사적인 현상들을 제외하면,
어떠한 지점에서 결정적인 전쟁의 작업이 수행되는지를 확
정하는 일은 점점 더 어려워진다. 이는 특히 전쟁의 전선과
노동의 전선이 일치된다는 사실과 전쟁의 진행 과정에서 새
로운 종류의 무기류와 전투 방식이 예상치 못하게 등장한
다는 사실에서 알 수 있으며, 이러한 사실들은 다시금 보다
상위의 진실에 대한 징후로 해석될 수 있다. 노동 전선이 존
재하듯이 전쟁의 전선 또한 존재한다. 따라서 전문가의 수
는 이들의 행위가 명확해지는 정도에 따라, 다시 말해서 이
들의 행위가 총체적 노동 성격으로 표현되는 정도에 상응해
증가한다. 또한 전문가의 수가 증가함에 따라 유형Typus이
더 분명해지는데, 이러한 유형을 통해 본질적인 인류가 모습
을 드러낸다.

이러한 변화를 통해 인간의 전체적 존립 또한 영향을 받
을 테지만, 이미 암시된 바처럼 노동 과정에 대한 능동적인
대표자의 수는 제한되어 있다. 우리는 여기서 일종의 정예
부대가 그리고 투쟁하는 조직의 새로운 척추가 생성되는 모
습을 본다. 즉 기사단Orden이라고도 칭할 수 있을 하나의 선

별된 엘리트Auslese가 생성되는 것이다. 유형은 특별한 선명함 속에서 그리고 사건의 의미가 요약되는 중심 지점에서 분명하게 드러난다. 여기서 우리는 특정한 존재에 대한 인종과 의지 그리고 능력에 따른 구별에 대한 긍정으로서의 근원적인 것, 자유 그리고 권력과의 새로운 관계를 스케치하는 일이 왜 필수적인지를 이미 분명히 확인했다. 19세기의 원칙들, 특히 국민의무교육제와 국민개병제는 동원을 최종적이고 가장 강력한 수준으로 실행하기에 충분치 못했다. 이 19세기의 원칙들은 이를 극복해 다른 종류의 층위Niveau가 솟아오르는 과정에서 도약판이 되었다.

34.

중요한 과정이 얼마간 뚜렷하게 관찰되는 대도시로 되돌아가보자. 물론 우리는 이러한 과정을 그것이 이미 가시화된 곳에서 찾을 수 있을 것이다. 우리는 이미 개별자가 전체적인 과정 내에서 소멸된다는 사실을 기술한 바 있으며, 따라서 이 과정을 관찰하는 것은 매우 어려운 일이다. 이 과정은 오직 대규모 형상으로만 관찰될 수 있다는 사실이 그 이

유의 전부는 아니다.

군중이 혁명전쟁과 함께 나타났다가 전장에서 사라져버린 것처럼, 이러한 의미의 군중도 마찬가지로 도시에서 사라진다. 개별적인 개인이 예속된 이 해체 과정에서 개인들의 전체 또한 그들이 군중으로서 드러나는 한 벗어날 수 없다.

일요일과 공휴일의 소란함 속에서, 사교계에서, 정치 집회에서 투표하고 찬성하는 구성 요소로서 혹은 거리의 소요 속에서 스스로를 구현했던 옛 군중. 바스티유 앞에서 봉기를 일으켰고, 그 무자비한 돌격의 무게가 백 번의 전투에서 저울받침 위에 던져졌으며, 그들의 환호성이 지난 전쟁이 시작될 당시 여전히 세계의 도시들을 뒤흔들었고, 그들의 회색빛 군대가 해산되었을 때 해체의 효소가 되어 구석구석으로 사라졌던 군중. 이 군중도 본질적인 거대함Größe이 아니며, 여전히 군중에 근거하고 있는 모든 것과 마찬가지로 과거에 속한다. 군중이 20세기 전선의 불타는 방어선을 군중이라는 자신의 특성을 가지고 돌파하려 시도할 때마다 많은 힘을 들이지 않고도 살인적인 교훈을 얻을 수 있었던 것처럼, 그 이후로 군중에게는 장소도 이름도 알 수 없는 수많은 타넨베르크**6**가 마련되었다.

군중의 활동은, 그에 대항해 진정으로 결단된 자세로 맞서는 모든 곳에서 저항할 수 없는 마력을 상실했다. 온전한 기관총으로 무장한 두세 명의 베테랑 전사가 일개 대대가 진군 중이라는 소식에도 놀라지 않는 것처럼 말이다. 군중은 오늘날 더 이상 공격할 능력이 없을 뿐 아니라 방어할 능력조차 없다.

이러한 사실은 많은 현상에서, 예를 들어 오늘날 정당에 의해 소집되는 집회의 형식에서 뚜렷하게 나타난다. 이러한 집회는 과거에 경찰의 감시 대상이었지만, 오늘날에는 오히려 경찰이 보호자 역할을 한다고 말할 수 있다. 이러한 관계는 전후에 친위대, 강당수비대7 등과 같은 명칭으로 형성된 것처럼 군중이 사적인 자위 조직을 만들어내기 시작하는 지점에서 분명해진다. 수천 명이 자신을 보호하기 위해 수백 명을 필요로 한다. 그리고 사람들은 이 수백 명 중에서 아

6_ 타넨베르크는 동프로이센의 한 지역으로 제1차 세계대전 중인 1914년에 독일 제국과 러시아 제국 간 전투가 벌어진 격전지다. 이 전투에서 독일군은 러시아군에 대승을 거두었고, 승장인 힌덴부르크는 전쟁 영웅으로서 황제를 능가하는 위세를 얻게 된다. 여기서 윙거는 시민계급의 노력에 파멸적인 피해를 입히는 사건의 비유로 타넨베르크 전투를 언급하고 있는 것이다.

7_ 대표적인 친위대로 악명 높은 나치의 SS를 꼽을 수 있으며, 강당수비대Saalschutz는 정치 집회가 개최되는 강당을 다른 정치 집단으로부터 보호하기 위해 만들어진 정당 소속 사설경비대를 뜻한다. 바이마르 공화국 당시 많은 정당이 강당수비대와 같은 조직을 두었지만, 강당수비대라는 명칭을 처음 사용하고 이를 조직한 것은 나치당의 초기 멤버 에밀 모리스Emil Maurice(1897~1972)다.

주 다른 인종이 나타나는 것을 확인할 수 있는데, 이는 바로 군중의 하나로 모인 개인이 이 인종을 나타낼 때다.

이는 좀 더 포괄적인 사실, 즉 대중을 형성시키는 거대하면서도 낡은 방식인 정당의 역할이 그 성격과 과제에 있어서 근본적으로 끝장났다는 사실과 관련되어 있다. 오늘날 여전히 이러한 거대한 것을 만드는 데 열중하는 사람은 정치적인 우회로를 위해 힘쓰는 것과 같다. 여기서 개인은 마치 모래처럼 언덕으로 쌓여지고, 이 언덕은 다시금 모래처럼 흩어져버린다.

이러한 현상은 특히 군중이 아직 충분히 변형되지 않았다는 점에 그 원인이 있는데, 특정한 영역, 이를테면 경찰 조직의 영역에서는 적어도 특수한 노동 성격이 얼마간 두드러지게 발전되었다. 이러한 변형Umbildung, 혹은 차라리 새로운 종류의 거대함에 의한 군중의 대체는, 20세기의 33년 이내에 이미 물질에 관한 물리화학Physikochemie적인 표상[8]과 관련해 실현된 것과 마찬가지로 실현될 것이다. 군중의 실존은 시민적인 안전 개념이 허위적인 것이 된 만큼이나 위협받게 되었다.

가장 근본적인 필요, 즉 불, 물, 빛, 진보된 신용체계 그리고 그 밖에 이야기되는 많은 것을 공급하는 유통체계는 무정형無定形인 군중의 신체에 있어서 생사와 관련해 연결된 얇은 끈이나 노출된 혈관과 같다. 이러한 상태는 필연적으로 독점적·자본주의적·노동조합적 혹은 범죄적 장악을 부추기는데, 이러한 장악은 수백만의 인구가 모든 정도의 결핍을 지나 고통스러운 경악으로까지 이르도록 위협한다. 군중의 결정은 원인 모를 가격의 상승, 화폐가치의 폭락, 배상금의 지불 수단, 황금의 흐름에 대한 비밀스러운 자기력磁氣力를 규정하지 못한다.

무기의 원거리 효력이 최고도로 상승해 불과 몇 시간 내에 무방비 상태의 대도시를 위협할 수 있다는 사실에는 정치적 전복의 기술이 상응하는데, 이 기술은 더 이상 군중을 거리로 투사投射하고자 하지 않으며, 오히려 결의에 찬 돌격부대와 함께 정부 소재지의 심장과 두뇌가 되는 지점을 장악하고자 한다. 모든 반항적인 군중을 몇 초 이내에 흐트러트릴 수 있는 효력을 지닌 도구로 무장한 경찰의 장비 또한 이러한 기술에 해당한다. 커다란 정치적 범죄는 더 이상 국

8_ 물리화학은 화학의 고전적인 분야로서 물리학의 이론을 화학에 적용하는 방법론을 사용한다. 물리화학은 19세기 말에 크게 발전했으며, 전기 작용이나 촉매 작용을 통해 물질의 속성이 변화하는 과정을 연구했다. 에르빈 슈뢰딩거나 프리츠 론돈Fritz London 등이 이 분야의 대표적 독일 학자다. 윙거는 물리적 작용을 통해 물질의 성질이 변형되는 것을 군중이 노동자로 변형되는 과정에 비유하고 있다.

가의 인격적 혹은 개인적 대표자, 즉 장관이나 군주 혹은 신분 대표를 겨냥하는 것이 아니라, 철교, 송신탑 혹은 공장 창고를 겨냥한다. 한편으로 사회주의 아나키스트의 개인주의적 방법 너머로, 다른 한편으로 대중에 대한 무작위 테러 Massenterror의 방법 너머로 정치적 폭력 행위에 대한 새로운 교본이 암시된다.

그러나 이 모든 것, 즉 19세기 군중의 생활공간을 축소시키는 세부사항Detail은―대도시의 모든 임의의 지역을 관통하는 관찰 과정에서―오로지 인상physiognomisch으로 드러날 뿐이다. 이 과정에서 사람들은 군중에 의해 확장된 "우리의" 도시 또한 이러한 전환기적 현상의 일부라는 사실을 다시금 분명하게 확인할 것이다.

이 모든 사실은 또한 배려 없음에서도 나타는데, 이로 인해 산책자는 멸종하는 종種으로서 교통수단에 의해 구석으로 밀려나게 되는 것이다. 이는 또한 당혹감을 안겨주는 속도에서도 관찰되는데, 이로 인해 모든 종류의 사교 모임Gesellschaft, 예를 들어 연극 관람객의 사교 모임은 길거리의 혼잡함 속에서 와해된다.

모든 도시의 이미지는 부패의 분위기 속에 휩싸여 있으며, 이러한 분위기는 이미 자연주의 소설 속에서 피상적인 낙관주의를 통해 내내 선포된 바 있다. 또한 부패의 분위기는 일련의 무상한 몰락의 양식 속에서, 즉 색이 누렇게 변하는 것, 시드는 것, 폭발적인 일그러짐 혹은 뼈대를 드러내는 즉물성Sachlichkeit과 같은 몰락 양식 속에서 분명해지고 가망없게 된다.

동부의 황량한 도시 맨체스터 풍경 속에서, 도심의 먼지가 쌓인 갱도에서, 고급 주택이 위치한 서부의 교외에서, 북부의 프롤레타리아트 공동주택에서 그리고 남부의 소시민 주거지역에서도 동일한 과정이 다양한 색조 속에서 진행된다.

이러한 산업, 상업, 시민적 사회Gesellschaft는 몰락에 바쳐졌으며, 이 몰락의 숨결은 느슨해진 결합관계의 갈라진 틈새와 이음새로부터 솟아나온다. 여기서 우리의 시각은 죽음을 예감케 하는 모든 특징을 가진 물량전의 경관Landschaft을 발견할 것이다. 비록 구원자가 구조작업 중에 있고 개인주의 학파와 사회주의 학파 간의 낡은 논쟁, 다시 말해 19세기의 거대한 혼잣말이 새로운 차원에서 불같이 전개된다 할지라도, 이러한 사실이 죽음에는 어떠한 약초도 쓸모가 없다는 옛 격언을 한 치도 바꿀 수는 없을 것이다.

따라서 우리는 군중 내부에서 개별자를 찾아내지 않는다. 여기서 우리는 그저 몰락해가는 개인Individuum을 만날 뿐인데, 그의 고통은 수만 명의 얼굴 속에 새겨져 있으며, 그의 모습을 바라보는 일은 관찰자를 무의미함과 쇠약함의 감정으로 가득 채운다. 사람들은, 마치 적충류Infusoria로 가득 찬 용기 안에 염산 한 방울이 떨어진 것처럼, 개인의 움직임이 활력을 잃게 되는 것을 목도한다.

이러한 과정이 잡음 없이 진행되는지 아니면, 파멸적으로 진행되는지 여부는 그 형식에 있어서 차이가 존재할 뿐 본질에 있어서는 차이가 없다.

35.

새로운 유형Typus, 즉 20세기의 인간 유형Schlag을 암시하는 연관 관계란 전혀 다른 종류의 연관 관계다. 우리는 겉보기에 매우 다양한 형성물Bildung 속에서 이 새로운 유형의 부상浮上을 확인할 수 있는데, 이 형성물은 우선 대단히 보편적으로 유기체적인 구조의 특징을 보인다. 이러한 형성물은 19세기의 수평면Niveau(층위)에서부터 솟아오르는데, 이것은 비록 불분명하긴 하지만 수평면을 통해 분명하게 구분될 수 있다. 형성물의 공통적인 특징은 그 안에서 이미 특수한 노동 성격이 가시화된다는 사실에 있다. 이 특수한 노동 성격은 노동자의 형상Gestalt이 유기적으로 표현되는 형식과 방법이며, 이러한 형식과 방법 속에서 노동자의 형상은 생명력 있는 존재를 분류하고 구별 짓는다.

앞서 이러한 유기적인 구조 가운데 몇 가지를 가볍게 다루어보았는데, 이러한 구조 속에서 기술을 통해 물질을 동원하는 동일한 형이상학적 힘과 동일한 형상이 이제 유기적인 통일체의 지배 아래 놓이기 시작한다. 그래서 우리는 선별된 엘리트를 관찰해보았는데, 이들은 물량전의 천편일률적인 과정을 뚫고 나와 전투 과정에 영향을 미친다. 새로운 종류의 에너지들도 관찰해본바, 이들은 당의 기관을 깨뜨려 버린다. 또 동지적 공동체를 관찰했는데, 이는 낡은 사회의 모임들과 구분되며, 마치 1860년의 연극 일등 객석이 그 활동에 있어서 영화나 스포츠 경기의 관객과 구분되는 것과 같다.

집단화를 야기하는 힘들이 완전히 다른 종류의 힘으로 변화되었다는 사실은 이미 이름의 변화에서 빈번하게 암시된다. 따라서 "집회" 대신에 "행진", "정당" 대신에 "복종", "회합" 대신에 "진영"이라는 단어가 사용된다. 여기서는 개인이 내리는 자유로운 결단이 더 이상 회합의 암묵적인 조건으로서 여겨지지 않는다는 사실이 드러난다. 이러한 조건들은 "단체Verein"나 "회의Sitzung" 등과 같은 단어들에서 분명해지 듯이 오히려 중요치 않거나 우스운 것이 되어버렸다.

사람들은 개인의 의지적 결단을 통해, 즉 시민적 자유의 행위를 수행함으로써 유기체적 구조에 속하게 되는 것이 아니라, 특수한 노동 성격을 규정하는 실제적인 연루Verflech-tung에 의해 그것에 속하게 되는 것이다. 그래서 진부한 예를 들자면, 정당에 입당하거나 탈당하는 것은 전기 사용자로서 속해 있던 단체에서 탈퇴하는 것만큼이나 쉽다.

세계관에 기반한 동참과 본질적인 참여 사이에도 마찬가지의 차이가 존재한다. 노동조합이 유기체적 구성체의 등급으로 자라날 수 있는 반면에, 노동조합과 밀접히 관련된 정당에서는 그렇지 않다. 이와 같은 일이 새로운 종류의 정치투쟁조직[9]에도 해당될 것인데, 내부에 조직기구를 만들고자 노력하는 정당과 새로운 종류의 정치 투쟁 조직 간의 차이는 아주 빠른 시일 내에 가시화될 것이다.

사람들이 19세기의 세계를 아직까지 어느 정도로 필요로 하는지를 규명하기 위한 간단한 방법이 존재한다. 사람

9_ 나치 돌격대와 같은 집단적 정치투쟁조직을 의미하는 것으로 보인다.

들이 맺는 관계들 가운데 어떤 것은 계약 해지할 수 있고 어떤 것은 안 되는지를 검사하면 된다. 19세기의 노력 중 하나는―사회는 계약에 의해 탄생했다는 근본 입장에 상응해―모든 가능한 관계를 해약이 가능한 계약 관계로 변화시키고자 노력하는 데 있다. 따라서 이 세계의 이상Ideal 중 하나는 개인이 자신의 성별적 특성Geschlechtscharakter에 스스로 해약을 통보할 경우, 다시 말해 단순히 호적부에 기입함으로써 성별性別적 특성을 결정하거나 변화시킬 수 있는 경우 달성되는 것이다.

파업이나 공장 폐쇄, 즉 경제적인 투쟁에서 있어서 해약을 최상의 수단으로 삼아 폭발적인 방식으로 사용하는 것 또한 당연히 19세기 시민적 사회의 방식에 속하며, 20세기의 엄격한 노동자 세계에는 적합하지 않다. 우리 시대의 모든 경제 투쟁의 비밀스러운 의미는 경제 또한 그것의 총체성 속에서 유기체적 구조의 등급으로 고양된다는 데 있으며, 유기체적 구조로서 경제는 고립된 개인의 주도Initiative로부터 뿐만 아니라 군중의 형태로 등장하는 개인의 주도로부터도 벗어나게 된다.

그러나 이러한 일은 이 같은 형식[10] 이외에 다른 어떠한 형식을 통해서도 자신을 절대 파악할 수 없는 인류가 소멸되거나 소멸로 강제되어야만 비로소 생겨날 수 있다.

노동자 유형에 의한 시민적 개인의 대체

36.

이제 우리가 새로운 모습Gebilde 속에서 우리에게 다가오는 이 유형에게, 즉 새로운 지형Landschaft에 대한 타고난 개척자에게 주목하고자 한다면, 시야 밖에 존재하는 모든 종류의 가치 평가를 포기해야만 할 것이다. 여기서 중요한 유일한 가치 평가는 형상 자체 내에서 이루어져야 할 것이다. 이때의 가치 평가는 고유한 등급 서열이라는 의미에서 수직적이며, 다른 시간이나 공간의 어떠한 현상과 수평적으

10_ 위에서 언급된 시민적 형식을 뜻한다.

로 비교될 수 없다. 우리는 이미 앞에서 빈곤화 과정이 일어
난다는 사실에 관해 이론의 여지가 없음을 약술한 바 있다.
이 빈곤화 과정은 번데기 안에서 성충이 애벌레를 소모하는
것처럼, 생명이 자기 자신을 먹어치운다는 근본적 사실에서
기인한다.

　중요한 것은 하나의 관찰 지점을 얻는 일인데, 이 지점에
서 보았을 때 손실은 조각하는 과정 중 몸체에서 떨어져나
가는 돌덩이와 같은 것으로 파악될 수 있다. 우리는―만약
진화사進化史가 정반대의 징후 속에서 추동되는 것이 아니라
면―진화사가 부정되는 단계에 도달했다. 다시 말해 이러한
관점에서 볼 때, 형상은 시간에 종속되지 않은 존재로서 생
성 중인 생명의 진화를 결정한다. 그러나 여기서 우리는 점
점 명확해지는 하나의 변화를 발견하게 된다.

　이러한 명확성은 그 속에서 변화가 암시되기 시작하는 형
상에서도 표현된다. 그리고 이 변화가 불러일으키는 최초의
표현은 일정 정도의 텅 빔Leere과 동형同形성이다. 이는 낯선
동물이나 낯선 인종의 존재Bestand 사이에서 개별적인 구분
을 어렵게 만드는 그런 동형성이다.

　먼저 순수하게 인상학적으로 눈에 띄는 것은 얼굴의 마
스크와 같은 경직성으로, 수염 없는 상태와 헤어스타일 그

리고 몸에 꼭 맞는 모자 등과 같은 외형적 수단에 의해 강조되고 상승될 수 있다. 남성에게서는 금속적인 인상, 여성에게서는 화장한 것 같은 인상을 일깨우는 이러한 마스크적 속성Maskhaftigkeit이 시민적 유형을 노동자의 유형으로 변화시키는 데 매우 결정적이라는 사실은, 마스크적 속성 자체가 종적 특성을 인상학적으로 가시화하는 형식들을 선명하게 만들어준다는 사실을 통해 추론될 수 있다. 부연하자면, 얼마 전부터 마스크가 일상생활 속에서 다시금 역할을 맡기 시작한 것도 우연이 아니다. 마스크는 특수한 노동 성격이 분출되는 곳에서 다양한 방식으로 나타나는데, 예를 들면 전 국민이 소지하게끔 하려는 가스 마스크(방독면)[11]로서 나타나든지, 아니면 모든 레이서가 가지고 있는 스포츠용 안면 마스크로서 나타나든지, 아니면 열의 방사, 폭발, 유해 물질 처리 과정으로 인해 위험해진 공간에서 노동을 위한 보호 마스크로서 나타난다. 사진이 정치적인 공격 수단의 지위를 얻게 되는 발전 과정 등과의 연관 관계에서 볼 때, 오늘날 우리가 마스크에 대해 예견하는 것과 아주 다른 과제가 마스크에 주어지게 될 것이라고 추정할 수 있다.

11_ 제1차 세계대전의 가스전 여파로 1920~1930년대에 유럽 국가들에서는 갑작스런 가스 공격에 대비해 가정에 비상용 가스 마스크를 비치하는 운동을 전개했다.

이러한 마스크적 속성은 개개인의 인상뿐만 아니라, 그의 전체적인 외양을 대상으로 해서도 확인될 수 있다. 따라서 신체의 완전한 도야Durchbildung, 즉 아주 특별하고 계획적인 완전한 도야와 훈련Training에 커다란 관심이 쏟아진다는 사실이 관찰된다. 사람들은 매우 동일하게 훈육된 나체의 육체를 흔하게 접하게 되었는데, 그러한 빈도가 최근 몇 년간 몇 배로 증가했다.

이러한 과정의 추이는 의복과 관련해 진행된 변화에서 분명하게 드러난다. 지난 150년 내내 상당히 동일한 형태로 유지되었으며, 그 의미에 있어서 과거의 신분제적 복식에 대한 조야한 추억으로 이해될 수 있는 시민의 양복은 그것의 모든 세부사항에 있어 무언가 불합리한 모습을 띠기 시작한다. 양복은 한 번도 진지하게 여겨지지 않았다. 다시 말해 사람들은 양복에 대해 (시민적) 신분 복식Tracht**12**의 지위를 인정했을 뿐인데, 이러한 사실은 전통적 의미의 신분 의식이 유지되던 곳에서, 이를테면 전투를 벌이거나 공직을 수행하거나 설교를 하거나 판결을 내리던 곳**13**에서는 항상 양복을

12_ 여기에서 Tracht은 신분적·직업적 특징을 드러내는 목적을 가진 포괄적인 상징체계를 뜻한다.
13_ 전통적으로 귀족 신분에 의해 행해지던 직업과 그 직업에 해당하는 관복을 의미한다.

입는 일을 회피했다는 사실에서 드러난다.

물론 이러한 신분 표현Repräsentation은 시민적 자유 개념과 필연적으로 대립 관계에 있었다. 따라서 19세기 후반 50년 동안 풍자적인 잡지는 의례용 관복Robe, 수도복, 법복 혹은 담비가죽 코트에 대한 서술을 빼놓은 적이 없었다. 이 서술의 의도는 이러한 복장의 주인공이 인간의 왕국이 아니라, 동물의 왕국 혹은 꼭두각시의 왕국에 속한다는 사실을 입증하는 것이다. 교수형이나 사격의 도구를 포기한 사람은 이러한 풍자를 통한 공격과 마주칠 일이 없다. 따라서 복식은 점점 더 비공식적인 사용의 영역이나 예외적인 계기의 영역으로 후퇴하기 시작한다. 즉 복식은 교통수단, 언론의 자유, 사진의 등장 아래 영향력을 획득하고 있는 공개성 Öffentlichkeit을 기피한다.

세기 말에 이르러 근원적인 생명의 시기를 공적 기록으로 등록하는 결정적인 행위가 시민의 옷을 입은 호적계 공무원에 의해 행해지게 되었다. 이는 민족국가가 자유주의적 수단을 사용해 교회에게 거둔 승리[14]를 시사한다. 19세기 유럽 대륙의 국회에서 특별한 의회 관복은 낯선 것이었으며, 시민적 의상은 우파에서 좌파까지 통일적으로 관철되었다. 1914년 여름의 대규모 회의에 일부 의원들이 제복Uniform 차

림으로 등장했으며, 전후에는 전체 교섭단체들이 군사적 통일성을 지닌 특별한 복장을 하고 등장한다. 장관들 또한, 프로이센 주지사가 재량권을 가지고 있는 장군 제복의 경우를 제외한다면, 그다지 두드러져 보이지 않는다. 신분 표현에 대한 회피는 보편화되고 기이한 형식을 띠게 된다. 누군가 공개적으로 노출될 경우, 자기 자신이 눈에 띄지 않도록 주의를 기울이거나 오히려 가장 개인적인 영역에 머물고 있는 듯이 행동한다. 사람들은 개인적인 특성Qualiät 이외에 다른 종류의 특성이 드러나지 않도록 조심한다. 사람들은 군중에게 그가 어떻게 먹고 마시는지, 운동 중에 그리고 농가에서 무엇을 행하는지를 보여준다. 그래서 장관이 수영복을 입고 있거나[15] 입헌군주국의 군주가 신사복을 입고 가벼운 잡담을 나누는 분위기 속에 등장하는 사진들이 돌기도 한다.

세기 초에 군중이 옷을 입는 방식의 몰락은 개인의 인상의 몰락에 조응한다. 사람들이 현재보다 더 형편없고 무의미하게 옷을 입던 시기는 아마도 없었을 것이다. 이를 바라보면, 마치 거대한 고물 창고의 재고품들이 값싼 다양함 속에서 길과 광장 위에 흩뿌려져 있고, 거기서 그로테스크한

14_ 중세 이래 유럽의 기독교 국가에서 주민은 모두 교회에 호적 등록이 되어 있었으며, 교회의 교구는 주민들에 대한 호적 업무를 담당해왔다.

품위를 지닌 채 낡아 떨어졌다는 인상을 받는다. 사람들은 이를 이미 전쟁 전에 계속하여 인식했으며, 독일 청년운동이 그러했듯이 이를 변화시키고자 시도했다. 그러나 이러한 변화는 그 시도의 근저에 놓인 낭만적·개인주의적 태도 때문에 실패할 수밖에 없었다.

덧붙이자면, 시민적 의상은 독일인들에게 특히나 불행한 외양이다. 독일인들이 외국에서 정확하게 '식별'되는 까닭도 바로 이 의상 때문이다. 매우 눈에 띄는 이 현상의 원인은 독일인들이 자신의 가장 깊은 내부에서 개인적 자유와 어떠한 관계도 맺고 있지 않으며, 바로 이 때문에 시민적 사회와 어떠한 관계도 맺고 있지 않기 때문이다. 이는 또한 독일인들의 태도에서도 표현된다. 따라서 개별적으로 여행하거나 단체여행 중인 독일인은 특유의 당혹스럽고 경직된 인상을 준다. 요컨대 독일인에게는 도시적 세련됨Urbanität이 결여되어 있는 것이다.

15_ 1919년 8월 21일 『베를린 삽화신문』 1면에 대통령 프리드리히 에버트와 국방부장관 노스케가 얇은 수영복 바지 한 장만 입고 있는 사진이 공개되었다. 독일 제국 시절의 권위와 위신을 중요하게 생각하던 공화국의 적대자들은 이 사진이야말로 베르사유 조약에 의해 발가벗겨져 제국적인 위신을 상실한 독일의 상징적 이미지라고 생각했고, 위신과 권위가 빈약한 신생공화국을 공격했다. 또한 이 사진은 오늘날 포토샵을 통해 그러하듯 사진 속 인물들을 비방하기 위한 패러디의 소재로 폭넓게 사용되었다.

그러나 개개인이 이미 유기체적인 구조 속에서, 즉 특수한 노동 성격과의 직접적인 접촉 속에서 발현되는 곳이라면 어디에서나 상황은 변화하고 있다. 여기서 우리는 다시금 이 노동 성격이 낡은 의미의 직업이나 작업 활동과는 아무런 관련이 없으며, 오히려 그 안에서 무릇 생명이 출현하는 새로운 양식의 의미, 다른 방식Modus의 의미를 가지고 있다는 사실을 기억해내야만 한다.

이러한 의미에서 시민의 의상은 평상복이 되어버렸는데, 노동자 양식이 관통해 들어가기 시작한 곳에서, 다시 말해 오늘날 어떠한 일이 실제적으로 진지하게 행해지는 곳에서 사람들은 더 이상 평상복과 마주치지 않는다. 이러한 모든 곳에서 이미 유형적인 노동자 복식이, 즉 노동 성격과 전투 성격이 일치한다는 점에서 제복의 성격을 지니는 복식이 이야기된다.

이러한 사실은 제복 그 자체와 관련해 일어나는 변화에서 가장 잘 관찰할 수 있는데, 이 변화의 첫 전조는 군인 제복의 알록달록한 색깔이 전투지형의 단색 톤에 자리를 내준다는 사실에서 암시된다. 이는 전사 신분의 해체가 가시화되는 상징 중 하나이며, 우리 시대의 모든 상징과 마찬가지로 절대적인 목적합리성의 마스크 아래 모습을 드러낸다.

이 발전은 군인의 제복이 점점 더 명백하게 노동을 위한 제복의 특수한 사례로 나타난다는 사실로 귀결된다. 이에 따라 전시 제복과 평시 제복 혹은 행진용 제복 간의 차이 또한 발전한다. 열병식은 전쟁에 대한 최고도의 준비 상태를 표상하며, 그 자체로 최후의 그리고 가장 효과적인 시간적 수단을 전시한다.

노동자가 그 자체로 하나의 신분을 대표하는 자로 여겨질 수 없는 것처럼, 노동 복장도 신분적 복장이 아니다. 노동 복장이 예를 들어 프롤레타리아트의 복장과 같이 하나의 계급적 특징으로 간주되어서는 더욱더 안 된다. 프롤레타리아트는 이러한 의미에서 낡은 형식의 군중인데, 그의 개인적인 인상은 와이셔츠 깃이 없는 시민의 인상과 같다. 프롤레타리아트는 대단히 확장 가능한 경제적·휴머니즘적 개념을 대표하지만, 유기적인 구조, 즉 형상Gestalt의 상징은 아니다. 이는 프롤레타리아트가 고통 받는 개인으로서 파악될 수 있지만, 유형Typus으로서 파악될 수는 없는 것과 마찬가지다.

시민적 의상이 낡은 신분적 의상에 기대어 발전된 것이라면, 노동 복장 혹은 노동용 제복Arbeituniform은 그 안에서 독자적이고 전적으로 다른 종류의 성격을 드러내 보인다. 즉 노동 복장은 혁명의 가장 외면적인 특징에 속한다. 이러한 복장의 과제는 개인성을 두드러지게 하는 것이 아니라, 유형을 강조하는 것이다. 또한 그 때문에 노동 복장은 전투의 영역이든, 스포츠의 영역이든, 전우戰友의 영역이든 혹은 정치의 영역이든지 간에 새로운 팀Mannschaft이 형성되는 곳에서는 어디에서나 등장한다. 마찬가지로 제복은 승무원이 논의되는 곳에서도, 즉 인간이 기계적 도구와의 밀접한—켄타우로스적인—연관 관계 속에서 관찰되는 다양한 계기에서도 눈에 띄게 된다. 특수한 복장이 요청되는 계기들이 증가한다는 사실은 명백하다. 하지만 이러한 계기들의 총합 아래에 총체적 노동 성격이 감추어져 사실은 아직 그다지 명백하게 드러나지 않는 것 같다.

따라서 일요일에 군중은 유독 형편없이 차려입은 것처럼 보이며, 아무튼 군중은 그들이 몰려가는 운동경기의 선수단이나 레이싱 선수가 입은 것보다는 형편없으며, 군중을 이루고 있는 개개인 대부분이 일상생활에서 입은 것보다도 더욱 형편없다. 이는 한편으로 일요일이 몰락에 직면한 제의적 질서의 상징이라는 사실과 연관되어 있지만, 다른 한편으로 인간이 분리되고 싶어하지 않는 안락한 거실Gute Stube의 개념과도 연관되어 있다. 이러한 안락한 거실 또한 마찬가지로 개인성Individualität인데, 사람들은 비록 개인성을 발휘하는 기회가 감소되고 가치 없게 되었음에도 불구하고 개인 성에 고착되어 있으며, 이를 표현하고자 노력한다. 또한 이를 통해 오늘날 개별자에게서 발견되는 이데올로기적 태도의 중대한 취약점과 불안정성을 살펴볼 수 있는데, 이러한 태도는 개별자가 연루되어 있는 사실적인 연관 관계의 의미와 논리 정연함과는 정반대된다. 이러한 불균형과 손실은 총체적 노동 성격이 개별자에게 부과하는 요구사항이 증대되는 정도에 비례해 점점 눈에 띄지 않게 될 것이다. 우리는 이러한 요구가 총체와 관련되어 있다는 사실을 알고 있다. 총체적 세계상이 합리적이고 기술적인 마스크 뒤에서 떠오르기 시작하는 것처럼, 그 속에서 대단히 새로운 의미가 드러나는 복장의 잘 배열된 통일성 또한 총체적 세계상의 재현 Repräsentation에 해당한다.

그럼 이제 논의를 현재에 국한시켜보자. 우리는 복장이 바로 아비투스Habitus처럼—그것이 새로운 팀Mannschaft의 형성과 관련해서든 혹은 기술적 도구의 사용과 관련해서든지 간에—더욱 원시적Primitiv이 되었다는 사실을 관찰하게 되며, 이는 인종적인 특징으로서 파악된다는 의미에서 원시적이다. 수렵, 낚시, 특정한 지역에 거주, 동물 다루기, 그중 특

히 말 다루기는 유사한 동일형식성Gleichförmigkeit[16]을 산출해
낸다. 이 동일형식성은 기능적 연관 관계가 증가한다는 표식
중 하나이며, 이 기능적 연관 관계에 의해 개별자가 사용된
다. 이러한 실용적 연관 관계의 총합은 증가하고 있다. 이에
대해 우리는 이미 몇 가지를 다루어보았고, 유기체적 구조
에 대해 더 상세하게 이야기하면서 또 다른 몇 가지를 언급
하게 될 것이다.

37.

우리는 유형Typus을 바라볼 때 인지하게 되고 복장에 의
해 강조되는 마스크적인 인상에서부터 시작했다. 태도와 제
스처에 대한 몇 가지 소견이 이 첫 번째 인상의 윤곽을 온
전히 완성시킬 수 있을 것이다.

지난 세기의 회화를 관찰해보면, 인간과 인간 집단에 대
한 견해와 관련해 명확한 윤곽에 대한 공격이 점증한다는

16_ 지구 어디에서든 수렵이나 낚시, 말 다루기 등의 실용적인 기술은 동일한 형식을 띤
다는 의미이다. 이처럼 윙거는 노동 성격의 확산과 지배를 전 지구적인 현상으로 파악하고
있으며, 이에 따라 노동은 전 세계에서 동일형식성을 띠게 되는 것이다.

사실이 드러난다. 낭만주의 유파가 길거리, 광장, 공원 혹은 폐쇄된 공간의 단면들을 통해 보여주듯이, 인간 간의 관계는 최후의 조화와 잠시 동안의 안전감에 의해 여전히 활기를 띠고 있다. 아직 위대한 전형의 여운이 남아 있는데, 이는 복고시대의 사회에 상응하는 것이다.

오직 이러한 분위기를 통해서만 최초의 표현주의 초상화가 살롱들에서 돌연 나타났을 때 일어난 스캔들을 이해할 수 있으며, 이 스캔들은 지금 우리에게는 뚱딴지같은 일이다. 우리는 이러한 회화에서—개개인이든 혹은 집단이든지 간에—기이하게 이완되고 어떠한 맥락도 없는 태도를 지닌 사람들을 발견하게 된다. 이들은 자신을 감추기 위해 빈번히 희미한 불빛을 필요로 한다. 그래서 초롱불이 켜진 정원, 최초의 가스등 인공조명이 켜진 대로大路, 안개 속이나 황혼 속 혹은 희미하게 빛나는 햇살 속의 풍경이 사랑받은 것이다.

이 해체 과정은 10년마다 심화되는데, 일련의 놀랍고 부분적으로 훌륭한 분화Verästelung를 통해 니힐리즘의 경계에 도달한다. 그리고 이 과정은 개인의 죽음과 정치적 수단으로서의 군중의 배제라는 현상과 병렬적으로 진행된다. 이제 더 이상 예술 사조와 유파가 아니라 오히려 일련의 임상병동에 대해 논해야 할 것인데, 이곳에서 몰락해가는 생체기관들이 불빛 아래 보여주는 모든 종류의 경련이 기록되고 고정된다.

그러나 무자비함의 표현이—이러한 무자비함을 가지고 다채로운 음악은 개인의 몰락과 고통을 동반하는데—관찰 행위에 주어진 단 하나의 시각적 근원Quelle은 아니다. 암시된 분기점과 인공적인 눈의 차갑고 냉정한 시선이 인간과 사물을 향하기 시작한 일이 동시에 일어난다는 것은 결코 우연이 아니며, 화가의 눈이 포착할 수 있는 것과 사진기의 렌즈가 포착할 수 있는 것 사이에는 대단히 유의미한 관계가 존재한다.

여기서 최근에야 비로소 놀라움과 함께 인식된 사실이 언급되어야 할 것인데, 즉 최초의 초상 사진이 개인적인 성격에 있어서 오늘날의 사진을 훨씬 압도한다는 점이다. 이러한 사진들 중 다수에서 회화의 분위기가 나타나는데, 이는 예술과 기술 간의 경계가 사라지는 방식에 따른 결과다. 사람들은 이를 제작 과정의 차이를 통해, 다시 말해 수공업과 기계공업 간에 존재하는 제작 기술의 차이를 통해 설명하고자 했고, 이는 또한 타당한 것이다.

그러나 더욱 중대한 실상은 당시 사진기의 광선이 오늘날 가능한 것보다 훨씬 더 높은 밀도로 개인적인 성격과 접촉할 수 있었다는 사실이다. 우리 곁의 아주 작은 생활용품 속에조차 반영되어 있는 개인적 성격은 또한 그러한 사진들에 특별한 지위를 부여한다. 회화가 다루고 있는 바와 같은 개인적, (시민)사회적 인상印象의 몰락은 사진에서도 추적할 수 있다. 이러한 몰락은 사진이 걸려 있는 교외의 게시판을 관찰하는 일이 유령적인 체험이 되는 단계에까지 이른다.

그러나 동시에 (사진)도구의 정밀도도 상승했다. 이 도구의 의미가 사소한 것들을 포착하는 일에만 제한되었더라면, 이러한 상승은 상상할 수 없었을 것이다. 물론 결코 그렇게 제한되지 않았다. 오히려 우리는 삶이 새로운 단면들을 드러내 보이기 시작했다는 사실을 관찰하게 되는데, 이러한 단면들은 제도용 연필에 적합한 방식과는 어울리지 않으며, 이와 전혀 다른 방식인 렌즈와 특히 잘 어울린다. 삶이 유기적 구성체의 단계로 진입하는 곳에서는 어디서나 이러한 단면이 드러나며, 따라서 유기적 구성체와 함께 그리고 유기적 구성체 내부에서 등장하는 유형에게서도 마찬가지로 새로운 단면들이 드러난다.

유형에게서 사진의 의미는 변화한다. 그리고 이로 인해 사람들이 '좋은 인상'이라고 이해했던 것 또한 변화한다. 이러한 변화의 방향은 또한 다의성多義性에서 명확성(단의성)으로

의 진보로 나타난다. 사진기의 광선은 다른 종류의 성질, 즉
날카로움과 명확성 그리고 대상적인gegenständlich 성질을 찾
아낸다. 예술이 이러한 시각적 법칙을 따르고, 이에 따라 새
로운 종류의 도구로 스스로를 무장하고자 노력하기 시작했
다는 사실이 입증된다.

그러나 사람들은 여기서 중요한 것이 원인과 결과가 아니
라, 동시성이라는 사실을 잊어서는 안 될 것이다. 순수한 기
계적 법칙이란 존재하지 않으며, 기계적이고 유기적인 존재
의 변화는 개별 과정들의 인과성에 대해 결정하는 좀 더 상
위의 공간에 의해서 파악되기 때문이다.

따라서 기계 인간이란 존재하지 않으며, 기계와 인간이
존재하는 것이다. 그러나 새로운 도구와 새로운 인류의 동시
성 사이에는 물론 깊은 상관관계가 있다. 이러한 상관관계
를 파악하기 위해 사람들은 시대의 강철과 같은 인간의 마
스크를 꿰뚫어보고자 노력해야만 하는데, 이를 통해 시대를
움직이는 형상과 형이상학을 알아차릴 수 있게 된다.

그렇게, 오직 그렇게 해야만—최고도의 일치의 공간으로
부터—특별한 인류와 오직 그만이 사용하게끔 제공된 고유
한 도구 사이에 존재하는 관계가 파악될 수 있다. 이와 관련
해 불일치가 감지되는 모든 곳에서 오류는 관찰자의 위치에

서 기인하는 것이지 존재에서 기인하는 것이 아니다.

38.

개인의 재현Repräsentation이 아닌 유형Typus의 재현이 성취된다는 사실은 영화에서 좀 더 분명하게 드러난다.

고전적인 연극의 몰락 속에서—고전적인 연극의 가련한 최후의 단계를 우리는 이미 경험한 바 있는데—18세기 말경에 이미 결정된 과정이 인식될 수 있다. 왜냐하면 연극에는 개인의 몰락뿐만 아니라 신분적 세계가 표현되는 인격 Person의 몰락 또한 반영되어 나타나기 때문이다. 극장에는 비단 연극 작품과 배우만이 속해 있는 것이 아니라, 삶의 숨결 또한 속해 있다. 이 삶의 숨결은 길과 광장에서 그리고 궁정과 가정으로부터 흘러들어오며, 샹들리에 양초의 불빛을 흔들리게 한다. 극장에는 절대군주가 속해 있으며, 그의 명백한 현존은 과정의 내적인 통일성을 보증하는 중심점을 이루는 것이다.

그러나 이 모든 것, 마치 놀라운 음악의 메아리처럼 이따금 이야기를 통해 우리에게 전달되는, 우리가 상상하기 어려운 이 조화로움은 인간의 노력이 절대적인 원칙에서 보편적인 원칙[17]으로 향하게 된 순간부터 단순한 추억이 된다. 고전적인 연극 작품이 진정한 생명과의 관계를 상실했다는 사실은 새로운 관객층이 스스로를 **교화**敎化하고자 극장을 방문한다는 점에서 드러난다. 관객의 공간과 무대를 가르는 차단막보다 통일성의 상실을 분명하게 만들어주는 것은 아마도 없을 것이다. 무대 위로까지 뻗어 있었던 일등석 일부에 존재하던 안락의자는 이미 오래전에 사라져버린 것이다.

무대를 관객석으로 변화시키는 이 보이지 않는 차단막은 배우에게서 관객을 분리시킬 뿐만 아니라, 배우를 작품으로부터도 분리시킨다. 연극의 몰락은 신분적 세계의 붕괴와 함께 위대한 배우들이 등장했다는 사실에서 드러나는데, 이들은 런던, 파리, 베를린 등지에서 명성을 쌓기 시작한다. 그러나 이 위대한 배우들은 시민적 개인에 다름 아닌데, 이들의 등장은 고전적인 연극 작품의 법칙성 또한 무대 위에서 산산조각 낸다.

전통적인 연기 규칙과 인물에 반대된 견해가 승리하는 가운데 인격Person에 대한 개인Individuum의 승리가 반복된다.

17_ 절대군주제의 절대적 원칙과 상반되는 시민적 세계의 보편원칙을 의미한다.

입헌군주국의 궁정극장은 문화 행사로, 도덕적 공공기관으로, 문예적 의미로 전락한다. 궁정극장이 점점 명백하게 구체화하는 공개성은 특권적 관객에 대한 공개성이 아니라 돈을 지불하는 관객과 돈을 받는 비평가와 관련된 공개성이다. 따라서 궁정극장은 활기찬 무질서와 소위 시민적 드라마 그리고 사회적 토론이라는 연이은 공격 조치로부터 절대 벗어날 수 없다.

시민적 민주주의의 민중 무대에서 극장이 일련의 독립적이고 자립적인 요소들 속으로 부서져내리는 동안에도 여전히 외적인 통일성의 외양은 남아 있다. 우리는 여기서 극장을 보편적 교양의 도구로서, 회사로서, 협회로서, 정당 업무로서, 요컨대 시민적 사회에 고유한 모든 노력에 대한 표현으로서 발견한다. 이 극장은 물론 시민적 사회Gesellschaft가 진정한 의미에서 사회가 아닌 것만큼이나 진정한 극장이 아니다. 결정적인 붕괴는 앞서 이야기했듯이 이미 일찍이 기록되었다. 즉 붕괴는 커다란 연극의 스캔들 속에서 역사가 되었는데, 이 스캔들 속에서 낡은 사회는 더 이상 자신이 통일체가 아니라는 사실을 자각했음을 드러내보였다.

우리 시대에 발전하기 시작한 영화에서 위와 같은 다양한 차원에서의 등급의 저하가 계속되는 것이 아니라, 완전히 다른 종류의 원칙이 표현되고 있다는 사실을 인식하기 위해서는 기술적인 특성과 기계 장치 등이 결정적으로 중요한 것이 아님을 분명하게 인지해야 한다. 이러한 점은 회전무대 Drehbühne[18]나 시리즈 공연 그리고 기타의 현상들에서 가시화되는 바와 같이 기술적 특성이 이미 연극 내부로도 침투해 들어갔다는 사실에서도 드러난다.

극장이 자신을 돋보이게 하고자 추구하는 질Qualität이라는 관점은 따라서 빗가나게 된다. 무엇보다 사람들은 오늘날 품질에 대한 요구 뒤에 두 개의 아주 상이한 가치 평가가 감추어져 있다는 사실을 알아야 한다. 개성적인 질은 형상이 인정하는 질과는 완전히 다른 것이다. 시민적인 세계의 최종적 단계에서 질은 개성적individuell 특징을 의미하는데, 특히 어떠한 상품의 개성적 특징과 함께 상품의 일회적인 제작Ausführung을 의미한다. 따라서 나이 많은 장인의 이미지나 골동품 가게에서 구매하는 상품은, 그것이 만들어질 당시에 상상할 수 있었던 것과는 아주 다른 의미에서 질을 지니게 된다. 담배회사의 광고와 고전 작가의 100주년 기념식을 위한 광고에 동일한 방식의 기술이 동원된다는 사실

18_ 무대 아래에 전동 장치가 설치되어 빠르게 무대 위 배경을 전환시킬 수 있는 기계화된 무대.

은, 질이 상업적 가치와 어느 정도로 동일해졌는지를 명백히 드러내준다. 그리고 질은 이러한 의미에서 광고의 일종이며, 이 광고를 통해 개성적 특징이 군중에게 욕구로 꾸며져 제시된다. 그러나 유형은 이러한 욕구를 전혀 느낄 수 없기 때문에, 이러한 과정은 유형과 관련해서는 완전한 허상이다. 따라서 어떠한 특정한 차량[19]을 타는 사람은 자신의 개성에 꼭 맞게 재단된 도구를 소유하고 있다고 절대로 진지하게 상상할 수 없을 것이다. 반대로 그는 타당하게도 일회적으로 제작된 차량을 불신할 것이다. 그가 암묵적으로 질로 전제하는 것은 오히려 유형, 상표, 꼼꼼히 설계된 모델이다. 개성적 질은 반대로 그에게 호기심을 불러일으키거나 박물관에서나 찾을 사안일 뿐이다.

이와 동일한 허상은 연극이 영화를 상대로 질을, 즉 예술적 우월성을 주장하는 경우에도 적용된다. 일회적인 수행 Ausführung의 개념은 여기서 일회적인 체험의 약속으로 등장한다. 그러나 일회적인 체험은 최고 등급의 개인적 사안에 해당하는 것이다. 일회적인 체험은 시민적 개인의 발견 이전에는 낯선 것이었는데, 절대적인 것과 일회적인 것은 서로를

19_ 공장에서 대량생산된 차량을 뜻한다. 특히 미국의 포드주의와 이를 통한 차량의 대량 생산체제는 독일인들에게 큰 문화적 충격을 주었다.

배척하기 때문이다. 그리고 일회적 체험은 총체적 노동 성격이 길을 열기 시작한 세계에서는 그 의미를 상실한다.

일회적 체험은 시민적 소설의 체험인데, 시민적 소설은 로빈슨들[20]의 사회에 대한 소설이다. 연극에서 일회적 체험의 중재자는 시민적 개인의 성격을 지닌 연극배우다. 따라서 연극비평 또한 점점 분명하게 연극배우에 대한 비평으로 변화되어왔다. 일회적 체험과 숙명적인 개념들이 서로 상응하는데, 19세기는 이러한 개념 하에 예술을 "기질을 통해 바라본 한편의 천성Natur"이나 "고유한 나 자신에 대한 심판의 날" 그리고 이와 유사한 것에 복속시켰으며, 이러한 개념들의 공통적 특징은 개인적 체험의 높은 등급에 있다.

이러한 종류의 질 싸움은 가상적 축으로 이동했다. 예술은 결코 연극과 영화 간의 비교를 위한 수단이 아니다. 특히 더 이상 예술에 대해 이야기하지 않거나 혹은 아직 예술에 대해 이야기할 수 없는 시대에는 더욱 그러하다. 여기서 중요한 것은 오늘날 사람들이 아직 전혀 인식하지 못하고 있는 결정적인 문제제기인데, 즉 두 매체 중 어떠한 것이 유형을 더욱더 날카롭게 표현하는지의 여부다. 이러한 사실, 즉

20_ 소설 『로빈슨 크루소』의 주인공 로빈슨을 의미하는 것으로 보인다. 로빈슨 크루소의 모험은 진귀하고 일회적인 체험 그 자체를 소재로 한다.

중요한 것은 등급의 차이가 아니라, 종적 차이Andersartigkeit
에 있다는 사실을 파악한 이후에야 사람들은 사물들을 선
입견 없이 바라볼 수 있게 될 것이다. 비록 두 곳에 모인 개
별자들의 총합이 동일할지라도 연극의 관객과 바로 그 옆에
위치한 영화의 관객에게서 나타나는 종적 차이를 파악할 수
있을 것이다. 사람들은 왜 관객들이 연극배우에게서 개인성,
견해를 느끼고자 하는 반면, 영화배우에게서는 개인성을 전
혀 전제하지 않는지를 깨닫게 된다. 성격(인물)의 가면과 하
나의 시대 전체의 가면적 성격 간에는 차이가 존재한다.

영화배우의 과제가 형상을 재현하는 일이 된다면, 영화
배우는 하나의 상이한 법칙 아래에 놓이게 된다. 따라서 사
람들은 영화배우에게 일회성Einmaligkeit이 아니라 명확성Ein-
deutigkeit을 요구한다. 사람들은 그가 무한한 하모니를 표현
해주기를 기대하는 것이 아니라, 삶의 정확한 리듬을 표현해
주기를 기대한다. 따라서 그의 책무는 하나의 특정하고 매
우 대상적인 공간 내에서 합법칙성Gesetzmäßigkeit을 연기해내
는 것이며, 이러한 합법칙성의 규칙은 또한 영화의 관객들에
게 피와 살로 바뀌게 된다.

이와 같은 상황을 가장 분명하게 보여주는 곳은 바로 영
화가 위와 정반대의 주제, 즉 인간이 이 특정하고 대상적인

공간에 굴복하는 내용을 다루는 곳이다. 우리 시대는 특별한 종류의 그로테스크를 창작해냈는데, 사람이 기계적 대상의 노리개가 된다는 것이 그 해학Komik의 핵심이다. 고층 건물이 지어진 목적은 오직 사람이 그곳으로부터 떨어지기 위한 것이고, 교통수단의 의미는 사람이 그것에 치인다는 데 있는 것이며, 엔진의 의미는 사람들이 이것과 함께 폭발한다는 데 있는 것이다.

이러한 해학은 매우 정밀한 공간의 기본 법칙과 이 법칙에 따른 평범한 제스처를 제대로 체득하지 못한 개인의 비용으로 치러진다. 그리고 대립성Kontrast[21]을 통해 표현되는 이 해학의 핵심은 관객들이 새로운 법칙을 전적으로 당연하게 생각한다는 점이다. 즉 개인을 보며 즐거워하는 것은 유형Typus인 것이다.

여기서 근본적으로 끔찍하고도 원시적인 적개심을 드러내는 웃음이 재발견된다. 그리고 문명의 중심 한가운데에서, 안전하고 따뜻하고 조명이 잘 갖추어진 공간 한가운데에서 펼쳐지는 상연은 화살과 활로 무장한 부족을 기관총으로 사격하는 전투 과정과 아주 충분히 비견될 수 있다.

21_ 새로운 기술적 세계에 적응하지 못하는 개인과 이러한 세계의 법칙에 익숙한 유형간의 대립성을 의미한다.

모든 관련자의 천진난만함, 양심에 거리낌 없음, 선입견 없음은 혁명 그 자체의 중요한 특징이다. 이러한 종류의 해학과 웃음을 통한 파괴는 전환기에 적합하다. 그러나 그 효력은 이미 오늘날 빛이 바래기 시작했다. 그리고 만약 사람들이 이와 같은 영화를 50년 후에 보관소에서 발굴하게 된다면 이 해학은, 오늘날 「죄 있는 어머니La Mère coupable」[22]의 공연이 자기 인식을 갖게 된 (시민적) 개인의 감정에 다시금 주문을 걸 수 없는 것처럼, 거의 이해되지 못할 것이다.

여기서 중요한 것은 영화에 다른 종류의 공간이 반영反映되어 있다는 점이다. 이러한 사실은 고전적인 작품을 시민적 연극으로 전용하는 일이 보다 취약한 매체에서의 반복으로 해석될 수 있는 반면에, 고전적인 작품을 영화로 전용하게 되면 기존의 몸체로부터 어떠한 흔적도 남지 않는다는 숙고를 통해서도 추론된다. 고전적 작품이 모티브로 제작된 영화에서, 영화는 원본과 닮기보다는 오히려 정치 뉴스나 동시에 달려 나가는 아프리카의 사냥 장면과 더 닮아 있다. 그러나 이는 총체성에 대한 요구의 특징이다. 어떠한 역사적

22_ 프랑스 극작가 보마르셰Pierre-Augustin Beaumarchais(1732~1799)의 작품 중 하나다. 그는 「세비아의 이발사」 「피가로의 결혼」 등과 같은 희극 작품을 썼으며, 이 작품은 프랑스 시민혁명기인 1792년에 쓰였다.

시기와 어떠한 지리적 지형 그리고 어떠한 사회적 단면이 소재로 다루어질지라도, 이러한 소재에 대해 응답하려는 문제제기는 동일하다. 이를 통해 작업에 사용되는 도구들이 최고로 동시적이고 동형적이며 명확하다는 사실, 한마디로 이 도구들이 유형적인typisch 수단이라는 사실이 분명해진다.

이러한 사실은 특히 외면적인 특징에 의해 밝혀진다. 영화는 어떠한 일회적 상연도 알지 못하며, 엄밀한 의미에서 초연Premiere이라는 것도 없다. 영화는 도시의 모든 구역에서 동시에 상영되며, 초 단위나 밀리미터 단위의 정밀함에 이르는 수학적인 정확성을 가지고 자유자재로 반복될 수 있다. 관객은 특수한 관객이 아니며, 심미적 공동체가 아니다. 오히려 관객은 생활공간 중 어떤 임의의 장소에서도 만날 수 있는 완전한 공개성Öffentlichkeit을 나타낸다. 주목할 만한 일은 비평의 영향력이 또한 감소했다는 사실이다. 비평은 통지通知에 의해, 즉 광고에 의해 대체된다. 배우는, 이미 말한 바와 같이, 개인을 재현할 것이 아니라 유형을 재현할 것을 요구받게 된다. 이는 표정술Mimik과 제스처Gestik에 관한 대단한 명확성을 전제로 하는데, 이 명확성은 불과 얼마 전에 인

공적인 목소리의 도입[23]을 통해 더욱 날카로워졌으며, 여타
의 수단들에 의해 더욱더 상승될 것이다.

유형의 등급서열과 개인의 등급서열 간의 차이

42.

시계 및 측정 기계와 더불어 매우 정밀하고 매우 조직적
으로 변화된 공간 내에서 일회적이고 개인적인 체험이 명확
하고 유형적인 체험에 의해 대체된다는 사실이 분명해진다.
알 수 없는 것, 비밀스러운 것, 마술, 삶의 다양성은 이 공간
의 완결된 총체성 내에 존재한다. 이 세계에 대립하지 않고
이 세계 속으로 편입되어 있을 경우, 사람들은 이 세계에 동
참하는 것이다.

세계와 개별자의 양극성Bipolarität은 개인의 행복과 고통의

23_ 유성영화의 도입을 뜻한다.

원인이다. 이와 반대로 유형은 자신이 속한 공간으로부터 스스로를 비판적으로 분리하기 위한 수단을 점점 덜 소유하게 되는데, 이러한 공간을 바라보는 일은 낯선 사람의 눈에는 끔찍하거나 놀라운 동화童話처럼 보일 것임에 틀림없다. 이 과정, 이 용해는 기능적인 결합 관계(조직)의 증가 속에서 표현되는데, 개별자는 기능적 결합 관계에 의해 사용되게 된다.

따라서 발견 또한 이 공간에서 더 이상 놀라운 것이 아니며 자연스러운 삶의 양식 일부가 된다. 우리 시대에 행해진 용감한 비행을 통한 세계의 새로운 발견은 개인적인 업적의 결과가 아니라 유형적인 업적의 결과이며, 이는 오늘날 신기록Rekord으로 나타나지만 내일이면 이미 일상적인 관례가 되어버린다. 마찬가지로 새로운 지형Landschaft의 발견, 어떠한 도시 혹은 전쟁터의 발견 또한 유형적 체험의 일부다. 따라서 중요한 보고報告는 더 이상 개인적이고 일회적인 보고가 아니라, 유형에 의해 확증되는 보고다. 자주 한탄의 대상이 되는 문학의 몰락은 케케묵은 문학적 문제제기가 자신의 지위를 상실했다는 사실 외에 다른 무엇도 의미하지 않는다.

의심의 여지없이 오늘날 기차시간표는 시민적 소설을 통한 일회적인 체험의 마지막 한 올보다 더 중요하다. 이러한 종류의 체험을 노동지형 혹은 투쟁지형의 중심점으로 끌어올리고자 하는 사람은 스스로를 웃음거리로 만드는 셈이다. 여기서 중요한 것은 새로운 공간이 문학적인 파악에 부적합한 것이 아니라, 모든 시민적 개인의 문제제기가 새로운 공간으로부터 미끄러질 수밖에 없다는 사실에 있다. 새로운 공간을 문학적으로 파악하는 것은 하나의 과제인데, 이러한 과제는 문학에 고유하게 존재하는 합법칙성 속에서 비로소 발견될 수 있을 것이다. 오로지 이러한 경우에만 다시금 책과 독자에 대해 이야기할 수 있을 것이다.

죽음이 좀 더 평범한 것이 되었다는 사실 또한 이러한 연관 관계에 속한다. 이러한 사실은 유형이 작업 중인 곳에서라면 어디서나 관찰할 수 있다. 항공운항에 의해 수를 셀 수 없는 희생자가 발생하지만, 이러한 희생이 항공운항의 발전과정에 일말의 영향도 미칠 수 없는 것이다. 물론 그와 동일한 사실을 항해에 대해서도 주장할 수 있다. "항해는 꼭 필요하다Navigare necesse est." 자연의 힘에 의한 몰락과 사고의 개념—이 개념이 우리의 공간에서 발전되어온 바와 같이—간에도 차이가 존재한다. 누군가 두 가지 경우에서 운명에 대해 논하고자 한다면, 운명은 전자에 있어서는 예측 불가능한 힘들이 개입하는 형태로 나타나지만, 후자에서 운명은 그저 숫자화 된 세계와 밀접하게 관련되어 나타난다. 이것이 바로 운명에 무미건조한 필연성이라는 특별한 외양을 부여한다.

사람들은 임박Nähe한 죽음이 빠른 속도와 결합되어 나타나는 곳에서 이러한 사실을—스스로든 혹은 타인을 통해서든—감각적으로 확인할 수 있다. 속도는 일종의 각성한 도취를 만들어낸다. 그리고 마치 인형처럼 각자 운전대 앞에 앉아 있는 카레이서들의 무리는 정확성과 위험성이 기이하게 혼합되어 있다는 인상을 주는데, 이러한 혼합은 유형의 고양된 움직임의 특징이다.

이러한 관계는 인간이 적극적으로 삶과 죽음을 다루는 영역에서 더욱 날카롭게 표현된다. 유형은 무기의 개조에 열중하고 있는 모습을 보이는데, 이 무기에 의해 유형은 각별하게 특징지어진다. 무기의 종류와 사용은 그것이 인격체Person나 개인을 향한 것인지 아니면 유형을 향하여 겨냥된 것인지 여부에 따라 변화한다. 인격체가 전장에 발을 딛는 곳에서 싸움은, 개개인 간에 혹은 규모가 제한된 군부대 간에 적대하는지 여부에 상관없이, 일대일 결투의 법칙에 따라 진행된다. 휴대용 무기를 통해 상대방과 대적하고자 하는 태세가 이에 상응한다. 과거의 포병과 화포장인Stückmeister조차도 얼마간은 수공업자였다. (시민적) 개인은 대량의 군중의 형태로 등장하며, 대규모의 효력을 가진 수단에 의해 구현된다. 따라서 전장으로 향하는 군중의 등장과 동시에 '거대한 포열砲列'이 등장했고, 이후에 산업화와 함께 기관총이 등장했다.

이와 반대로 유형에게 전장은 총체적 공간에 관한 특별한 사례다. 따라서 유형은 전투에서 총체적 성격을 특징으로 하는 도구를 통해 자신을 대리시킨다. 이에 따라 섬멸지대라는 개념이 등장하는데, 섬멸지대는 강철, 가스, 화염이나 여타의 수단에 의해 그리고 또한 정치적 혹은 경제적 영향력에 의해서 창조된다. 섬멸지대 내에서는 전투원과 비전투원 간에 사실상 차이가 존재하지 않는다. 그 때문에 이미 지난 전쟁에서의 국제법적 논의, 이를테면 개활지와 요새, 전함과 상선, 해양 봉쇄와 운항의 자유에 관한 논의는 순수하게 프로파간다적 성격을 띠었던 것이다. 총력전에서 모든 도시, 모든 공장은 요새이고, 모든 상선은 전함이며, 모든 생활용품은 전시금수품戰時禁輸品이며, 모든 적극적 혹은 소극적 조치는 전쟁과 관련된 의미를 가진다. 그와 반대로 유형을 개별자로, 예를 들어 군인으로서 만나게 된다는 사실은 부차적인 중요성을 지닐 뿐인데, 유형은 자신이 연루되어 있는 힘들의 장Kräftfeld에 대한 공격 중에 서로서로 만나게 된다.

그러나 이러한 사실은 대단히 상승되고 대단히 추상적인 잔인성의 특징이다.

오늘날 관찰할 수 있는 가장 광범위한 살인 행위는 아직 태어나지 않은 이들을 겨냥하고 있다. 시민적 개인과 관련하여 개별자의 생활방식을 확고하게 보장하는 현상이 유형에게서는 인구정책적인 수단의 역할을 수행하리라고 예상할 수 있다. 마찬가지로 어렵지 않게 추측할 수 있는 사실은 인구감소정책이라는 매우 오래된 학문의 재발견이다. 여기에 저 유명한 "2000만이나 많다"[24]가 해당되는데, 이 재치 있는 표현은 그 사이 인구 증가를 통해서 그리고 사회적 혹은 민족적 경계계층을 행정적 수단을 통해 분리시키기 시작한 수단으로서 분명해졌다.[25]

24_ 프랑스의 정치가 조르주 클레망소Georges Clemenceau(1841~1929)가 한 말로 알려져 있다. 프랑스 총리직과 주요 장관직을 역임했으며, 제1차 세계대전 중에는 총리와 국방부장관을 겸직하며 독일을 상대로 승리를 이끌어냈다. 1870년 파리의 제18구인 몽마르트르 구청장으로 재임하면서 경험한 프로이센-프랑스 전쟁의 패배는 그로 하여금 강력한 프랑스 민족주의적 입장에서 강경한 대독일 정책을 추진하는 데 지대한 영향을 끼쳤다. "2000만이나 많다"는 그의 말은 인구수가 국력이 된 현대 국가 체제에서 프랑스보다 월등히 많은 인구를 가진 독일에 대한 우려에서 나왔다.
25_ 제1차 세계대전 이후 프랑스의 인구는 증가한 반면, 독일은 경계 지역인 알자스-로트링엔, 폴란드 회랑, 벨기에, 덴마크, 리투아니아의 일부 지역 등을 상실함으로써, 전쟁 이전보다 인구가 감소했다.

노동자의 형상에 의한 세계의 동원으로서의 기술

44.

동시대인들이 기술에 관해 할 수 있는 진술이 가져다주는 소득은 옹색하다. 특히 눈에 띄는 점은 기술자조차도 자신의 사명Bestimmung을 하나의 이미지 안에, 즉 삶의 여러 차원을 총체성 속에서 파악하는 이미지 안에 그려 넣지 못한다는 사실이다.

그 원인은 기술자가 특별한 노동 성격을 대표하기는 하지만, 그에게 총체적 노동 성격과의 직접적인 관계가 결여되어 있다는 사실에 있다. 비록 모든 개별적 능력이 탁월하더라도 노동 성격과의 직접적인 관계가 부재하다면, 결합시키면서도 내부적 모순은 발생시키지 않는 질서에 대해 이야기할 수 없을 것이다. 총체성의 결핍은 고삐 없는 전문가 집단의 등장에서 드러나는데, 이들은 자신의 특수한 문제제기를 가장 결정적인 것으로 만들고자 노력한다. 그러나 비록 세계가 궁극에 이르기까지 꼼꼼히 계획되었다 할지라도, 중요한 질문 중 단 한 가지도 결정되어 있지 않을 것이다.

기술과 진정한 관계를 맺기 위해서는 기술자 이상이 되어야만 한다. 사람들이 삶과 기술을 연결시키고자 하는 모든 곳에서 해결되지 못한 오류는—부정적 혹은 긍정적인 결론에 도달하든지 여부에 관계없이—모두 동일하다. 이 근본 오류는 사람들이 인간을 기술과 무매개적인unmittelbar 관계 속에 위치시킨다는 데 있는데, 이는 인간을 기술의 창조자로 인식하든지 희생자로 인식하든지 여부에 관계없이 매한가지다. 여기서 인간은 스스로 효력을 감당해내지 못하는 힘을 주문을 통해 불러내는 마법 견습생으로서 나타나거나 아니면 중단될 수 없는 진보의 창조자로서 인공적 파라다이스로 서둘러 나아간다.

그러나 인간이 기술과 무매개적이 아니라 간접적으로 연결되어 있다는 사실을 인식하게 되면, 완전히 다른 판단에 도달하게 된다. 기술은 노동자의 형상이 세계를 동원하는 방식이다. 인간이 결정적으로 기술과 관계를 맺는 척도 그리고 인간이 기술에 의해 파괴되지 않고, 오히려 촉진되는 척도는 인간이 노동자의 형상을 재현Repräsentieren하는 정도에 달려 있다. 이러한 의미에서 기술은 노동의 공간에서 유효한 하나의 언어를 터득하는 것이다. 이 언어가 다른 언어보다 덜 중요한 것도 아니며, 깊이에 있어서 덜하지도 않다. 왜냐하면 이 언어는 문법뿐만 아니라, 형이상학 또한 품고 있기 때문이다. 이러한 연관 관계 속에서 기계는 인간과 마찬가지로 부차적인 역할을 수행하는데, 즉 기계는 이 언어가 발화되는 기관 중 하나인 것이다.

이제 기술을 노동자의 형상이 세계를 동원하는 방식으로서 파악해야 한다면, 첫째로 다음의 사실, 즉 기술이 특정한 관계 속에서 이 형상의 대표자인 노동자에게 적합하며, 그에 의해 사용될 수 있다는 사실이 입증되어야 한다. 둘째로 시민, 기독교도, 민족주의자 등 노동 공간의 외부에 존재하는 속박Bindung의 대표자들은 이러한 관계 속에 편입되어 있지 않다는 사실이 입증되어야 할 것이다. 나아가 기술 내부에 이러한 속박에 대한 공공연한 혹은 비밀스러운 공격이 포함되어 있어야만 한다.

위의 두 가지 사실은 실제에 있어서 모두 사실이며, 우리는 몇 가지 예를 통해 이를 입증하고자 노력할 것이다. 불명확성, 특히 기술에 대한 언급의 다수를 물들이고 있는 낭만적 불명확성은 분명한 관점의 결여에서 생겨난다. 이러한 불명확성은 사람들이 다채로운 과정들의 평온한 중심으로서 노동자의 형상을 인식하는 즉시 소멸된다. 이 형상은 총동원에 저항하는 모든 것을 파괴하는 것과 동일한 강도로 총동원을 촉진한다. 따라서 기술적 변화의 표면적인 과정 너머로 포괄적 파괴뿐만 아니라 세계가 다른 방식으로 구성된다는 사실이 입증되어야 하며, 이 두 가지 과정에는 매우 확고한 방향이 이미 주어져 있다.

49.

우리가 임시적인 공간에서 살고 있다는 사실이 매우 실제적으로 밝혀지는데, 임시적 공간의 특징은 발전 그 자체가 아니라 매우 특정한 상태로 발전한다는 점이다.[26] 우리의 기술적 세계는 무제한적 기회의 영역이 아니다. 오히려 기술적 세계에는 맹아적 성격이 부여되어 있는데, 이러한 성격은 하나의 매우 특정한 완성을 향해 나아간다. 따라서 우리의 공간은 하나의 거대한 대장간과 비슷해진다. 여기에서 그 어떤 것도 지속적인 존속의 관점에서, 즉 우리가 고대 건축물에서 높이 평가하는 바와 같은 혹은 예술이 하나의 유효한 형식 언어를 창조해내려는 의미에서와 같은 지속적인 존속의 관점에서 창조되지 않는다는 사실을 간과해서는 안 된다. 모든 수단은 오히려 임시적인 성격, 작업장적인 성격을 띠며,

기한이 제한되어 사용되도록 결정되어 있다.[26]

이러한 상태는 우리의 지형이 이행移行의 지형으로서 나타난다는 사실과 상응한다. 여기에는 형태의 어떠한 견고성도 존재하지 않는다. 즉 모든 형태는 중단 없이 역동적인 소란 속에서 형성된다. 도구의 불변성[27]이란 존재하지 않는다. 즉 능률 곡선의 상승보다 불변적인 것은 존재하지 않는데, 이는 어제까지만 해도 추월이 불가능해 보였던 기계 도구를 오늘에는 고철덩이로 만들어버린다. 따라서 건축물의 불변성도, 삶을 영위하는 불변성도, 경제의 불변성도 존재하지 않는다. 모든 것의 불변성은 도구의 불변성과 연관되어 있으며, 이러한 항구성은 도끼, 아치, 돛 혹은 쟁기[28] 같은 것에 고유한 것이다.

개별자는 분업으로의 희생을 강요받음으로써 이러한 작업장 지형 내에서 살아가게 되는데, 그 작업이 허무하다는

26_ 앞선 48장에서는 진보사관에 내재된 무한성 개념을 비판하면서 기술 발전의 유한성을 강조한다. 윙거에 따르면 기술의 발전과 그로 인한 세계의 임시적 성격은 특정한 시점에 종결되며, 완성된 기술은 새로운 인종인 노동자의 형상에 의해 세계 지배의 도구로 사용된다.

27_ 윙거는 특정한 기술이 완벽에 이르면 더 이상 발전하지 않는다고 본다. 즉 기술의 발전은 종결되는 것이다. 이에 따라 도구의 발전도 종결되고, 더 이상 변화하지 않게 된다.

28_ 이러한 것들은 앞서 언급된 기술적 도구들과 달리 발전을 멈춘 도구들이다. 도구의 발전이 정지되면 우리가 사는 세계의 임시성·불안정성 또한 사라지리라는 것이 윙거의 생각이다.

사실은 그에게도 의심의 여지가 없다. 도구의 변화 가능성은 자본과 노동력의 중단 없는 투자라는 결과를 가져오는데, 이러한 투자는 그것이 비록 경쟁이라는 경제적 가면 아래 자신을 감추고 있다한들, 모든 경제법칙에 역행한다. 그래서 여러 세대Generation가 저축금이나 기념비도 남기지 않은 채, 그저 하나의 특정한 단계, 동원에 대한 하나의 홍수표지**29**만을 남긴 채 떠나버리는 것이다.

　이러한 임시적 상황은 지난 100년 이래 기술적인 지형의 특징인 혼란스럽고 정돈되지 않은 상태에서 두드러지게 나타난다. 눈을 아프게 만드는 이 같은 광경은 단지 자연지형이나 문화지형의 파괴에 의해 야기되는 것이 아니며, 기술 자체의 불완전한 상태에 의해 설명된다. 전선과 연기, 소음과 먼지, 개미 떼와 같은 혼란, 10년마다 건축물에 새로운 얼굴을 선사하는 혁신의 혼란을 동반하는 도시들은 형식에 관한 거대한 공사장이지만, 그 스스로는 어떠한 형식도 가지고 있지 않다. 무질서를 하나의 특정한 양식으로 지칭하고자 하는 것이 아니라면, 이 도시들에는 형식이 부재한다. 실제로 오늘날 사람들이 도시들과 관련해 이야기하는 두 가

29_ 과거 홍수가 일어난 날짜와 수위 등을 다리의 교각이나 강가의 건물에 표시해놓는 것을 뜻한다.

지 가치 평가가 존재하는데, 이 두 가지 평가기준에 비추어 도시는 박물관이 되거나 대장간이 된다.

　20세기가 부분적으로나마 이미 상당한 깔끔함과 선 구성 Linienführung[30]의 확실성을 드러낸다는 사실이 그간 확인되었는데, 선 구성의 확실성은 기술적 구성의 의지가 분명해지기 시작한다는 사실을 드러낸다. 따라서 평균적인 선으로부터의 거리두기와 불과 얼마 전까지만 해도 꼭 필요한 것으로 여겨졌던 특허Konzession로부터의 거리두기가 인지된다. 사람들은 높은 온도에 대한 감각, 빛에 대한 냉철한 기하학에 대한 감각, 과열된 금속의 백열白熱에 대한 감각을 가지기 시작한다. 지형은 더욱 조직적이 되고 위험해지며, 더 차가워지고 더욱 작열하게 된다. 즉 이러한 지형에서는 안락함의 마지막 잔재마저 사라진다. 이미 지구상에는 사람들이 마치 화산지대나 황량한 달의 지형을 지나듯 횡단할 수 있는 단면들이 존재하며, 눈에 보이지 않으면서도 현존해 있는 깨어있음Wachsamkeit이 이러한 단면들을 지배하고 있다. 사람들은 취향과 같은 부차적인 의향을 기피하며, 기술적인 문제제

30_　여기서 윙거가 말하는 선Linie은 도로, 버스·기차의 정기 노선, 인체 표면의 윤곽 등을 모두 포괄한다. 시민의 세기인 19세기의 회화에서 볼 수 있었던 흐릿한 선 구성이 사라지고, 모든 선의 구성이 확실성을 띠기 시작한다는 것이다. 37장 참조.

기를 결정적인 지위로 끌어올린다. 이러한 행위는 유익한데, 기술적 문제제기 너머에 기술적인 것 이상의 것이 감춰져 있기 때문이다.

동시에 작업 도구는 확실성Bestimmtheit과 명확성Ein-deutigkeit을 얻게 된다. 그리고 또한 **단순성**을 얻게 된다고 말할 수도 있을 것이다. 작업 도구는 완벽성Perfektion의 상태에 접근해가고 있으며, 만약 완벽성에 도달하게 되면 발전은 종료되어 있을 것이다. 예를 들어 뮌헨에 있는 독일 박물관 같이 노동박물관이라고 지칭할 만한 새로운 종류의 박물관에 전시된 기술적인 모델 시리즈 등을 서로 비교해보면, 복잡성은 후기 상태의 특징이 아니라 초기 상태의 특징이라는 사실을 발견할 수 있다. 따라서 글라이더가 동력 비행기의 등장 이후에야 만들어졌다는 사실은 주목할 만하다. 기술적 도구의 형성에 관한 상황은 인종의 형성에 대한 상황과 유사한데, 여기서 새로운 특징은 시작점이 아닌 종결점에서 분명하게 드러난다. 인종의 특징은, 인종이 다양하고 복잡한 가능성을 품고 있는 것이 아니라, 매우 명확하고 대단히 단순한 가능성을 가지고 있다는 사실에 있다. 그래서 최초의 기계 또한 여전히 날것의 재료와 유사하며, 이러한 재료는 중단 없는 노동 과정 속에서 날카롭게 갈고 닦인다. 비록 기계가 영역과 기능을 대단히 확장한다 할지라도, 기계는 말하자면 조망성Übersichtlichkeit이 더욱 증대된 매체로 녹아들어가는 것이다. 기계는 에너지·역학 등급 및 경제적 등급의 상승을 얻는 것뿐만 아니라 이와 동일한 정도로 미학적 등급에서의 상승을 획득하는데, 이는 한마디로 필연성의 상승을 얻게되는 것이다.

이 과정은 비단 개별적 도구들이 정밀화되는 것에 국한되지 않으며, 기술적인 공간 전체에서 또한 인식될 것이다. 여기서 이 과정은 통일성의 상승과 기술적 총체성의 상승에 의해 도드라진다.

기술적 도구들은 마치 질병처럼 먼저 몇몇 지점으로 침투해 들어가는데, 이 도구들은 자신을 둘러싼 존재 속에서 이물질과 같다. 새로운 발명은 포탄의 무차별성처럼 다양한 영역 속으로 떨어진다. 이와 동일한 규모로 해결되어야 하는 교란의 수와 문제제기의 수가 증가한다. 이러한 침투 지점들이 인간들의 조밀한 연결망으로 서로 결합되면, 비로소 기술적 공간에 대해 이야기할 수 있을 것이다. 이렇게 되면, 여타의 모든 개별적 성취와 관련되지 않은 개별적 성취란 존재하지 않는다는 사실이 드러날 것이다. 한마디로 특수한 노동 성격들의 총합을 통해 총체적 노동 성격이 나타나는 것이다.

 겉보기에 매우 동떨어져 있으면서 다양한 영역을 결합시키는 이 보완補完은 다양한 떡잎의 맹아를 떠올리게 하는데, 이 떡잎의 유기체적 의미는 회고적 시선을 통해서야 비로소, 즉 발전이 종료된 이후에나 의미의 통일성 속에서 조망될 수 있다. 성장이 이러한 종결에 다가가는 정도만큼 문제제기의 수가 증가하는 것이 아니라, 감소한다는 사실이 관찰될 수 있다.

 이러한 사실은 매우 다양한 방식을 통해 실제적으로 예시되며, 도구의 구조가 유형적으로 변화함으로써 더욱 눈에 띄게 된다. 그래서 여러 개별적인 문제해결책을 마치 자신 안에 녹아든 것처럼 내부로 통합시키는 도구가 등장한다. 도구가 더 전형적이 되는 만큼, 즉 더욱 명백하고 계산 가능해지는 정도에 상응해 기술적 공간 내에서 도구의 지위와 등급이 결정된다. 도구들은 시스템 속으로 연결되어 들어가며, 시스템의 틈새는 적어지고 조망 가능성은 증대된다.

 이는 미지의 것, 미해결된 것조차 해결에 대한 전망과 계획이 가능해짐에 따라 계산 가능해진다는 사실을 통해 암시된다. 모든 세분화에도 불구하고 기술의 무기고를 단 하나의 거대한 도구로 용접해 붙이고자 노력하는 점점 더 조밀해지는 얽힘과 동화同化가 생겨나는데, 이 거대한 도구는 물질적인 도구로서, 즉 하나의 심오한 도구로서 그리고 총체적 노동 성격의 상징으로서 나타난다.

기술적인 공간의 통일성으로 인도하는 다수의 길에 대해 그저 암시하는 일 또한, 비록 여기에 다양한 놀라운 요소들이 감추어져 있다 할지라도, 논의의 틀을 벗어나게 될 것이다. 그래서 기술이 그 기술적 수단의 근본 관념을 변화시키지 않은 채 점점 더 정밀한 추동력을 달성해낸다는 사실은 주목할 만한데, 이를테면 증기기관 이후에 내연기관과 전기가 오며, 전기의 사용 영역 또한 가까운 미래에 다시금 더 높은 역학적 잠재력에 의해 돌파될 것이다. 이는 흡사 항상 동일한 차량이 존재하고, 이를 위한 새로운 전방추동력 Vorspann이 기대되는 것과 같다. 마찬가지로 기술은 자신의 경제적 주체를 넘어서 그리고 자유로운 경쟁, 기업 활동, 국가독점을 넘어서 제국적인 통일을 준비하고자 나아간다. 나아가 기술이 기술적 통일 아래 보다 분명하게 '거대한 도구'로 드러날수록 더욱 다채로운 방식으로 활용될 수 있다는 점 또한 위와 같은 사실에 상응한다. 기술의 끝에서 두 번째 단계, 즉 이제야 비로소 가시화되는 단계에서 기술은 거대한 계획의 시종侍從으로서 나타나며, 이 계획이 전쟁 혹은 평화, 정치 혹은 연구, 교통 혹은 경제와 관련을 맺고 있는지 여부는 중요치 않다. 그러나 기술의 최종적 과제는 모든 임의적 장소에서 모든 임의적 시간에 모든 임의적 정도로 지배를 실현시키는 데 있다.

그래서 이러한 경로의 다양성을 뒤쫓는 것은 여기서 우리의 과제가 아니다. 이러한 경로는 동일한 하나의 지점으로 향한다. 중요한 것은 오히려 눈이 기술에 관한 다른 종류의 총체적 이미지에 익숙해진다는 사실이다. 기술은 오랫동안 우리의 표상 속에서 꼭짓점 위에 서서 제한 없이 성장하면서 평면이 계속해서 넓어졌던 피라미드의 형상으로서 나타났다. 그러나 우리는 그와 정반대로 기술을 그것의 평면이 계속적으로 좁아지고, 가까운 시간 내에 종결점에 도달하게 될 하나의 피라미드로 보고자 노력해야 한다. 그러나 아직 보이지 않는 이 꼭짓점은 이미 평면도의 규모를 확정했다. 기술은 그 자체에 최종적인 잠재력의 뿌리와 싹을 가지고 있다.[31]

이를 통해 기술의 발전이 불러온 무질서한 표면 뒤에 감추어진 엄격한 논리적 일관성이 설명된다.

31_ 기술의 발전이 삼각형의 밑변이 넓어져 무한히 확장되는 것이 아니라, 특정한 종결점(꼭짓점)을 향해 나가면서 삼각형의 평면이 좁아지듯 전개되어야 한다는 뜻이다.

50.

노동자 형상에 의한 물질의 동원은, 노동자의 형상이 기술로서 나타나는 것과 마찬가지로, 동원의 최종적이고 최고의 단계에서조차 그다지 눈에 띄지 않는데, 이러한 사정은 그와 동시에 진행되는 동일한(노동자의) 형상에 의한 인간 동원에서도 마찬가지다. 이 최종 단계에서는 총체적 노동 성격이 현실화되는데, 이는 한편으로 기술적 공간의 총체성으로, 다른 한편으로는 유형의 총체성으로 나타난다. 이 두 개의 국면은 그 출현에 있어 상호 간에 의지한다. 이는 다음과 같은 사실, 즉 한편으로 유형이 활동하려면 고유한 수단이 필요하고, 다른 한편으로 그 수단 속에는 오직 유형에 의해 발화될 수 있는 하나의 언어가 감추어져 있다는 사실을 통해 드러난다. 이러한 일치에 접근한다는 사실은 유기체적인 세계와 기계적인 세계 간의 차이가 소멸되는 것에서 표현되는데, 이 일치의 상징은 유기체적 구조다.

이제 우리가 현재 처해 있는 이 역동적·폭발적 상태가 완벽성의 상태에 의해 대체되면 삶의 형식이 어느 정도까지 변화될 수 있는지에 대한 질문이 제기된다. 우리는 지금 완전함Vollkommenheit이 아니라, **완벽성**Perfektion에 대해 이야기하고 있다. 왜냐하면 완전함은 형상의 부가적 속성이지 형상의 상징이 갖는 부가적 속성이 아니기 때문이며, 우리의 눈은 오직 이 상징만을 볼 수 있다. 따라서 완벽성의 상태는 발전의 상태와 마찬가지로 부차적인 지위Rang를 가지며, 완벽성과 발전의 너머에 우월하고 불변하는 거대함Größe으로서의 형상이 자리하고 있다. 그래서 한 개인의 유년기와 청년기 그리고 노년은—출생을 통해 시작되지도 않으며, 죽음을 통해 종결되지도 않는—그의 형상에 비추어볼 때 그저 부차적인 상태인 것이다. 그러나 완벽성은 형상이 발산發散되어 유한한 눈에 특별하게 포착되게 되는 정도Grad에 다름 아니다. 또한 여기서 이러한 발산Ausstrahlung이 소년의 얼굴에서 아니면 성인의 활동에서 혹은 이따금 죽음의 가면을 깨고 나오는 저 마지막 승리 속에서 좀 더 선명하게 반영되는지를 확정하기는 어려운 것 같다.

이는 우리 시대에 인간이 도달할 수 있는 최후의 가능성들이 아직 막혀 있는 것은 아니라는 사실을 의미한다. 이러한 사실은 희생을 통해 입증되는데, 희생이 무의미함의 언저리에서 치러질수록 더욱 높이 평가되어야만 한다. 역동적인 법칙과 운동에의 강압 너머에서 가치가 소멸되는 시기에 희생은 돌격 중 희생된 전사자와 닮아 있다. 이러한 희생은 곧장 시야에서 사라져버리지만, 이 희생 속에는 지고의 존재, 승리의 시민권이 감추어져 있다. 이 시대에는 다수의 이름 모를 순교자가 존재하며, 아직 누구도 그 밑바닥을 본 적 없는 고통의 심연이 도사리고 있다. 이러한 상태에서 적절한 미덕은 철저한 파괴의 전망과 자신의 노력에 희망이 없다는 전망에 의해서조차도 흔들리지 않는 영웅적 리얼리즘의 미덕이다. 따라서 오늘날 완벽성은 다른 시대와는 다른 어떤 것이며, 아마도 완벽성은 사람들이 완벽성에 가장 적게 의지하고 있는 곳에 가장 많이 존재할 것이다. 완벽성은 폭발물을 가지고 작업하는 기예Kunst에서 가장 잘 표현될 것이다. 아무튼 완벽성은 사람들이 문화, 예술, 영혼에 준거하고 있는 곳에 존재하지 않는다. 사람들은 이러한 곳에 완벽성이 아직 존재하지 않거나 더 이상 존재하지 않는다고 말한다.[32]

기술의 완벽성은 현재 우리가 진행하고 있는 총동원이 종결될 때의 특징 가운데 하나임에 틀림없다. 따라서 기술의 완벽성은 삶을 조직체계의 더 높은 단계로 끌어올릴 수 있지만, 진보가 믿었던 것처럼 물질적 가치의 더 높은 단계로 끌어올릴 수는 없다. 기술의 완벽성에 힘입어 역동적이고 혁

32_ 과거의 예술이 가치를 상실했으나, 아직 새로운 예술이 도래하는 않은 상태에 대한 윙거의 언급은 38장을 참조.

명적인 공간이 정적이고 매우 잘 정렬된 공간에 의해 대체될 것이 예고된다. 즉 여기서 변화에서 불변으로의 이행이 실행되는데, 이 이행은 물론 매우 유의미한 결과를 보여줄 것이다.

이러한 사실을 파악하기 위해 우리는 우리가 편입되어 있는 중단 없는 변화의 상태가 어떻게 생명이 가지고 있는 모든 동력과 예비분량Reserve을 자신을 위해 사용하는지 반드시 살펴보아야 한다. 우리는 엄청난 소비의 시대에 살고 있는데, 이러한 소비의 단 하나뿐인 성과로 톱니바퀴의 가속된 추진력을 들 수 있다. 궁극에 이르러 운동이 변동적인 요구가 아니라 불변적인 요구를 제기하게 된다면,[33] 사람이 달팽이의 속도로 혹은 빛의 속도로 운동할 수 있는지 여부는 결국 전적으로 무의미해진다. 그러나 우리가 현재 마주한 상황의 특징은 기록에 대한 압박이 우리의 운동을 규정한다는 사실이며, 우리에게 요구되는 최소 성과의 척도가 끊임없이 확대된다는 사실이다. 이러한 사실은 삶이 삶의 영역들 중 어떤 한 곳에 자신을 안전하고 확실하게 고정시키는 것을 불가능하게 만든다. 생활의 방식은 오히려 죽음의 경주

33_ 기술이 발전해서 완벽에 이르는 상황을 의미한다.

를 닮게 되는데, 여기서 사람들은 제거되지 않기 위해 죽을 힘을 다해야 한다.

우리 공간의 리듬에 익숙하지 정신의 입장에서 보면 이러한 과정에 불가사의한 것의 온갖 특징, 확실히 정신 나간 것의 모든 특징이 부과되어 있다. 여기서 경제와 경쟁이라는 무자비한 가면 아래 놀라운 일들이 일어난다. 따라서 예컨대 어떤 기독교도는 이 시대에 광고가 사용하는 형식이 악마적인 성격을 지니고 있다는 판결을 내려야만 할 것이다. 도시 중심가에서 확인할 수 있는 빛의 추상적인 주문呪文과 경쟁34은 식물들이 땅과 공간을 놓고 벌이는 무언無言의 격렬한 분투를 떠올리게 한다. 각각의 인간과 길 위의 행인들이 모두 경주에 참여한 것처럼 움직이고 있다는 사실은 동양인의 눈에 순전히 육체적이고 고통스러운 행위로 보일 것임에 틀림없다. 가장 새로운 시설물과 가장 효과적인 도구도 그저 짧은 순간 존재할 뿐이며, 따라서 철거되거나 재건된다.

그러한 결과로 과거의 정적인 의미에서의 자산이란 존재하지 않으며, 황금의 값어치조차도 의문시된다. 견습을 통해 체득하고 완성된 장인이 될 수 있는 수공업이란 더 이상 존

34_ 경쟁적으로 빛나는 네온사인의 빛을 의미한다.

재하지 않는다. 우리 모두는 견습공인 것이다. 교통과 생산에는 무절제성과 계산 불가능함과 같은 성질이 부여되어 있다. 그래서 사람들이 더 빨리 움직이면 움직일수록 목적지에 도달하지 못하며, 상품 생산량의 확대는 군중의 증대되는 빈곤화와 기이한 대립 관계 속에 놓이게 된다. 권력수단 Machtmittel 또한 변동적인데, 문명세계의 거대한 전선에서 벌어지는 전쟁은 물리학과 화학 공식 그리고 고도의 수학 공식의 열정적인 교환의 형태로 나타난다. 파괴를 위한 엄청난 무기고는 안전을 보증하지 않는데, 사람들은 이미 아마도 다음 날 이 거대 문명이 만들어낸 건축물의 잔해를 발견할 수도 있을 것이다. 변화보다 지속적인 것은 없다. 그리고 이러한 사실에서 소유와 만족 혹은 안전을 추구하는 모든 노력은 산산조각 난다.

다른 길, 모험적인 길을 갈 줄 아는 사람에게 행복이 있을지어다.

51.

노동자의 형상이 이제 결정을 내리는 힘으로서 그리고 자기력을 통해 운동을 자신에게로 끌어당기는 힘으로서 인식되면, 사람들은 형상을 최종적이자 진정한 경쟁자로서 그리고 수많은 경쟁의 형태 가운데에서 보이지 않는 제3자로서 인식하게 된다. 그렇게 되면 형상의 목표가 이러한 과정들에 부여되어 있다는 사실을 깨닫게 된다. 사람들은 겉보기에 매우 다양하고 서로 멀리 떨어진 공간에서 전사한 희생자들의 죽음을 정당화해주는 숨겨진 지점을 어렴풋이 느끼게 된다. 기술의 완벽성은 그저 종결을 증명해주는 상징 중 하나에 불과하다. 기술의 완벽성은, 앞서 말한 바와 같이, 고도의 명확성을 지닌 인종의 특징과 교차한다.

상당히 특정한 수준의 적합성이 달성될 수 있다고 한다면, 이에 따라 기술적 과정이 종결되는 시점은 고정되어 있다. 이러한 종결은 이론적으로 언제든지 가능하다고 생각할 수 있다. 즉 종결은 오늘 일어날 수 있는 것과 마찬가지로 50년 전에 일어났을 수도 있었던 것이다. 마라톤의 전령이 무선 전신보다 더 나은 승리의 소식을 알렸던 것은 아니다. 혼란이 정지 상태에 이르게 되면, 매 순간은 중국적 불변chinesische Konstanz의 출발점으로서 적합해진다. 만약 어떠한 자연참사로 인해 일본에 이르기까지 세계의 모든 나라가 바다 속으로 잠기게 된다면, 아마도 이 순간에 도달된 기술의 수준은 그 모든 개별사항에서 수백 년간 변하지 않고 존속할 것이다.

우리가 소유하고 있는 도구들은 삶의 모든 요구를 충족시키기에 충분할 뿐만 아니라, 우리의 상황에 있어 특이한 점은 이러한 수단이 우리의 기대보다 더 많은 것을 수행한다는 데 있다. 이로 인해 사람들이 도구의 발전을 ─ 협의를 통해서든 아니면 명령을 통해서든 ─ 억압하자고자 하는 상태가 초래된다.

조류潮流의 무차별적인 힘을 가두려는 이러한 시도는 지배에 대한 요구가 존재하는 모든 곳에서 찾아볼 수 있다. 그래서 모든 국가가 보호관세 같은 것을 통해 끝없는 경쟁에 빗장을 채우고자 노력한다. 그리고 독점적인 조직Gebilde이 산업의 특정한 부문을 장악한 곳에서는 발명을 숨기는 일도 적지 않다. 여기에 또한 특정한 기술적 수단을 전쟁에서 사용하지 못하게 하는 협정35이 포함된다. 이러한 협정은 전쟁 중에 깨어지며, 승리자의 결정에 따라 이 협약에 독점적인 성격이 부여되는데, 지난 전쟁 이후에 독가스와 탱크 혹

35_ 제1차 세계대전 이후 열강들 사이에서는 수차례 해군 군축조약이 맺어졌다. 미국, 영국, 일본, 프랑스, 이탈리아는 1922년의 워싱턴 해군 군축조약과 1930년의 런던 해군 군축조약을 통해 보유 가능한 전함과 잠수함 그리고 항공모함의 최대 배수량 및 함포 크기 등을 규정했다. 그러나 이 조약은 1936년 일본이 일방적으로 탈퇴하면서 휴지 조각이 된다.

은 전투기를 생산해도 되는 권리[36]와 관련해 발생한 일이 이에 해당한다.

그러므로 우리는 다른 많은 영역에서와 마찬가지로 여기에서도 기술적인 발전을 크고 작은 종결로 이끎으로써 중단 없는 변화로부터 벗어난 지역을 창조해내려는 의지와 마주치게 된다. 그러나 이러한 시도는 이미 다음과 같은 이유로 실패할 수밖에 없는데, 즉 어떠한 총체적이고 확고한 지배도 이러한 시도를 지지하지 않기 때문이다. 여기에는 충분한 이유가 있는데, 우리는 지배의 특징이 도구의 특징과 상응한다는 사실을 확인했다. 한편으로 총체적 기술의 공간이 비로소 총체적 지배를 가능하게 할 것이고, 다른 한편으로 오로지 그러한 지배만이 진정으로 기술을 사용할 힘을 가지고 있다. 그러나 당분간은 기술적 상황을 항구적으로 고정하는 것이 아니라, 규제가 증가하는 것만이 가능할 것이다.

이러한 사실의 이유를 인간과 기계 사이에 직접적 종속

36_ 제1차 세계대전 이후 연합국과 독일 사이에 체결된 베르사유 조약에서 연합국은 독일에 대해 강력한 군사 제한 조치를 강제했다. 이 조약은 특히 독일에 전투기, 탱크, 잠수함 등의 첨단무기의 생산 및 보유를 금지했고, 육군의 규모도 10만 명으로 제한했다. 이러한 군축으로 인해 많은 장교가 군복을 벗었으며, 전후 능력을 인정받아 육군 장교로 잔류했던 윙거도 군의 인사 적체로 인한 어두운 전망에 실망해 1923년 중위 계급으로 군복을 벗는다.

관계가 아닌 매개적 종속 관계[37]가 존재한다는 점에서 찾을 수 있다. 기술은 고유한 행로로 움직이며, 도구의 상태가 충분해 보인다고 해서 인간이 이를 자의적으로 중단시킬 수는 없다. 모든 기술적 문제는 자신의 해결책을 찾아 나아가며, 기술적 불변은 이러한 해결책이 도출되는 것보다 일순간이라도 먼저 실현되지 않을 것이다.

기술적 공간이 계획성과 조망성을 얻게 되는 정도에 대한 하나의 예는 다음과 같은 사실에 있다. 즉 최소한 부분적인 해결책조차도 이미 운 좋은 발견의 결과라기보다는 질서정연한 전진의 결과이며, 이러한 전진이 점점 계산 가능한 시대를 향한 이러저러한 이정표에 도달한다는 사실 말이다. 이미 기술적인 실행Praxis에 있어서는 아니지만, 이러한 실행에 선행하는 개별 학문의 내부에서 최고도의 수학적 엄밀성이 드러나는 영역이 존재하는데, 이러한 최고도의 수학적 엄밀성은 기술적 실행의 최종적 가능성에 관해 매우 분명한 표상을 제공할 수 있다. 이러한 영역에서 관찰해보면, 우리의 공간 내에서 가능한 최종적 형상에 도달하기까지 불과 몇 걸음밖에 남아 있지 않은 것처럼 보인다. 그리고 이를

37_ 윙거에 따르면 인간과 기계는 기술이라는 도구(수단)를 통해 매개되어 있다.

테면 핵물리학의 연구 결과를 관찰하게 되면, 우리는 현재의 기술적 실행과 이 기술적 실행에 내재된 가능성의 최적의 상태Optimum 간의 간격이 어느 정도인지를 판단할 수 있게 된다.

52.

만약 이러한 최적의 상태가 달성된 상황을 상상해보고자 한다면, 이는 우리 시대에 부족하지 않은 유토피아의 숫자를 더 늘리려는 의도에서 이루어지는 것이 아니다. 기술적 유토피아의 특징은 관심이 '어떻게'에, 즉 방법에 향해 있다는 점에 있다. 그렇지만 어떠한 도구가 여전히 생겨날 수 있는지, 어떠한 동력원이 개발될 것인지 그리고 사람들이 어떻게 그것을 사용할지에 대해서는 더 이상 논의되지 않는다. 그보다 더욱 중요한 것은—그 도구들이 어떠한 형식을 나타낼지 여부와 관계없이—종결이라는 사실 그 자체다. 왜냐하면 그때에 이르러서야 사람들은 도구가 형식을 가지고 있다고 말할 수 있을 것인 반면에 오늘날의 도구는 그저 (변화하는) 능률 곡선을 보이는 일시적인 기계 장치에 불과하기 때문이다.

어느날 도구가 불변하는 일이 일어날 것이라는 가정을 반대하는 근거 가운데 신뢰할 만한 것은 없다. 우리가 처해 있는 변화의 열광적인 템포가 역사적으로 전례가 없었다면, 긴 시공간 동안 지속되는 이러한 불변성은 오히려 상례Regel다. 변화의 근저에 놓인 의지가 꺾어지든 아니면 이 의지가 목표를 달성하든지 간에, 이러한 종류의 변화가 계속되지는 않는다. 우리가 이러한 목표를 보았다고 믿기 때문에, 전자의 가능성에 대한 고찰은 우리에게 무의미하다.

도구의 이 같은 성질의 불변은 생활방식의 불변성을 포함하는데, 우리에게서는 이러한 불변성에 대한 개념 자체가 부재하다. 불변성은 물론 이성적·휴머니즘적 의미에서의 원만함Reibungslosigkeit으로 이해되어서는 안 되며, 즉 안락함의 최종 승리가 아니라 확고한 물질적 배경이 인간의 노력과 승리 그리고 패배에 대한 척도와 등급을—계산 불가능한 역동적·폭발적 상태의 한가운데에서 가능한 것보다—더 명확하고 분명하게 인식할 수 있게 해준다는 의미에서 이해되어야 한다. 따라서 이러한 사실을 노동자의 형상에 의한 세계 동원의 종결이 형상적인 삶을 가능하게 해줄 것이라고 표현하고자 한다.

생활방식의 불변성은 이러한 의미에서 모든 계획적인 경제의 전제 조건에 해당한다. 자본과 노동력이, 누구에 의해 사용되든지 관계없이, 동원 과정에서 소진된다면 경제구조에 대해 이야기할 수 없을 것이다. 여기서 경제적 법칙은 전쟁 운영의 법칙과 유사한 법칙에 의해 덮어씌워질 것이며, 우리는 전쟁터에서뿐만 아니라 경제에서도 승자가 없는 경쟁의 방식을 발견하게 된다. 도구의 소모는 노동력의 입장에서 볼 때 군복무, 자본의 입장에서 볼 때 전쟁채권에 비견할 만하다. 요컨대 두 경우 모두 끊임없이 소진되는 것이다.

우리는 노동도 부동산도 자산도 이윤을 남겨주지 못하며, 매상이 증가하는 정도에 상응해 수익이 하락하는 상황 속에서 살고 있다. 노동자의 생활 기준 악화, 점점 단축되는 자산 보유 기간, 재산, 그중 특히 토지 소유의 불확실성, 변동적인 생산수단의 불확실성이 그 증거다. 생산은 안정성을 결여하고 있으며, 따라서 모든 장기간의 계산 가능성을 결여하고 있다. 따라서 모든 이윤은 계속적이고 강력해지는 가속에의 필요로 인해 소진되어버린다. 무제한의 경쟁은 생산자와 소비자에게 구분 없이 무거운 짐을 지운다. 비근한 예로 광고를 들 수 있을 것이다. 광고는 일종의 불꽃놀이처럼 발전되어 거액을 헛되이 공중에 날려버리는데, 이 금액을 조달하기 위해 모든 사람이 공물을 바쳐야만 하는 것이다. 나아가 광고는 또한 무차별적으로 욕망과 편안함에 대한 감각을 깨운다. 사람들은 그러한 조건이 충족되지 않으면 더 이상 살아갈 수 없으리라 믿게 되며, 그렇게 욕망과 편안함에 대한 의존성과 채무의 정도가 상승되는 것이다. 이러한 욕망은 다시금 다양하며 변덕스럽다. 따라서 누군가 한평생 소유하는 사물의 수는 점점 줄어든다. 부동산 소유에서 구체화되는 경향이 있는 지속의 의미는 소멸 중인 것 같은데, 그렇지 않다면 어떻게 오늘날 사람들이 포도원이나 별장에 해당하는 금액을 고작 몇 년밖에 사용할 수 없는 자동차 한 대를 취득하기 위해 사용하는지를 설명할 길이 없다. 열광적인 경쟁을 만들어내는 상품의 쇄도와 함께 필연적으로 돈이 소진될 수 있는 통로Kanal가 증가한다. 돈의 동원은 금융 시스템이라는 결과를 낳는데, 단 한 푼의 돈도 이 시스템에서 벗어날 수 없다. 따라서 사람들이 문자 그대로 할부로 살아가는 상태가 초래되며, 이는 다시 말해 그곳에서 경제적 실존은 선불로 부담 지워진 노동에 의한 끝없는 대출금 상환으로 설명된다. 이런 과정은 전쟁 부채의 어마어마한 규모에 반영되어 있으며, 부채에 관한 복잡한 금융 메커니즘[38] 아래 잠재적 에너지에 대한 압류,[39] 즉 엄청난 전리품에 대한 이

자를 노동력으로 지불하는 압류의 메커니즘을 감추고 있다. 나아가 이 과정은 개개인의 개인적 실존에까지 영향을 미친다. 그 밖에 점점 덜 폐쇄적이고 내구성이 약한 형식으로 소유물을 변화시키려는 노력이 언급되어야 할 것이다. 봉건적 소유물의 잔재를 사유재산으로 변환시키려는 노력이 바로 여기에 해당한다. 개인적이고 사회적인 예비 자금을 보험 지불을 통해 대체하려는 방식 그리고 무엇보다 가치 상징으로서 황금의 역할에 대한 다양한 공격이 바로 여기에 해당하는 것이다. 여기에 과세의 형태가 더해져 소유에 행정적 성격이 부여된다. 따라서 사람들은 전쟁 이후에 주택 자산을 신축 계획을 위한 일종의 금융 수익원으로 활용하는 법을 알게 되었다. 이와 같은 부분적 공격에 비해 총공격은 재앙적인 인플레이션과 위기의 형식 속에서 경제적 안전의 마지막 측면에 공격을 가한다.

이러한 상태는 따라서 이미 경제적인 통제로부터 벗어나

38_ 역사학자들은 1929년 세계 대공황을 초래한 다양한 원인 중, 복잡해진 국제 금융 시스템으로 인한 세계 경제의 과부화도 주요 원인이라고 지적한다. '미국(재건차관)→독일(전쟁배상금)→영국, 프랑스(전쟁차관)→미국'과 같은 국제적 차관 및 상환 시스템은 전통적인 민족국가 단위의 경제체제에 혼란을 가져왔으며, 이러한 초기 국제 금융체계의 취약한 구조가 경제대공황을 촉진시켰다는 것이다.

39_ 연합국들이 베르사유 조약에 의거해 청구한 배상금을 통해 독일의 잠재적 에너지를 착취한다는 뜻이다.

있는데, 경제 법칙이 아닌 다른 법칙에 종속되어 있기 때문이다. 우리는 하나의 단계에 진입했는데, 여기서는 수입보다 지출이 많으며, 노동자가 경제적인 관점을 통해 파악될 수 없는 것과 마찬가지로 기술도 경제적인 사안이 아니라는 사실이 대단히 명백해진다.

기술적 전투의 화산지형[40]을 바라보면 관련자 가운데 다수에게서 아마도 이러한 종류의 지출이 지불하기에는 너무나도 엄청나다는 생각이 떠오르게 되며, 승전국 세력 또한 형편없는 상황에 처해 있다는 사실과 전쟁부채의 전반적인 상황은 이를 입증해준다. 이와 동일한 생각이 기술적인 상황을 관찰함에 있어서 전반적으로 떠오르게 된다. 어떤 방식으로, 또 어느 정도로 기술적인 병기창을 개선하고 다양화시킬 것인가. 따라서 빵 가격의 상승은 필연적인 것이다.

우리는 소모적 성격을 지녔으며 인간과 도구를 연소시키는 동원의 과정 속으로 진입했다. 그리고 이 같은 사실은 이 과정이 진행 중인 한, 변하지 않을 것이다. 따라서 종결에 다다른 이후에야 비로소 질서정연한 경제구조—또한 질서 자

40_ 윙거는 화산 지형 혹은 달의 지형이라는 말을 자주 사용하는데, 이는 제1차 세계대전 당시 포격으로 인해 토지가 풀 한 포기 없이 황폐화되고 달 표면처럼 구멍이 난 상태가 된 것을 뜻한다.

체—에 대해, 다시 말해서 지출과 수입 간에 계산이 가능한 관계에 대해 이야기할 수 있을 것이다. 도구가 어떤 성격일지 여부를 떠나서, 도구의 절대적인 불변이 가능해진 이후에야 무제한적이고 계산이 불가능한 경쟁을—자연의 왕국 내에서 혹은 과거가 되어버린 사회 상태에서 관찰될 수 있었던 것과 같은—자연적인 경쟁으로 되돌릴 수 있을 것이다.

또한 여기서 유기체적 세계와 기계적 세계 간의 일치가 모습을 드러낸다. 따라서 기술은 (유기체적) 기관Organ이 되며, 기술이 완벽에 이르고 이에 따라 당연한 것이 되는 정도에 상응해 독립적인 권력으로서 기술의 영향력은 감소된다.

도구의 불변 이후에야 비로소, 예를 들어 길드 규칙이나 상점 규칙에 의해 통제가 이뤄졌던 것처럼 그리고 오늘날 이미 콘체른Konzern[41]과 국가독점을 통해 의도되고 있는 것과 같은 경쟁에 대한 규범적인 통제가 가능해진다. 물론 오늘날 시도되는 통제는 도구가 변화하고 계산 불가능한 공격에 종속되어 있기 때문에 성공하지 못한다. 오늘날에는 증대되는 가속의 필요성으로 인해 소요되는 지출이 도구의 불변 상태

41_ 콘체른은 일종의 '기업결합'으로서 '법률상으로는 독립돼 있으나 경영상 실질적으로 결합돼 있는 기업형태'를 의미한다.

에서는 저축으로서 눈에 띄게 될 것이다.

그 이후에야 비로소 기능장인匠人에 대해 이야기할 수 있다. 다시 말해, (수공업적) 기예Kunst의 목표가 재교육에 있는 것이 아니라, 숙련 교육을 시키는 데 있을 때에야 기능장인에 대해 논의할 수 있다는 것이다. 궁극적으로 도구의 변동성이 사라짐과 동시에 기술적 공간의 작업장과 같은 성격도 사라진다. 그리고 시설물의 체계적 배열, 지속, 계산 가능성이 그 결과일 것이다.

53.

이제 우리는 이처럼 성격의 불변성을 띠는 도구의 영향이 좀 더 분명해지는 구성적인 활동의 영역을 다룰 것이다. 우리는 이미 유기체적 구조의 개념을 유형과의 관계 속에서 인간과 그가 사용할 수 있는 작업 도구 간의 긴밀하고 모순 없는 융합으로서 간단히 다루어보았다. 기술이 동물이나 식물의 조직에 내재된 것과 같은 최고 단계의 자명함Selbstver-ständlichkeit에 도달한 경우에야 비로소, 이 작업 도구 자체와 관련해 유기체적 구조를 논할 수 있다. 우리가 처해 있는 기술의 맹아적 상태에서조차 더 높은 경제성을 향한 노력뿐만 아니라—선線의 대담한 단순함과 결합된—유효적절성 Wirksamkeit을 향한 노력 또한 간과될 수 없다. 우리는 이러한 과정의 진행이 오성을 더욱 깊이 만족시킬 뿐만 아니라 시각도 만족시킨다는 사실을 경험하는데, 이러한 만족은 특히 유기체적 성장의 특징인 무의도성과 함께 실현된다.

최상의 구조Konstruktion는 기술적 과정이 역동적·폭발적 단계를 지나 종결되는 것을 전제로 하는데, 이와 마찬가지로 기술적 과정은 그저 겉보기에만 자연스러운 형식 및 역사적 형식과 대립된 것이다. 따라서 우리의 지형에는 100년 이상의 기간 내내 눈에 여전히 낯설어 보이는 단면이 존재한다. 여기에는 비행 수단 등과 상반되는 철도를 바라보는 일이 해당될 것이다. 유기체적 도구와 기술적 도구 간의 차이가 감소하는 정도는—그리고 여기에 아무 이유가 없는 것은 아닌데—예술이 그 차이에 주목하는 정도에 따라 온전히 감각적으로 파악될 수 있다. 따라서 자연주의 소설조차도 수십 년이 지난 뒤에서야 철도가 존재한다는 사실에 대해 인식한[42] 반면에, 서사시 혹은 서정시에서조차 비행기를

42_ 최초의 철도가 1825년 영국에서 설치되고, 1800년대 중반에 독일에서도 널리 확장된 반면, 철도를 소재로 한 게르하르트 하우프트만Gerhart Hauptmann의 자연주의 소

관찰하는 일을 배제할 어떠한 이유도 찾을 수 없었던 것이다. 말안장이 얹힌 호메로스의 고대 전차에 대해 이야기할 수 있는 것과 마찬가지로 전투기에 대해 이야기할 수 있는 언어방식은 충분히 가능하며, 스케이팅을 찬미하는 송가에 비해볼 때, 활공 비행이 송가의 대상이 되지 못하리라는 법도 없다. 물론 여기서 또한 전제 조건은 하나의 다른 인류이며, 우리는 유형이 기예Kunst와 맺고 있는 관계에 대한 고찰을 통해 이에 대해 더 상세하게 다룰 것이다.

유기체적 구조로의 진입이 갖는 특징은 형식이 어쩐지 잘 알려진 것처럼 느껴지고, 눈이 형식은 반드시 이 같은 방식이어야지 다른 방식이면 안 된다고 여기는 데 있다. 오늘날 설비가 그보다 더 효과적인지 여부를 떠나서, 캄파냐[43] 수로교의 폐허는 오늘날 우리에게서 아직 관찰되지 않는 기술적 완벽성의 사례다. 이는 천 년을 내다보고 건축하는 일을 감행해서는 안 되는 우리 지형의 작업장적 성격에서 기인하는 것이다. 따라서 우리 시대가 생산할 수 있는 가장 엄청난 건축물에서조차 영원성의 상징인 기념비적 성격이 전적으로 결여되어 있다. 이러한 사실은 건축 자재에까지 이르는 모든

설 『선로지기 틸Bahnwärter Thiel』은 1888년에야 출간된다.
43_ 캄파냐Regione di Campania는 로마의 교외 지역으로, 수로교의 폐허로 유명하다.

세부사항에서 입증될 수 있을 것이며, 아무 건물에나 시선을 던져보아도 이러한 사실을 어렵지 않게 확인할 수 있다.

　이러한 현상의 원인을 우리의 건축기술Bautechnik과 건축기예Baukunst[44]가 서로 상반된다는 사실에서 찾아서는 안 된다. 여기서 중요한 것은 오히려 건축기예가 모든 종류의 기능장이 그러하듯 내부적으로 완결된 기술을 필요로 한다는 사실이며, 그것도 기술에 적합한 도구와 관련해서뿐만 아니라 전반적인 전체상태와 관련해서 완결된 기술을 필요로 한다는 사실이다.

　따라서 철도 자체가 불확실한 도구에 속하는 한, 일말의 작업장적 성격도 부가되어 있지 않은 기차역을 건축하는 일이란 불가능하다. 철둑을 만드는 데 아피아 가도Via Appia[45]의 기반 작업에 비견될 만한 기반 작업을 한다는 것은 황당무계한 발상이다. 이와 반대로 오늘날 교회를 영원한 것의 상징으로 건축하는 일 또한 난센스일 것이다. 과거의 위대한

<hr/>

44_ 기술Technik이 과학기술에 기반한 변동하는 현대적 기술을 의미한다면, 기예Kunst는 전통적인 수공업적 장인의 기술을 의미하며, 이러한 맥락에서 Kunst는 예술을 의미하기도 한다.

45_ 로마의 정치인 아피우스의 감독 아래 기원전 312년부터 고대 로마에 건축된 가도를 의미한다. 로마에서 이탈리아 남부로 이어지며, 군대의 신속한 이동 등 로마의 통치를 원활하게 하는 데 이용되었다. "모든 길은 로마로 통한다"는 속담도 이 길에서 유래되었다고 한다.

모범을 블록 장난감 양식으로 모방하는 것에 만족했던 시대를 다른 하나의 시대가 뒤따르는데, 이 시대의 본능적 직관의 철저한 부재는 기독교 교회를 현대적 기술의 수단, 즉 전형적으로 적그리스도적인 수단으로 건축하려는 시도에서 드러난다. 이러한 노력은, 말하자면 마지막 벽돌 하나까지도 허위다. 그중 가장 방대한 규모의 시도인 바르셀로나 사그라다 파밀리아[46] 건축은 낭만주의적 괴물을 창조하고 있으며, 오늘날 사람들은 독일에서 이와 유사한 노력을 미술공예에서 관찰할 수 있는데, 다시 말해 자신의 무능력Unfähigkeit을 사물성의 가면 뒤에 감추려는 무기력Impotenz의 저 특수한 형식에서 관찰할 수 있다. 이러한 건축물은 처음부터 세속화라는 목표를 위해 건축된 것이라는 인상을 불러일으킨다. 특히 유명한 철골콘크리트는 전형적인 작업장 재료인데, 이 재료 속에서 건축용 석재는 흡사 모르타르[47]의 형태로 완전히 용해되는 것 같다. 그리고 이 재료는 교회의 건축이 아니라, 참호의 건설에 꼭 들어맞는 재료다.

46_ 1882년에 착공되어 현재도 스페인 바르셀로나에서 건축 중인 대성당이다. 유명 건축가 안토니 가우디의 설계로 유명하며, 스페인 내전으로 인해 건축이 중단되고 내전 중 독일 공군의 폭격을 받는 등 우여곡절을 겪었으나 가우디 사망 100주기가 되는 2026년 완공을 목표로 건축 중이다.
47_ 시멘트를 모래에 섞어 물에 갠 것.

독일이 우리 시대에 건설된 전쟁 기념비를 허물어뜨리기에 충분한 경건함과 영웅숭배를 지닌 세대를 맞게 되리라는 희망 또한 이러한 맥락에서 이야기될 수 있을 것이다. 그렇지만 우리는 모든 기념비에 대한 대규모의 수정이 가능한 시대에 아직 살고 있지 못하다. 이러한 사실은 사자死者 숭배의 숭고한 지위에 대한 인식과 사자 숭배에 따르는 엄청난 책임에 대한 인식이 사라져버린 정도에서 이미 분명히 드러난다. 시민이 제공하는 모든 광경 중에서 가장 끔찍한 광경은 자신을 매장시키는 방식에 있으며, 누군가 어떤 공동묘지든 한번 걸어보면 절대로 묻히고 싶지 않은 곳이라는 속담에 고개를 끄덕이게 된다. 그러나 여기서 전쟁은 하나의 전환점을 나타낸다. 즉 사람들은 종종 다시 무덤들Gräber**48**을 보게 된 것이다.

진정으로 건축할 수 없는 무능력은, 그러니까 진정한 경제제도에 대한 무능력과 마찬가지로 도구의 변동성과 연관되어 있다. 그렇지만 이러한 변동성이 그 자체로 존재하는 것은 아니다. 오히려 변동성은 기술이 아직 의심의 여지없는

48_ 무덤을 뜻하는 독일어 Grab과 참호를 뜻하는 Schutzengrab은 모두 '파내다'라는 뜻의 'Graben'이 어원이다. 윙거는 시민이 죽음을 대하는 방식인 공동묘지 매장을 참호에서의 영웅적인 죽음과 대비시키고 있다.

복무관계에 놓여 있지 않다는 사실에 대한 징후, 혹은 달리 표현하자면, 지배가 아직 현실화되지 않았다는 사실에 대한 징후 이외에 어떠한 다른 것도 설명하지 않는다는 점이 분명히 인식되어야 한다. 그러나 우리는 이러한 현실화를 최종적 과제라고 지칭하며, 기술적 과정의 근저에 이 과제가 놓여 있다.

이러한 과제가 해결되면, 변동성 또한 도구의 불변에 의해 대체된다. 이는 다시 말해서 혁명적 도구가 정당성을 얻는 것이다. 기술은 노동자의 형상에 의한 세계의 동원이며, 이 동원의 첫 단계는 필연적으로 파괴적 성격을 지닌다. 이러한 과정의 종결 이후에 노동자의 형상은 구성적인 작업과 관련해 최상의 건설자로서 등장한다. 그때에는 물론 다시 기념비적인 양식으로 건설하는 것이 가능할 것이며, 사용 가능한 도구의 순전히 양적인 생산력이 과거의 모든 척도를 뛰어넘을 경우에 더욱더 가능할 것이다.

우리의 건축물에 결여된 것은 바로 형상이고 형이상학이다. 거기엔 어떠한 노력을 통해서도 그리고 권력에의 의지와 믿음에의 의지를 통해서도 강제시킬 수 없는 저 진정한 거대함Größe이 결여되어 있다. 우리는 (과거의) 지배가 더 이상 존재하지 않고, (미래의) 지배가 아직 존재하지 않는 기묘한 시공간 속에 살고 있다. 그럼에도 불구하고 이미 영점이 도 달했다고 말할 수 있다. 이는 우리가 기술적 과정의 두 번째 단계에 들어섰다는 사실에서 암시되며, 이 단계에서는 기술 이 거대하고 대담한 계획을 위해 사용될 수 있다. 물론 이러 한 계획은 여전히 그 내부에 있어서 변동적이며 확대된 경 쟁에 연루되어 있을 뿐만 아니라, 우리는 최종적이고 결정적 인 단계로의 진입으로부터도 아직 동떨어져 있다. 그러나 중 요한 것은 이 계획이 인간의 의식 속에서 결정적인 형식이 아니라 목적을 위한 도구로서 나타난다는 사실이다. 이러한 계획 속에서 우리 세계의 작업장 성격에 걸맞은 하나의 과 정이 표현된다. 이에 따라 진보의 오만불손한 언어가 새로운 겸손함으로 대체된다. 즉 불가침의 가치를 소유했다는 기만 을 포기한 한 세대의 겸손함으로 대체되는 것이다.

54.

완벽성과 그에 따른 불변 그리고 도구는 지배를 만들어 내는 것이 아니라 지배를 현실화시킨다. 이러한 사실은 경제 와 구조의 영역에서보다 기술이 적나라한 권력 수단의 근원으로서 드러나는 곳에서 좀 더 분명하게 인식될 수 있는데, 이처럼 분명하게 인식될 수 있는 이유는 비단 여기서 기술과 지배 간의 연관 관계가 가장 선명하게 드러나기 때문만은 아니며, 모든 기술적 도구가 비밀스럽게 혹은 공공연하게 전쟁적인 지위Rang를 가지고 있기 때문이기도 하다.

이러한 사실이 우리 시대에 드러나게 된 방식과 단순히 드러나는 것을 넘어서 예시되기 시작한 가능성은 사람들의 내면을 정당한 근심으로 가득 채웠다.

그러나 우리를 둘러싸고 있는 위험한 요소에 대해 책임을 지지 않고, 이를 능숙하게 다루려는 의지가 없는 근심이란 대체 무엇인가? 도구의 무시무시한 향상은—끔찍한 꿈의 이미지에서 그러하듯—기정사실에서 시선을 돌려버리고자 노력하는 순진한 희망을 일깨웠다. 이러한 희망의 뿌리는 기술을 진보의 도구로, 따라서 이성적·윤리적 세계관의 도구로 여기는 믿음에 근거해 있다. 이러한 믿음은 너무나 파괴적이어서 인간의 정신이 독약 보관함 같은 것 안에 밀폐해야만 하는 도구들이 존재한다는 생각과 결합되어 있다.

그러나 기술은 우리가 본 바와 같이 절대로 진보의 도구가 아니며, 노동자의 형상이 세계를 동원하는 수단이다. 그리고 이러한 과정이 진행 중인 이상, 도구의 황폐화시키는 특성 중 무엇도 포기할 수 없을 것이라고 확실하게 예언할 수 있다. 그 밖에도 기술적 노력의 최고의 향상 또한─모든 시기에 동일하게 괴로운─죽음 이상의 것을 달성해낼 수는 없다. 따라서 무기로서의 기술이 인간 사이에 깊은 적대감을 불러일으킨다는 견해는, 교통수단으로 사용되는 기술이 평화를 공고히 하는 결과를 낳는다는 견해만큼이나 잘못된 것이다. 기술의 과제는 그와는 아주 다른 것, 즉 스스로를 권력에 복무하는 데 적합하게 만드는 것이며, 이때의 권력은 최고의 심급에서 전쟁과 평화에 대해서 그리고 전쟁과 평화의 상태의 윤리성이나 공정함에 대해서도 결정을 내린다.

이를 인식한 사람은 우리 시대에 전쟁과 평화에 관련해 서서히 생겨난 저 거대한 싸움의 결정적인 지점에 접근한다. 전투에서 기술적 도구의 사용이 정당화되는지 혹은 어떻게 정당화되는지의 여부, 뿐만 아니라 전쟁이라는 사실 그 자체가 이성이나 도덕에 의해 정당화될 수 있는지의 여부는 부차적이다. 그리고 이러한 질문을 다루는 모든 책은 최소한 실질적 실행과 연관하여 보았을 때, 헛되이 쓰인 것이라고 볼 수 있다. 사람들이 전쟁을 원하든 평화를 원하든 간에, 여기서 중요한 것은 오직 권력(힘)과 법(정의)이 일치하는 지점이 존재하는지 여부다. 이때 강조점은 전적으로 **두** 단어

모두에 근거해야만 한다. 그래야만 비로소 전쟁과 평화에 대해 소모적인 논쟁을 권위 있게 끝낼 수 있을 것이다. 우리가 도달한 이 상태에서 모든 진정으로 진지한 싸움은 세계대전적인 성격을 획득하기 때문에, 이러한 지점이 전지구적인 의미를 띠게 되는 것은 필연적이다. 우리는 곧장 이 질문이 기술적 도구의 완벽성, 그러니까 이 경우 전투 수단의 완벽성과 결합되어 있다는 인과관계에 도달하게 된다. 따라서 우선 19세기 국가의 거대한 두 주체 모두에게, 즉 민족Nation과 사회Gesellschaft에 그러한 최상위의 재판기관Forum의 경향이 내재되어 있다는 사실을 짧게 언급할 필요가 있다.

이러한 사실은 민족과 관련해서는 국가를 민족적 경계 너머로 이동시켜 국가에 제국적인 지위를 부여하려는 노력으로 나타나며, 사회와 관련해서는 전지구적인 효력을 지닌 사회계약의 개척에서 나타난다. 그러나 이 두 가지 행로로 나아가는 중에 19세기의 원칙들이 이러한 전 지구적 규제력을 갖지 못했다는 사실이 드러난다.

민족국가의 거대한 노력은 결과적으로 변방에 대한 의문스러운 통합이라는 결과를 낳는다. 그리고 제국적인 단초가 관찰되는 곳에서 중요한 것은 식민지제국주의이며, 이는 이를테면 독일 같은 교육이 필요한 민족들이 존재한다는 가상Fiktion을 필요로 한다. 민족은 그 경계를 스스로 자기 내부에서 찾으며, 이 경계를 넘어서게 하는 모든 발걸음은 전적으로 의심스러운 것이다. 민족자결 원칙에 근거해 좁은 경계지대를 얻는 일[49]은 제국적인 권력체계 내에서 혼인을 통해 왕국 전체를 얻는 일에 비해 훨씬 정당성이 없다. 따라서 왕위계승전쟁에서 문제가 되는 것이 그저 두 명의 상대가 서로 인정하는 하나의 법에 대한 두 가지 해석이라면, 민족전쟁에서 문제가 되는 것은 두 가지 종류의 법 그 자체다. 따라서 민족전쟁은 또한 오히려 자연 상태를 초래한다.

이 모든 현상의 원인은 19세기의 표상이 민족들을 개인주의적 모범에 따라 형성시켰다는 데 있다. 이들은 위대한 개인들이며, "내 안의 도덕 법칙"[50]에 의지하고 있다. 따라서 이 민족들에게 진정한 제국을 형성할 가능성은 막히게 되는 것이다. 민족들의 요구를 제한하기도 하고 결합시키기도 하는 법률과 권력에 관한 최상의 재판기관은 존재하지 않는다.

49_ 베르사유 조약에 따라 독일 제국의 일부 지역에 대한 귀속 여부를 투표로 결정한 바 있다. 투표를 통해 서프로이센의 포젠Posen 지역 및 폴란드 회랑 그리고 공업 지대인 슐레지엔 일부가 신생국 폴란드에 귀속되었고, 북부 일부도 동일한 방식으로 덴마크에 귀속되었다. 이에 반해 단치히, 메멜란트 등의 지역에는 주민 대부분이 독일인이었지만 투표 과정 없이 독일 제국에서 분리되었다. 이러한 승전국의 조치는 독일 내에서, 특히 우파민족주의 진영에서 일관성이 없는 '승자의 독재'로 비판받았다.

50_ 칸트의 『실천이성비판』에 나오는 구절.

오히려 최상의 재판기관의 책무가 역학적인 자연의 힘, 즉 균형이라는 역학적인 자연의 힘에 내맡겨진 것이다. 자신의 경계를 넘어서는 효력을 목표로 하는 민족들의 노력은 따라서 실패할 수밖에 없다. 왜냐하면 이러한 노력에 의해 오로지 힘을 전개하는 방향으로 나아가게 되기 때문이다. 여기서 매 걸음마다 진행이 어려워지는 이유는 권력이 할당된 법의 영역을 넘어서고, 이에 따라 권력이 폭력으로 나타나며 깊은 내심에서 무효한 것으로 지각되기 때문이다.

이와 동일하게 설정된 (시민적) 사회의 노력은 정반대의 길을 추구하는데, 요컨대 이러한 노력은 어떠한 권력의 영역에도 종속되지 않는 법의 영역을 확장하고자 한다. 따라서 국제연맹과 같은 위원회Gremien가 중요해진다. 즉 어마어마한 법적 공간에 대한 협의회의 가상적 감시가 행정력의 범위와 기괴한 불균형[51] 속에 놓여 있는, 그런 위원회가 중요한 것이다.

---

[51]_ 미국 대통령 우드로 윌슨의 제안으로 1919년 창설된 국제연맹은 세계 평화를 목표로 제1차 세계대전의 승전국을 중심으로 구성되었으며, 1926년에 독일도 가입했다. 세계 평화와 전쟁 방지라는 이상적인 구호에도 불구하고 가입국들 간에 분쟁이 벌어졌을 때, 이를 조정하고 강제할 수 있는 실제적, 행정적 장치가 철저히 부재했다. 윙거의 비판처럼 국제연맹은 스페인 내전 등 거대한 국제 분쟁이 벌어졌을 때 속수무책이었으며, 명목상으로는 국제연맹의 관할 아래 있었던 메멜란트를 1923년 리투아니아가 점령했을 때에도 국제연맹은 어떠한 실제적 조치도 취하지 못했다.

이러한 불균형은 우리 시대에 일련의 새로운 현상을 초래 했는데, 이 현상은 휴머니즘적 색맹이라는 특징으로 파악될 수 있다. 이러한 법적 공간의 이론적인 구조가 필연적으로 요구해야만 했던 바에 따라 하나의 절차가 발전되는데, 이 는 바로 폭력 행위에 대한 사법부의 사후적 승인 절차다.

따라서 오늘날 어떠한 정보도 얻을 수 없는 전쟁이 가능 해졌는데, 강자가 전쟁을 평화적 침투 혹은 강도떼에 대항 한 경찰 작전이라고 즐겨 표현하기 때문이다. 즉 현실에 실 존하는 전쟁이 이론적으로는 존재하지 않는 것이다. 이와 동 일한 맹목이 또한 독일의 무장해제에 관해서도 존재하며, 독 일에 대한 무장해제는 무력·정치적 행위로서 이해가 가지 만, 무장해제를 합리화하기 위해 위조된 논거를 제시하는 일은 비열한 짓이다. 이러한 비열함은 물론 국제연맹에 참여 하는 독일 시민계급의 비열함을 넘어설 수 없다. 그러나 이 것으로 충분하다. 왜냐하면 여기서 중요한 것은 권력(힘)과 법(정의)의 일치가 19세기의 원칙을 확장해서는 달성될 수 없다는 사실에 대한 증거를 제시하는 일이기 때문이다. 이 제 우리는 혹시 다른 종류의 가능성이 이미 관찰되는지에 대해 살펴보게 될 것이다.

56.

원칙적으로 기술적인 권력 수단의 소유는, 이러한 소유에 적합하지 않은 권력에 의해 이루어진 모든 곳에서, 배반적인 배후를 내보인다고 말할 수 있을 것이다. 독점적인 정치적 권리가 법칙이 될 것이라는 의미에서의 지배는 따라서 오늘날 세계의 어떠한 곳에도 존재하지 않는다.

사람들이 어느 곳에서 무장을 하더라도, 무장의 목표는 계획하는 오성의 노력에 종속되지 않으며, 오히려 오성의 노력을 자신에게 복속시킨다.

도구의 시대적인 특징과 관련해서 볼 때, 이제 무기의 독점은 실제적으로 기술의 변동성에 의해 위협받으며, 여기서 기술의 변동성은 권력 수단의 변동성으로 나타난다.

변동성이란 형성된 에너지의 저장에 제한을 가하는 것이다. 정신은, 총체적 전투 성격이 분명하게 표현되고 그 도구와 관련하여 기술과 타부 사이의 관계가 생겨나게 될, 도구를 아직 가지고 있지 못하다. 무기고가 전문화되면 될수록 효과적으로 사용될 수 있는 기간은 점점 짧아진다. 기술적인 지형의 작업장 성격은 전쟁의 지형에서는 전술적 방식이 더욱 빠르게 교체되는 것으로서 나타난다. 이 단계에서는 파괴도구가 더욱 빠른 템포로 파괴되며, 이 빠른 파괴의 템포가 파괴도구의 구조 자체에 내재되어 있다. 파괴도구의 변화가 보다 빠른 속도로 이루어진다는 사실은 무장의 확장에 투기적인 청구서를 부과하며, 이 투기적인 청구서는 책임감을 증대시키고 실제적인 경험에 근거하는 정도에 상응하여 더욱 비싸진다.

신분제적인 전사 신분의 마지막 잔재가 첫 번째 단계에서 완전히 절멸된 이후, 오늘날 우리는 기술적 방식의 권력 수단이 사용되고 있는 두 번째 단계에 살고 있다. 이 두 번째 단계의 특징은 거대한 계획의 구상과 실행에 있다. 이 계획들은 물론 피라미드 건축이나 대성당 건축과 비교될 수 없으며, 여전히 작업장 성격이 부여되어 있다. 이에 따라 우리는 진정으로 역사적인 힘들이 열광적인 무장 과정중에 있음을 관찰했으며, 이러한 과정은 모든 삶의 현상의 총합을 자신의 지배 아래 놓고자 노력하며, 모든 삶의 현상에 전쟁적인 지위를 부여하고자 노력한다. 생활 단위들 간의 모든 사회적·민족적 차이에도 불구하고 이러한 과정의 명백한 동형성gleichformigkeit이 존재하며, 이러한 동형성은 깜짝 놀라게 하고 두렵게 하며 희망을 불러일으킨다.

이러한 두 번째 단계의 작업장 성격 속에 다음과 같은 사실이 입증되어 있다. 즉 적어도 최종적 단계가 지구상에 존재한다면, 현재의 단계가 최종적인 상태를 구현하고 있는 것은 아닐지라도 최종적 상태의 준비에 기여한다는 사실 말이다. 엄청난 군영軍營의 준비와 대조되는 평화에의 동경에는 실현될 수 없는 행복에의 요구가 감추어져 있다. 영원한 평화의 상징으로 간주될 수 있는 상태는 국가 간의 사회계약을 통해서는 절대로 보증될 수 없으며, 오히려 오직 논쟁의 여지가 없으며 제국적인 지위를 가진 하나의 국가에 의해 보증될 수 있다. 그리고 이 국가 내에서 "제국과 자유imperium et libertas"[52]가 일치되는 것이다.

대규모의 무장은 더욱더 명백하게 옛 방식의 민족국가가 노동적 거대함의 등급Rang을 향하도록 압박하고, 근본적으로 민족의 틀보다는 더 큰 틀에 적합한 과제를 민족국가에 부여하는데, 이러한 대규모 무장의 완결은 무장이 근거하고 있는 도구가 내부적으로 완성되어야만 가능해진다. 기술적 권력 수단의 완성은 능가될 수 없는 두려움의 상태와 총체

---

[52]_ 윈스턴 처칠의 아버지인 보수 정치인 랜돌프 처칠Randolph Churchill이 설립한 앵초단Primrose League의 모토다. 1883년에 출범한 앵초단은 19세기 말부터 20세기 초 영국에서 가장 영향력 있는 정치운동조직이었다. 전성기인 1910년에는 회원 수가 200만 명에 이르렀으며, 영국 제국을 수호한다는 정치적 목표 아래 집권 보수당의 정책을 지원했다. 제1차 세계대전 이후 세력이 점점 약화되다가 지난 2004년 공식 해산했다.

적 파괴 가능성의 상태 속에 존재한다.

정신은 타당한 우려감을 가지고 이미 이러한 가능성을 암시하는 도구들의 등장을 뒤쫓고 있다. 이미 지난 전쟁에 섬멸 지대가 존재했는데, 그것의 광경은 오직 자연 재해와의 비교를 통해서만 묘사될 수 있다. 그러한 공간으로부터 우리를 분리시켜주는 매우 짧은 기간 안에 사용할 수 있는 에너지의 힘은 몇 배나 강화되었다. 이와 함께 오로지 이러한 에너지의 보유와 관리와 관련된 책임 또한 증대된다. 생사를 건 전투에서 이러한 에너지의 해방과 사용이 사회계약을 통해 저지될 수 있다는 생각은 낭만적인 것이다. 이러한 생각의 전제는 인간은 선하다는 주장이다. 그러나 인간은 선하지 않으며, 오히려 선한 동시에 악하기도 하다.

현실을 견뎌내야 하는 모든 계산에는 인간이 할 수 없는 일이란 없다는 사실도 포함되어야 한다. 현실은 도덕규범에 의해서가 아니라 법률을 통해 규정된다. 따라서 제기되어야 하는 결정적인 질문은, 도구들이 사용되어야 할지 아닌지에 대해 권위 있게 결정할 수 있는 지점이 존재하는지 여부다. 이러한 지점이 없다는 사실은 세계대전이 새로운 세계질서를 창조해내지 못했다는 표지다. 그리고 이러한 사실은 국민의 의식 속에 충분히 명백하게 각인되어 있다.

권력 수단의 최종적 확장과 이와 결합된 도구의 불변은 물론 그 자체로는 의미가 없다. 바로 기술이 노동자의 형상이 세계를 동원하는 방식이라는 사실을 통해서야 기술은 비로소 의미를 얻게 된다. 물론 이러한 사실은 기술에 상징적인 지위를 부여하며, 도구의 불변은 동원의 혁명적 단계가 완결되었다는 사실의 징표다. 민족들의 무장과 대응 무장은 혁명적 조처인데, 이 조처는 더욱 포괄적인 존재 내에서 실행되며, 이 포괄적 존재로 인해 통일적인 것으로 인식될 수 있다. 비록 이 조처가 그것의 수행자의 형태를 산산조각 낼 것이 틀림없지만 말이다. 통일과 그에 따른 세계의 질서가 해결책인데, 이 해결책은 분쟁에 대한 문제제기 안에 이미 담겨 있다. 그리고 이 통일은 하찮은 수단과 협정, 조약으로 달성하기에는 너무나 심원한 것이다.

그럼에도 불구하고 오늘날 이미 전망의 일종이 존재하는데, 이로 인해 모든 거대한 힘의 전개를—그러한 힘의 전개가 지구의 어떤 지점에서 일어나든지 간에 상관없이—환영할 수 있게 된다. 아무튼 여기서 이미 오랫동안 고통 속에서 스스로를 알렸던 새로운 형상에 적극적인 재현Repräsentation을 부여하려는 노력이 드러난다. 중요한 사실은 우리가 살아간다는 사실이 아니라, 다시금 위대한 양식 속에서 그리고 위대한 척도에 따라 삶을 영위할 수 있게 되었다는 사실이다. 사람들은 (이러한 삶에) 고유한 요구를 강화함으로써 이에 기여한다.

지배, 다시 말해 새로운 질서를 통한 무정부적인 공간의 극복은 오늘날 오로지 전지구적인 유효성에 대한 요구를 제기하는 노동자 형상의 재현을 통해서만 가능하다. 이러한 재현이 달성될 수 있는 다양한 길들이 암시된다. 이 모든 길들의 특징은 혁명적인 성격이다.

혁명적인 것은 새로운 인류이고, 이는 유형의 형태로 나타나며, 혁명적인 것은 도구의 계속적인 성장이며, 이러한 성장은 전승된 사회적·민족적 질서들 가운데 그 어떤 것도 모순 없이 자신의 내부로 받아들일 수 없다. 이러한 도구들은 철저하게 변화하며, 하나의 진정하고 논란의 여지가 없는 지배가 이 도구를 지배하는 순간이 와야 자신의 숨겨진 의미를 드러낸다. 바로 이 순간에 혁명적 도구는 정당해지는 것이다.

57.

　모든 숙고를 무의미하게 만드는 근본적인 오류는 기술을 하나의 내부적으로 완결된 인과의 체계Kausalsystem로 파악하려는 것에 있다고 요약할 수 있다. 이러한 오류는 무한성에 대한 공상空相을 초래하는데, 이 공상 속에서 순수 오성의 한계가 드러난다. 기술이 상위의 권력에 대한 상징으로서 인식되는 곳에서만, 기술에 전념하는 일은 비로소 가치를 지니게 된다. 이미 다양한 종류의 기술이 존재한다. 그리고 진정한 지배가 이야기될 수 있는 모든 곳에서 우리는 사용 가능한 도구가 완전하게 관철되고 자연스럽게 사용된다는 사실을 확인한다. 흑인 부족이 덩굴식물을 가져와 원시림의 물줄기 위로 쳐놓은 다리는 그들의 공간 내에서는 더 이상 추월될 수 없는 완벽성이다. 어떠한 종류의 도구도 게의 집게발, 코끼리의 긴 코, 조개의 껍질을 대체할 수 없다. 우리의 도구 또한 가깝거나 먼 미래에 뿐만 아니라, 매 순간 우리에게 알맞는 것이다. 정신이 파괴를 계획하는 한, 도구는 파괴를 위한 순종적인 작업도구일 것이다. 그리고 정신이 거대한 건축물을 짓고자 결심하면, 도구는 건축할 것이다. 그러나 우리는 이것이 정신에 대한 질문도, 도구에 대한 질문도 아니라는 사실을 인식해야만 한다. 우리는 마음대로 중단될 수 없으며 오히려 확고하게 규정된 목표를 가지고 있는 전투의 한복판에 서 있다.

우리가 이제—물론 이론적으로 언제든 가능할 수도 있고, 오늘날 모든 피상적인 노력이 이미 이를 목표로 하고 있을 것이지만, 아직 우리 자신에게 확실히 주어지지 않은—안전의 상태와 삶의 불변 상태를 눈앞에 그려본다면, 이는 부족하지 않는 유토피아의 수를 더욱 늘리기 위함이 아니다. 이러한 상태를 눈앞에 그려보는 이유는 오히려 우리가 엄격한 방침Richtlinien을 필요로 하기 때문이다. 원하든 원치 안든 간에 우리에게 요구되는 희생은 크다. 그럼에도 우리는 이 희생을 긍정해야 한다. 근래에 "이성과 학문"을 경멸하는 경향이 활발해졌는데, 이는 자연으로의 잘못된 회귀다. 중요한 것은 경멸이 아니라, 오성을 통제하는 것이다. 기술과 자연은 대립항이 아니다. 만약 이것이 대립항으로 느껴진다면, 이는 삶이 질서 속에 있지 않다는 징후다. 자기 자신의 무능을 도구의 영혼 없음Seelenlosigkeit을 통해 변명하고자 하는 사람은 다리를 세느라고 움직일 수 없게 된 동화 속 지네와 비슷한 셈이다.

여전히 지구에는 공장의 픽픽거리는 소리와 증기선의 사

이런 소리가 울려 퍼지지 않으며, 낭만적인 백수건달들이 자유롭게 거니는 뒷골목과 동떨어진 협곡, 다채로운 암초지대가 존재한다. 여전히 입증된 가치에 매여있는 정신과 취향의 고립 지대(섬)들이 존재하며, 여전히 그 뒤로 인간이 '평화롭게 표착漂着할 수 있는' 믿음의 부두와 방파제가 존재한다. 우리는 정겨운 즐거움과 마음의 모험을 알고 있으며, 행복을 약속하는 종소리를 알고 있다. 이는 그것의 가치가, 그러니까 그것의 가능성이 경험을 통해 입증된 공간들이다. 그러나 우리는 실험의 한복판에 서 있다. 우리는 어떠한 경험도 입증하지 않은 것들을 행하는 것이다. 의심조차도 의문스럽게 여기게 된 무신론자들의 자식, 손자, 증손자들, 우리는 삶을 높고 낮은 온도로 위협하는 지형들을 뚫고 행진한다. 더 많은 개별자와 군중이 지치면 지칠수록, 소수에게만 주어진 책임은 점점 더 커진다. 탈출구는 측면에도 후미에도 존재하지 않으며, 오히려 우리가 사로잡혀 있는 이 과정들의 힘과 속도를 상승시키는 일이 중요하다. 그래서 우리 시대의 역동적인 과도함 너머에 부동의 중심이 감추어져 있다는 사실을 예견하는 일은 바람직한 것이다.

자유주의적 민주주의에서 노동국가로의 이행

73.

노동자민주주의를 ─ 결정적인 질서 조치 중 하나로, 즉 공화정의 로마에서 특수하고 기간적으로 제한된 독재제도로서 규정된 ─ 예외상태Ausnahmezustand로 여기는 경향이 있을 수 있을 것이다.

여기서 중요한 것은 실제로 예외상태이지만, 절대로 어떻게든 다시금 자유주의로 흘러들어 갈 수 있는 그러한 예외상태는 아니다.[53] 자유주의적 민주주의의 교체는 최종적인 것이다. 이 교체가 실행되고 있는 형식들을 뛰어넘는 모든 발걸음은 오직 노동 성격의 선명화 속에 발견된다. 노동자민주주의의 힘의 장Kraftfeld 안에서 인간과 사물에게 발생하는

53_ 윙거의 예외상태Ausnahmezustand에 대한 논의는 카를 슈미트의 저서 『독재Die Diktatur』(1921)에 전개된 예외상태에 대한 주장을 따르고 있다. 여기서 슈미트는 예외상태를 극복하기 위한 공법 제도로서의 독재를 위임적 독재와 주권적 독재로 구분한다. 위임적 독재가 기존의 질서체계 복구를 목표로 하는 반면에, 주권적 독재는 새로운 질서체계 수립을 목표로 한다는 점에서 구분된다. 여기서 윙거는 기존의 민주주의체계를 영구적으로 극복하는 독재를 주장함으로써, 위임적 독재와 구분되는 이 예외상태의 혁명적 성격을 강조하고 있다.

변화는 매우 뼛속 깊이 파고드는 변화여서 출발선을 다시 찾는 일은 불가능함에 틀림없다.

암시된 파괴의 과정[54]은 그 자체로 파괴가 일어나는 중심점보다는 주목을 받지 못한다. 우리는 사유의 역동적 체계뿐만 아니라 기술의 괴멸적인 효과 또한 무기로서 파악되어야 한다는 사실을 살펴보았는데, 노동자의 형상은 이 무기를―스스로는 평균화에 종속되지 않으면서―평균화를 위해 사용한다. 이 관계는 파괴의 지역에서 조우하게 되는 인류의 구성Zusammensetzung에도 반영된다. 고립되었거나 군중으로서 등장하는 개인의 실존에 무의미성이라는 인장을 찍는 전쟁 상황과 실업 상황 그리고 막 시작되는 자동화의 상황이 유형에게는 보다 활발한 활동을 펼치기 위한 힘의 근원이라는 사실이 드러난다.

여기서 덧붙여야 할 점은, 노동이 유형에게 경험적인 성격이 아니라 이성적으로 이해될 수 있는 성격일 때, 유형과 관련해 실업 상태란 존재하지 않는다는 사실이다. 유형이 생산과정에서 배제되는 순간에 총체적 노동 성격은 변화된 특수한 형식 속에서, 즉 무장武裝의 형식과 같은 것 속에서 드

54_ 시민적 세계가 노동자의 형상에 의해 파괴되는 과정을 의미한다. 이 파괴 과정을 통해 시민적 사회와 자유주의적 민주주의는 노동자국가의 독재로 대체된다.

러난다. 일군의 실업자, 즉 그 안에서 유형이 재현되며 사람들이 숲속 야영지에서나 운동 중에 혹은 정치적인 무리 속에서 관찰할 수 있는 것과 같은 이 일군의 실업자는 따라서 옛 방식의 파업 중인 군중에게서 표현되는 이미지와는 완전히 구별된다. 그리고 실업失業의 상태는, 정확히 보자면, 예비군의 형성이라고 평가될 수 있다. 여기에는 물론 시민적 사유가 파악할 능력이 없는 다른 형식의 부富가 감추어져 있다. 일거리가 없는 수백만의 남성들, 이 순수한 사실은 권력이고 근본적인 자산이다. 그리고 또한 여기서 노동자가 홀로 이러한 자산에 대한 열쇠를 가지고 있다는 사실이 인식될 수 있다.

군중이라는 체제의 가망 없는 몰락은 여기서 주목할 대상이 아니다. 이러한 몰락이 새로운 체제를 창조해내는 것도 아니며, 기껏해야 새로운 체제로의 진입을 위한 계기를 드러내 보일 뿐이다.

노동자민주주의를 향한 결정적인 발걸음은 오히려 활동적인 유형이 여기에서 이미 국가로의 방향 전환을 실행한다는 사실에 있다. 우리는 여기서 정당, 운동, 제도들이 유기체적 구조로 진입하는 현상,[55] 즉 통일의 새로운 형식으로 진입하는 현상과 마주치게 된다. 우리는 이를 또한 기사단

Orden으로 지칭한 바 있고, 새로운 형식의 특징은 이것이 노동자의 형상과 제의적 관계를 맺고 있다는 점에 있다.

참전운동, 사회혁명정당, 군대는 이러한 방식을 통해 하나의 새로운 귀족정Aristokratie으로 변화하는데, 새로운 귀족정은 중요한 정신적·기술적 도구를 소유하고자 매진한다. 이러한 위대한 형태와 옛날 방식의 정당 간의 차이는 명징하다. 전자에서 중요한 것은 훈육과 선별인 반면, 정당의 노력은 군중을 형성하는 데 향해 있다.

유기체적 구조가 드러내는 종적 차이에 있어서 주목할 만한 점은 바로 항상 반복되는 사실, 즉 사람들이 특정한 순간에 "명단을 마감"하고, 숙청 조치가 반복[56]된다는 사실이며, 정당이 이러한 숙청 조치를 그것의 순수한 본질에 따라서 수행할 수 없으리라는 사실이다. 이러한 조치는 존재의 동일성과 신뢰성을 이끌어내며, 우리가 처한 역사적 상황 속에서 오직 유형만이 이를 행할 수 있다. 그리고 이는 바로 오직 유형만이 이러한 상황에 적합한 결합Bindung을 소유하고 있기 때문이다.

55_ 독일의 법철학자 카를 슈미트는 이와 유사한 새로운 정치적 통일체계를 1933년에 출판한 『국가, 운동, 국민Staat, Bewegung, Volk』에서 이론화했다.

56_ 여기서 윙거는 슈미트의 저서 『정치적인 것의 개념』에서 언급된 정치철학, 즉 '친구와 적의 구분' 그리고 '집단의 통일성을 저해하는 적의 제거'라는 이론을 충실히 따르고 있다.

74.

노동자민주주의의 작동을 보증하는 이러한 결합이 온전하게 현존한다는 것은 하나의 사실을 입증하는데, 이러한 사실은 인간의 전체 존재를 변화시키는 영향력을 끼친다. 그리고 이는 결정적인 영향이 더 이상 의견의 형성이나 과반수의 형성에 의해서가 아니라, 행동에 의해 수행될 때 더욱 그러하다.

또한 자유주의적인 시대가 이러한 행동의 전제 조건을 마련했다는 사실을 여기서 관찰할 수 있다. 유형의 특징은 그가 이 전제 조건을 순수한 기술성의 의미에서 평가할 수 있다는 사실에 있다. 물론 우리는 여기서 다시금 우리가 기술을 살피는 과정에서 확인했던 사실, 즉 오직 유형만이 이러한 평가를 할 수 있다는 사실을 상기해야만 한다. 왜냐하면 유형만이 홀로 기술과 형이상학적이고 전형적인 관계를 맺고 있기 때문이다. 이는 오늘날 자주 관찰되는 사실, 즉 시민적 지식인들이 행하는 동일한 조치가 실패하는 반면, 유형에게서는 어떠한 어려움도 발생시키지 않는다는 사실을 설명해준다.

따라서 유형이 여론Öffentliche Meinung[57]을 기술적인 사안으로 인식한다는 사실을 확인하게 되면, 우선 마키아벨리주의자적인 선입견으로부터 벗어나야만 한다. 이러한 인식으로부터 도출된 방식Verfahren은 우리의 공간 내에서 모든 임의의 거대한 것Größe에게 귀속되는 것이 아니라 오직 유형에게만 귀속되며, 유형에게 모든 도구는 노동 도구로서, 다시 말해서 아주 특정한 삶의 감정에 대한 작업 도구Werkzeug로서 나타남에 틀림없다. 따라서 여론이 유형에 의해 시민적인 자유 개념의 기관Organ에서 순수한 노동의 거대함으로 변화되게 된다면, 이는 비단 종류Art에 따른 변화일 뿐만 아니라, 등급에 따른 변화인 것이다. 이는 기술이 노동자의 형상이 세계를 동원하는 방식이라는 보다 상위의 사실과 관련된 하나의 특수한 현상인 것이다. 또한 지배가 가시화되는 순간, 여론에서도 파괴적인 방식에서 긍정적인 방식으로의 급변이 인식될 수 있다.

여기서 언급되어야 하는 것은 국회國會의 변화, 즉 국회가 시민적 자유 개념의 기관이자 여론 형성의 기구에서 노동의 거대함으로 변화하는 것인데, 이러한 변화는 그 의미에 있어

57_ 공중公衆의 의견이라는 뜻으로, 원어에는 공론이 더 가까우나 우리말의 일반적 사용법에 따라 여론으로 옮겼다.

서 시민사회 기관에서 국가기관으로의 변화와 동일한 것이다. 국민투표 기술에 대한 통제도 언급되어야 하는데, 이러한 통제는 국민의 개념에 뿐만 아니라 논의 중인 대안[58]에도 매우 명백한 특성을 부여해놓은 공간에서 완수된다. 나아가 기술적 논증이 사회적 토론을 대체한다는 사실이 언급되어야 하는데, 이에 따라 국가공무원이 사회기구의 조직원을 대체할 수 있다.

자유로운 의견이라는 저 늪을 간척하는 일 또한 이러한 연관 관계에 해당한다. 자유주의적 언론은 이러한 늪으로 변해버렸다. 또한 여기서 기술성이 이 기술성Technizität 내에서 자기 의견을 생산해내는 개인보다 훨씬 더 중요하다는 사실이 인식되어야 한다. 공정工程을 통해 의견을 몰아내는 기계는 얼마나 깔끔한가. 그리고 모든 개별 정당의 기관지가 독자들에게 도달하는 정밀성과 속도가 사람들이 생각해낼 수 있는 모든 정당 간의 차이보다 얼마나 더 의미 있는가. 이것이 힘Macht이며, 물론 시민적 개인이 전혀 사용할 줄 모르는 힘이다. 그리고 시민적 개인들은 정당성의 결여로 인해 이 힘을 자유의 영구기관으로 사용할 뿐이다.

58_ 시민의 대안으로서의 유형을 의미한다.

사람들은 여기서 매우 동일한 종류의 인류가 노동 중이라는 사실과, 의견의 투쟁과정이 시민적인 개인들이 분배된 역할을 통해 펼치는 연극으로서 인식되어야만 한다는 사실을 마침내 알아채기 시작한다. 이 시민적 개인들은 모두 극단적이며, 다시 말해 지루하다. 그리고 그들의 공통된 영양섭취 방식은 사실을 의견으로 주조해내는 데 있다. 그들의 공통된 스타일은 그들에게만 고유한 어떤 입장이나 어떤 관점에 대해 멍청하게 환호하는 것이라고 정의될 수 있으며, 다시 말해 가장 값싼 형식의 일회적 체험에 대한 감정으로 정의될 수 있다.

　　연극에 대해 이야기된 내용은 신문에도 동일하게 적용되는데,—그것이 기사든 광고든 정치면이든 문예란이든 간에—신문의 구성요소들을 따로 분류해내는 일은 점점 더 어려워진다. 여기서 모든 것은 최대한 개인적이며 최대한 군중에 의해 사용될 수 있도록 규정되어 있다.

　　언론이 소명으로 삼고 있는 독립성은 누가 어디서 이 소명과 마주치던 간에 동일한 성질의 것이다. 이는 국가에 대한 시민적 개인의 독립성에 근거해 있다. 하나의 새로운 거대 권력으로서의 언론이라는 말은 19세기의 관용어에 속한다. 이에 상응해 다음과 같은 거대한 사건들이 일어나는데,

즉 언론인은 성공적으로 국가를 이성과 미덕의 장벽, 그러니까 이 경우 진리와 정의의 장벽 앞에 끌어다 세운다. 또한 여기서 우리는 방어를 통한 세련된 공격과 만나게 된다. 그리고 자유주의적 거짓 국가는, 국가의 근본 원칙을 논하는 공개토론장Forum에서 이 세련된 공격이 실행될 때 더욱더 확실하게 굴복한다. 만약 자유로운 의견과 이해관계 사이에 존재하는 관계를 이와 함께 보지 못했다면, 그 이미지는 온전하지 못한 것이다. 이러한 종류의 독립성과 매수買收 사이의 관계가 궁극적으로 외국으로부터의 정신적·물질적 지원이라는 결과를 초래한다는 사실은 널리 알려져 있다.[59]

언론의 독립성에 대한 공격은 시민적 개인에 대한 공격의 특수한 형태다. 이 공격은 따라서 정당에 의해 주도될 수 없으며, 오직 이러한 종류의 독립성에 대한 즐거움을 잃어버린 인류만이 주도할 수 있다. 따라서 사람들은 검열이 불충분한 수단이며, 검열이 오히려 개인주의적 양식을 세련되게 만들고 악질성을 증대시키는 결과를 초래할 수 있다는 사실을 명백히 깨달아야 한다. 그러나 유형은 전성기가 끝나갈 무렵 절대주의 국가가 방어를 위해 투입하려 했던 것보다 광

59_ 언론의 자유를 옹호하는 국제적 연대를 비판하는 것으로 보인다.

범위한 도구를 수중에 가지고 있다. 개인적 의견 표명의 양식이 지루해지고 변질되기 시작한다는 사실이, 유형이 거대한 통신 수단을 소유할 수 있다는 사실보다 그에게 더 유익하다. 1830년에 발행된 신문을 펼쳐보면, 일상적 의견 표명에 내재된 비교할 수 없을 정도로 높은 수준의 핵심 내용 Substanz을 발견하고 놀라게 될 것인데, 이러한 기사들 속에는 여전히 옛 수공업자 집단의 무언가가 살아 있다.

이러한 맥락에서 교훈적인 것은 한편으로 사설과 비평의 몰락이고, 다른 한편으로 스포츠면과 같이 개인적인 의견의 다양성이 거의 어떠한 역할도 수행하지 않는 신문 코너들에 대한 관심이 증대된다는 사실인데, 사진을 통한 보도에 대한 증대된 관심도 이와 마찬가지이다. 이러한 관심은 이미 구도의 사용에 부합하는데, 이는 도구가 특별히 유형에게만 속해 있는 것과 마찬가지다.

정밀하고 명백한 언어와 20세기에 적합한 수학적이고 사실적 양식이 사용될 것으로 기대된다. 언론인은 이 공간에서 특수한 노동 성격의 담지자로서 나타나는데, 언론인의 업무를 총체적 노동 성격이, 따라서 총체적 노동 성격의 대변자인 국가가 결정하고 제한한다. 이 명백한 공간 내에서 상징은 물질적인 성질을 지닌다. 그리고 이 공간 내에서 여론은 더 이상 개인들로 구성된 군중의 의견이 아니라, 대단히 완결되고 대단히 동일한 종류의 세계에 관한 생활감정 Lebensgefühl이다. 여기서 포착되는 것은 관찰자의 입장이라기보다는 사물이나 사건 그 자체이며, 이에 따라 사람들은 보도로부터 직접적인 시간적·공간적 현존의 감정이 전달될 것을 요구한다.

기자의 양심은 묘사에 있어서 최고도의 정확성과 관계된다. 따라서 기자의 양심은 양식의 정밀성에 의해 입증되어야 하는데, 양식의 정밀성은 정신적 노동을 수행하라는 요구 너머에 관용어구 이상의 것이 감춰져 있다는 사실을 드러낸다. 결정적인 사건은―앞서 말한 바와 같이―시민적 개인이 유형에 의해 교체된다는 사실에 있다. 개인이 개별적 표본으로서 보수적으로 혹은 혁명적으로 행동하는지 여부가 중요치 않았던 것처럼, 유형의 온전한 등장 속에 노동 세계에 대한 확증이 존재하며, 이 등장이 어떠한 장소에서 일어나는지는 중요치 않다.

유형의 온전한 등장은 기술적 도구의 특수한 상태와 일치하는데, 이 특수한 상태란 이 같은 등장에 전적으로 걸맞은 상태를 의미한다. 언론인이 시민적 개인에서 유형으로 변화하는 것처럼 언론은 자유로운 의견의 기관에서 명백하고 엄격한 노동세계의 기관으로 변화한다.

이러한 사실은 이미 오늘날 사람들이 신문을 읽는 변화된 방식에서 암시된다. 신문은 더 이상 과거적 의미의 독자층을 보유하고 있지 않으며, 연극과 영화의 관객에 대해 언급했던 바와 동일한 일이 신문 독자의 변화에도 적용된다. 또한 읽기는 더 이상 한가함의 개념과 일치될 수 없으며, 오히려 특수한 노동 성격의 특징과 함께 나타난다. 이러한 사실은 독자들을 관찰할 기회가 있는 곳에서, 즉 무엇보다 교통수단에서 매우 분명하게 드러나는데, 오로지 교통수단을 이용하는 과정에 이미 하나의 노동행위(독서)가 수행되는 것이다. 이러한 관찰 과정에서 깨어 있는 동시에 직관적인 분위기가 인지될 것이며, 이러한 분위기에는 고도의 정밀성과 속도를 지닌 통신 수단이 잘 어울린다. 우리는 여기서 사람들이 읽고 있는 동안 세계가 변화하고 있다는 인상을 받을 것인데, 이 변화는, 사람들이 대충 보고 넘기는 다채로운 신호의 단조로운 변화라는 의미에서, 동시에 불변적이기도 하다. 사건의 현존함Präsenz이 특징인 공간 안에서 보도란 이러한 것이며, 이 현존으로부터 각각의 원자는 전류의 속도로 만나게 된다. 여기서 모든 개인적인 것이 점점 더 무의미한 것으로 지각되리라는 사실이 분명해진다. 마찬가지로 기관들의 다양성이, 최소한 이 다양성이 정당 간의 차이 혹은 도시와 시골 간의 차이에 근거하는 것이라면, 녹아 없어지리라는 사실이 예측될 수 있다.

또한 여기서 본래적 독자층을 이루는 수동적인 유형Schlag의 지적 수용력이 엄청난 속도로 하나의 견해Verfassung로부터 자양분을 취할 것이란 사실이 적어도 암시되는데, 이 견해에 견주어 볼 때에 자유주의적 지식인의 영향력은 가망 없이 거부된다. 모든 문화적, 심리적, 사회적 문제제기는 이 유형을 대단히 지겹게 만들며, 마찬가지로 그는 예술적인 도구의 세련됨에 대해서도 더 이상 전혀 주목하지 않는다. 이 유형의 오성은 이렇게나 투철하며 믿음직스러워서, 그는 과거 시민적 사회의 모든 계층으로부터 매우 균등하게 자라나기 시작하고 우리와 일상적으로 마주서게 되며, 가장 세밀한 기술적 세부사항조차 파악한다. 따라서 유형은 개인에게 삶을 값지게 만들어주는 모든 종류의 오락에 무관심하다. 이는 변화된 지형에 상응하는 오성이 수정되는 것이며, 이러한 지형 내에서 시민적인 교양은 전례 없이 큰 고통을 불러일으킬 뿐이다. 따라서 사람들은 한동안 일회적인 체험의 생산에 점점 지쳐가는 지식계급에 대해 동정심을 품을 수도 있을 것이다. 왜냐하면 그들이 최상의 성과를 내더라도 이것

이 우리의 공간 속에서 그저 감상적인 색소폰 솔로의 일종
으로 받아들여질 뿐이기 때문이다.

이러한 상황들은 이미 전적으로 20세기의 수단이라 할
수 있는 통신 수단인 라디오와 영화와 관련해 더욱더 명확
하게 드러난다. 이처럼 명백하고 구체적이며 완전히 다른 종
류의 과제를 위해 지정된 도구를 자유주의적 문화개념의 척
도 아래에 붙잡아두려는 일종의 수염가면놀이[60]와 같은 시
도보다 재미난 일은 없다. 자신을 문화비평가로 여기는 이
환영들은 그저 문명[61]의 분장사일 뿐이다. 그저 이러한 도
구들을 피상적으로만 관찰해보아도, 이 도구들에 관련해 과
거적 의미의 자유로운 의견의 기관이 논의될 수 없다는 사
실이 명백해진다. 그와 정반대로 이 도구들과 관련해 모든
단순한 의견은 전혀 중요치 않음이 입증된다. 따라서 이 도
구들은 정당의 도구로서 역할을 수행하기에 적절치 않으며,
마찬가지로 개인에게 공감을 선사할 수도 없다. 개인이 효력

60_ 중세 때부터 독일 뉘른베르크의 수공업자들이 사육제 기간에 펼친 가면극이다.

61_ 토마스 만을 포함한 다수의 독일 지식인은 서구 유럽의 '문명Zivilisation'과 독일의
'문화Kultur'를 대립시켰으며, 제1차 세계대전 또한 유럽 문명에 대항한 '독일 문화 수호'라
는 차원에서 옹호했다. 토마스 만의 산문 「한 비정치적 인간의 고찰Betrachtungen eines
Unpolitischen」(1918)에는 이러한 사유가 잘 반영되어 있으며, 에른스트 윙거의 문명 개
념도 크게 이러한 맥락에서 사용되고 있다고 볼 수 있다.

을 발휘할 수 있었던 매체는 인공적인 목소리와 광선에 의한 포착[62]에 의해 이미 파괴되었다. 여기에서는 오직 유형만이 활동할 수 있으며, 이는 오직 그만이 이러한 도구와 형이상학과 관계를 맺고 있기 때문이다. 이러한 도구들과 관련해 순수한 기술성이 더욱 빈번하게 가치 평가를 받는데, 여기서 이 정도란 원칙적으로 다른 종류의 언어가 이미 숙달된 정도를 의미한다. 영화가 "좋은지" 아니면 "나쁜지" 여부에 대한 판단은 도덕적이거나 세계관적·신념적인 전제에 근거해 이루어지는 것이 아니다. 여기서 사랑의 모험이나 범죄사건 혹은 볼셰비키적인 선전이 다루어지는지 여부는 전혀 중요치 않으며, 오직 어느 정도로까지 유형적인 도구에 관한 숙련Meisterung이 달성되는지 여부만이 평가의 대상이다. 그러나 이 숙련은 혁명적 정당성이며, 다시 말해서 형상이 세계를 동원하는 데 사용하는 저 도구에 의한 노동자 형상의 재현이다.

여기서 중요한 것은 다른 종류의 의지를 창조해내기 시작한 기관들Organe이다. 이 공간에서 원자들은 잠재적인 무질서 속에 놓여 있지 않다. 무질서는 자유로운 의견의 전제 조

---

[62]_ 유성영화 기술의 등장을 의미한다.

건이다. 결국에 의견들은 스스로 효력 정지의 상태에 이르는데, 전반적으로 불신이 수용력보다 커졌기 때문이다. 사람들은 모든 뉴스를 이것이 얼마 안 있어서 곧 부정否認될 것이라는 전제 조건하에 수용하는 데 익숙해진다. 우리는 자유로운 의견의 인플레이션에 도달했으며, 이제 의견은 널리 알려지기도 전에 가치를 상실한다. 따라서 원자의 배열은 오히려 전자기적 역장力場 안에서 감돌고 있는 명백성을 띤다.**63** 이 공간은 하나의 완결된 통일체이며, 여기에는 알고자 하는 사물과 알고 싶지 않은 사물을 구분해내는 날카로운 본능이 존재한다.

덧붙여 말하자면, 여기서 그저 절대적 인물이 자신을 중심점으로 만들고자 활용했던 의미에서의 중앙집중화의 강화가 문제라고 추측한다면, 이는 잘못 생각한 것이다. 총체적 공간 내에는 중심점이나 수도首都가 존재하지 않는다. 도시와 시골 간의 차이가 여전히 중요하다는 관점에서의 중심점이나 수도首都는 존재하지 않으며, 이는 군주의 수도이든 아니면 여론의 중심점이든 간에 마찬가지다. 여기서는 오히려 모든 지점은 동시에 하나의 중심으로서의 잠재적인 의미

63_ 자석 주위에 쇳가루를 뿌리면, 쇳가루가 자기장의 흐름에 따라 일사분란하게 정렬되는 현상을 의미한다.

를 가지고 있다. 만약 갑자기 이 공간 중 한 부분이, 즉 그것이 위험 지역이든 거대한 소송이든 스포츠 행사든 자연 재해든 아니면 대양 횡단 비행기의 객실이든지 간에, 지각의 중심이 되고 또한 이를 통해 영향력의 중심이 되며 인공적 눈과 귀의 조밀한 원에 둘러싸이게 된다면, 이는 두렵게 만드는 무언가를 가지고 있으며, 말없이 불타오르는 시그널램프[64]를 떠올리게 한다. 이 사건은 여기서 무언가 대단히 객관적인 것, 필연적인 것을 보유하고 있으며, 이 과정Vorgang의 움직임은 학자가 망원경이나 현미경을 이용해 확인해내는 움직임과 비슷하다. 따라서 1932년에 만주 방송국에 의해 실시간 전장 통신서비스가 설비된 사실[65]에 대해 전 세계가 경악했던 것에는 충분한 이유가 있었던 것이다. 또한 영상보도의 과제 중 하나인 주간 정치뉴스[66]에서도 상이한 방식의 의사소통과 독해가 어떻게 발전하기 시작하는지가 분명해진다. 선박의 진수식, 광산 사고, 자동차 경주, 외교

[64]_ 함선 등에서 모스 부호와 같은 약호를 보내기 위해 사용하는 신호용 등.
[65]_ 1931년 9월에서 1932년 2월까지 전개된 일본의 만주 침략을 의미한다. 일본의 국영 방송국은 만주사변을 라디오를 통해 실시간으로 중계하였다고 한다.
[66]_ TV 보급률이 낮던 시절, 한국의 영화관에서 '대한뉴스'를 상영했던 것처럼, 독일에서도 1911년부터 민간 영역에서 제작된 정치뉴스가 극장에서 상영되었다. 1940년부터는 나치 정권의 철저한 선전 도구가 되어 'Die deutsche Wochenschau'(독일 주간뉴스)라는 이름으로 제작·상영되었다.

회담, 어린이 축제 그리고 황폐화된 땅덩어리 위로 떨어지는 포탄의 낙하, 환호하고 기뻐하며 경악하고 절망한 목소리의 변동, 이 모든 것이 무자비한 정밀성의 매체에 의해 포착되고 저장된다. 이는 변화된 영역에서의 인간관계 전체를 가시화시키는 절단면을 드러내보인다.

여기서 여론이 완전히 변화된 크기로 나타날 것에 틀림없다는 사실에는 의심의 여지가 없다. 특히 중요한 영역들이 더 이상 자유로운 의견의 대상으로 여겨지지 않게 되는 만큼, 여론에 의해서도 비준을 받지 않게 된다. 이 지형 속에서 일어나는 변화들은 여기에 오직 **하나**의 창만이, 즉 조망을 위해 사용할 수 있는 오직 하나의 틈만이 존재한다고 기만한다.

또한 여기서 간과되어서는 안 될 점은, 한편으로 개인이 오늘날 도구를 여전히 그 본질에 걸맞지 않은 의미 속에서 사용하고자 한다는 사실이며, 다른 한편으로 도구의 증대되는 완벽성이 자신의 본질을 점점 더 분명하게 드러낸다는 사실이다. 여기서 중요한 것은 오락의 도구가 아니며, 오락이 중요하다는 인상이 존재하는 곳에서조차도 오락과 커다란 유흥행사의 개최가 점점 더 분명하게 공적인 과제로, 즉 총체적 노동성격의 기능으로 판명되기 시작한다는 점이다.

결정적인 과정의 의미는 사회적 기구가 국가기구로 변화하는 것으로 인식되어야 하며, 활동적인 인간 유형Schlag은 국가의 주체로서 이 국가기구를 사용한다. 체험의 동시성과 명백성 그리고 물질성이 증대되는 대단히 완결되고 계산 가능해진 공간 내에서 여론은 본질적인 인류와 마찬가지로 변화된 크기 속에서 모습을 드러내는데, 이 본질적인 인류는 인종의 형질에 의해 특징지어지기 때문에 자유로운 의견과는 더 이상 어떠한 관계도 맺고 있지 않다. 또한 앞서 말한 바와 같이 그의 활동은 인간의 모든 존속Bestand 속에서 선명하게 드러날 것임에 틀림없다.

이미 오늘날 여기서 일종의 각인하는 특징Prägung이 완성된다는 사실을 예감할 수 있는데, 자유로운 의견은 이러한 특징을 불러일으킬 능력을 절대로 보유하지 못했으며, 이처럼 각인하는 특징은 모든 얼굴 표현과 목소리의 울림에까지 영향을 미친다.

노동계획에 의한 사회계약의 교체

78.

계획이 무장조치로서 나타난다는 사실은 우리의 공간 속에서 권력은 노동자 형상의 재현으로서 인식되어야 한다는 확고한 사실로부터 충분히 추론 가능하다.

이 재현이 더 분명해질수록, 가장 깊이 감춰진 생명의 예비분량까지도 더욱 포괄적으로 징집될 수 있다. 이러한 징집Einstellung의 양量은 계획지형Planlandschaft의 고유한 특징인 유연함과 완결성의 양에 따라 증대된다. 노동공간에서 실현되어야 할 모든 방향 전환 가운데 무장으로의 전환이 가장 중요한 것이다. 이러한 사실은 유형과 그 도구의 가장 비밀스러운 의미가 지배를 향해 있다는 사실을 통해 설명된다. 아무리 특수하더라도 동시에 권력의 도구가 아닌 도구는 여기에 존재하지 않는다. 다시 말해 도구는 총체적 노동 성격의 재현인 것이다.

이러한 상황은 겉보기에 전쟁으로부터 멀리 떨어져 있는

영역을 포함하여 모든 영역을 장악하려는 전쟁의 노력에서 드러난다. 도시와 시골 간의 차이와 마찬가지로 여기서 전선과 고향의 차이, 군대와 주민의 차이, 산업과 군비산업 간의 차이는 그다지 중요치 않다. 전쟁은 근원적 요소Urelement로서 여기서 하나의 새로운 공간을 발견하는데, 즉 전쟁은 노동자의 운동에 부여되어 있는 총체성의 특수한 차원을 발견하는 것이다.

이러한 과정 내에 감추어져 있는 위험은 잘 알려져 있다. 이 위험을 자유주의적 수단을 통해, 즉 이성적이고 덕이 있는 인간에 호소함으로써 예방하려는 시도에 대해 언급하는 것은 쓸데없는 짓이다. 이러한 위험에 효과적으로 대응하기 위해서는 새로운 질서가 필요하다. 새로운 질서의 가능성이 의식에 의해 이미 달성된 정도는 군비감축회담[67]의 이사회가 결정한 계획안Schema에서 잘 관찰된다. 여기서 합의는 어려움이 증대되는 세 가지 분야에서 이뤄진다.

개회사와 폐회사에 담겨져 있는 평화선언에 관련해서는 만장일치를 이룬다. 두 번째 분야에서는 공공연하게 전쟁을 위해 배정된 인적·물적 권력수단의 종류와 범위에 대한 담소

[67]_ 1932년 2월 2일에 스위스 제네바에서 개최된 세계군축회의를 가리키는 것으로 보인다.

가 진행된다. 여기서 총체적인 군축의 가능성과 다소간의 부분적 군축의 가능성이 구분되어야 하는데, 부분적 군축은 도구의 질뿐만 아니라 수량과 연관될 수 있다. 여기서 각각의 파트너들이 추구하는 협상 실행의 목표는 이미 형성된 에너지의 비축분과 관련해 되도록 유리한 상황을 얻어내는 것이다. 이 가장 유리한 상황이 증대 혹은 감소를 통해, 즉 군비 확장 혹은 군비 축소를 통해 가장 확실하게 달성될 수 있는지 여부에 따라 논점과 사용될 토론 기법Dialektik이 결정된다.

여기서 문제시되는 것이 특수한 노동 성격을 고유한 특징으로 하는 권력수단에 대한 이야기라는 사실을 명심해야 할 것이다. 따라서 소위 총체적 군비 감축이 전쟁의 위험을 조금이라도 낮출 수 있다고 믿는 것은 그릇된 일이다. 오히려 총체적 군비 감축이 이러한 위험을 증가시킬 수 있다. 특수한 노동 성격의 예산안Etat에서 제거되는 이 에너지가 물론 흔적 없이 사라져버리는 것이 아니라 최고도의 그리고 창조적인 잠재력으로서 총체적 노동 성격 내부로 쇄도해 들어온다면, 전쟁의 위험은 충분히 증가될 수도 있다. 여기서 우리는 총체적 군축에 대한 요구가 바로 총체적 동원, 즉 노동자 동원과 진전된 관계를 맺고 있는 국가들에 의해 제기되곤 했다는 사실의 이유를 이해할 수 있게 된다. 따라서

1932년에 러시아나 이탈리아의 입장이 필연적으로 시민적인 자유 개념이 여전히 무엇보다 생동하는 국가인 프랑스의 입장과 구별되어야만 했던 것이다. 노동권력이 여전히 여론이 거대한 존재인 자유주의적 국가에 대항하여 자신의 군축 요구를 휴머니즘적 문장으로 정확하게 규정할 때에, 이 논쟁은 능가될 수 없는 악의성의 정점을 찍는다.

여기서 논쟁은 권력Macht의 최종적이고 가장 구체적인 층과 맞닿는데, 이 권력은 정당화시키는 거대함과 형이상학, 즉 노동자 형상과 직접적인 관계를 맺고 있다. 그리고 시선이 논쟁의 수사학적이고 산술적인 껍질을 뚫고 들어가게 되면, 이 논쟁을 가장 특색 있으며 가장 긴장감 넘치는 연극으로 고양시킨다. 하나의 새로운 세계라는 공간 속에서 불변의 사실이 입증되는데, 즉 삶에 관한 근본적 의도와 근본적 힘은 합의의 가능성이 관찰될 수 있는 모든 영역으로부터 벗어나 있다는 사실이다. 총체적 노동 성격과 맞닿을 수 있는 척도를 찾는 일에는 실제적으로 어려움이 따른다. 따라서 사람들은 가스전의 추방에 관련해서뿐만 아니라, 독가스의 저장과 관련해서도 "합의할 수" 있다. 그러나 화학의 상황 혹은 솔나방이나 흰쥐를 대상으로 실행되는 연구실 실험에 관해서는 합의할 수 없다. 사람들은 군대를 철폐할 수 있겠지만, 군대와 같은 종류의 질서를 달성하려는 의지가 전 국민을 사로잡는다는 사실, 그리고 특수한 전쟁 무장이 더 강도 높게 감축될수록 아마도 더욱더 확실하게 전 국민을 사로잡으리라는 사실을 철폐할 수는 없다.

자의적으로 설명될 수 있을 이 현상들은 기실 힘Macht과 관계된 상황이 변화된 결과로 이해되어야 한다. 이미 살펴보았듯이 19세기에 사람들은, 개인성과 그 개인성에 부여된 보편적인 것의 차원과 관계를 맺고 있을 때에만 힘을 가졌다. 따라서 모든 효과적인 무장 조치와 모든 군대조직보다 시민적 자유 개념의 현실화가, 즉 절대적인 국가의 구속으로부터 개인의 해방이 우선시되었다. 그리고 이러한 행위 없이는 보편적 병역의무를 기반으로 하는 대중군대는 상상할 수 없을 것이다. 이와 반대로 20세기에 사람들은, 그가 노동자의 형상을 대표하고 이를 통해 이 형상에 부여된 총체적인 것의 차원으로 가는 통로를 갖게 되는 한, 힘을 가진다. 이러한 차이에 무장의 차이가 상응한다. 그리고 실제로 여기에서 새로운 종류의 공간이 현존한다는 사실을 나타내는 에너지가 쇄도하는 현상을 관찰할 수 있다.

이러한 공간은 19세기에 미지의 것이었다. 왜냐하면 이 공간에 대한 열쇠를 개인이 아닌 오직 유형이나 노동자만이 가지고 있기 때문이다. 그래서 사람들은 보편적 병역의무의 체계를 능가될 수 없는 전투력의 신장으로 여겼던 것이다. 보편적 병역의무의 체계가 가능케 하는 움직임과 총체적 동원이 가능케 하는 움직임 사이의 상황이, 전자의 영역에서의 움직임과 후자의 공간에서 가능한 움직임 간의 상황과 동일하다. 이러한 종류의 동원은 인적·물적 예비물량의 전체를 통일적인 연관 관계 속에서 파악할 뿐만 아니라, 인간과 도구를 투입하는 데 있어서의 유연성과 변동성을 가진다는 점이 특징이다. 이러한 틀 안에서 군대와 병기고는 상위의 힘(권력)의 특성에 대한 특수한 각인으로서 나타나며, 마찬가지로 병역의무 또한 다양한 형식의 복무관계들 중에서 하나의 특수한 케이스로서 나타난다. 공격이 더 이상 과거적 의미의 전방뿐만이 아니라 다양하며 특별히 전쟁적이지 않은 수단을 가지고 시설과 국민을 포함한 공간의 깊숙한 중심에 도달하고자 노력하는 것과 마찬가지로, 대응조치 또한 오로지 군대에만 의지하는 것이 아니라, 전체 에너지의 계획적인 편성에 의지한다. 따라서 총동원을 위한 시간을 벌기 위해 군대를 희생시키는 사례도 가능해진다.

보편적 병역의무를 통한 동원은 따라서 총체적 동원 혹은 노동동원에 의해 대체된다. 이에 따라 보편적 병역 의무의 후계자로서 포괄적인 노동봉사의무가 예고되는데, 이는 비단 전투가 가능한 병사뿐만 아니라 전체 국민과 이들의 도구로까지 확장되며, 이를 실현시키는 것에서 우리는 거대한 역사적 힘들이 작업 중인 것을 확인한다. 이러한 종류의 봉사의무의 의미는 19세기를 점화한 다양한 군대 재편성[68]의 의미에 상응한다. 봉사의무의 현실화는 오로지 노동자의 형상과의 관계가 존재하는 정도에 상응해 달성될 수 있으며, 이는 국가에 대한 노동자의 결혼지참금Morgengabe[69]이다.

실제적인 조치들이 다양한 장소에서 실험 단계에 도달했으며, 이러한 실험은 여기서는 자발적인 힘에 의해서 저기서는 이미 국가 자체에 의해 착수되는 한편, 다른 곳에서는 위기가 독재적인 가정교사로서 나타난다. 극복되어야 할 어려움은 외면적 상황에 있는 것이 아니라, 자유주의적 자유개념이 자리 잡고 있는 체제 속으로 침투하는 일에 있다. 따라서 직면하게 되는 저항이 개인주의적인 표현뿐만 아니라 사회적인 표현을 ─ 즉 똑같은 정도로 무의미하게 된 기본틀

68_ 유럽의 군대는 1800년대 초 나폴레옹 전쟁을 거치면서 근대적 군대로 재편성되었으며, 프로이센군도 1807년부터 1813년까지 재편성을 실행했다. 이러한 재편성을 통해 많은 유럽의 국가는 국민개병제도를 기반으로 하는 민족국가적인 상비군 체계를 수립한다.
69_ '아침의 선물'이라는 뜻으로, 남편이 결혼 첫날밤을 지낸 다음 날 아침에 신부에게 준 결혼지참금에서 유래한다.

을—사용한다는 사실에 놀랄 필요가 없다. 아무튼 노동 봉사의무의 도입은 더 이상 유토피아 왕국의 일부가 아닌 것이다.

다양한 사실에서와 마찬가지로 이는 기동훈련Manöver과 관련해 암시되기 시작한 변화에서도 눈에 띈다. 이 공간 안에서 거대한 기동훈련은 더 이상 전쟁을 위한 군대의 연습으로서만 나타나는 것이 아니라, "민간"예비력과 예비군들이 동일한 정도로 포함된 계획의 틀 속에서 특수한 노동 성격들의 상호작용으로서 나타난다. 여기서는 기술적 사안으로서의 산업과 경제, 영양 섭취, 교통, 행정, 학문, 여론의 동원動員, 요컨대 현대적 삶의 모든 특수한 도구들을 완결되고 유연한 공간으로 배치하는 일이 언급되어야 하며, 이 공간 내에서 공통적인 힘의 특성이 드러난다.

폭격기 경보와 가스 경보는 부분적인 기동훈련인데, 이미 다양한 국가에서 산업시설의 전체 종사자 혹은 전체 행정구역과 주거지역을 이 훈련에 참가시킨다. 총체적 파괴 수단으로 인해 초래된 넓은 영역에 대한 위협에 대해 총체적 통지 수단을 이용한 경고가 대응하는데, 라디오와 거대한 스피커 장치 등을 통해 경고를 보낼 수 있는 것이다. 삶이 추상적인 공간으로부터 매우 빨리 멀어지기 시작하고 매우 구체적이고 매우 직접적인 상황들을 산출해내기 시작하는 것처럼, 여기 변화된 공간 안에서 주민들이 "집 밖으로 뛰쳐나가는" 중세적인 이미지의 회귀가 가능한 것 같다.

노동 봉사의무가—이제 생애 주기적으로 전 연령대에 걸쳐 확장되어야 하는지 아니면, 비숙련[수동적] 직업교육과 전문[적극적] 직업교육이라는 두 등급을 동일한 시간적 시기로, 예컨대 노동 봉사 복무기간으로 포괄할지 여부는—실제적이면서 동시에 상징적인 지위를 가지고 있다. 경제가 특수한 권력수단에 속하는 한, 노동 봉사의무는 일종의 경제적인 성취로서 나타날 수 있고, 이러한 사실은 총체적 노동 공간 내에서 유효한 법칙성에 부합한다. 노동 봉사의무의 가장 중요한 과제를 수행하는 과정에서—이 과제를 해결하기 위해 모든 노동자 군대가 투입되는데—노동 봉사의무는 노동의 통일성을 가시화시키며, 군중이나 개인은 이러한 노동의 통일성을 가지고 있지 못하다. 따라서 노동 봉사의무는 유형과 그의 형성물들이 국가와 맺는 새로운 관계에 대한 가장 선명한 표현이다.

사람들은 교육과 주입, 통일적 훈육, 요약해서 국민의 인종적 각인과 관련하여 보편적 병역의무에 할당되었던 역할을 여기서 보다 더 상승된 정도로 재발견할 것이다. 이는 노동이 삶의 양식이자 권력으로 인간에게 드러나는 학교다.
이와 반대로 경제적인 문제제기는 그저 부차적인 등급에 속
한다.

특히 육체노동(수작업)에서 동정해야 할 상태를 보는 어리
석은 불손함이 추방될 것이라는 사실이 또한 예상된다. 이
러한 불손함은 추상적인 노동 개념, 이를테면 순전히 경제적
인 노동 개념의 자연스러운 결과다. "교양인"이라는 불행한
형상도 이에 상응하는데, 교양인은 어떠한 영역에서도 말단
에서부터 복무한 행운을 누려본 적이 결코 없다. 모든 손놀
림은, 마구간 청소조차도 추상적인 노동으로 지각되지 않고
거대하고 유의미한 질서의 내부에서 수행되는 한, 지위를 가
지고 있다.

79.

따라서 옛 방식의 민족국가와 민족제국이 계획 지형의 유
기체적인 구조 속에서 표현되는 저 새로운 체제를 만들어내
는 일에 매진하는 상태에 이르기까지에는 상당한 시간이 걸
릴 것이다.

이미 **계획**이라는 단어가 여기에서 변동적인 지형이 중요하다는 사실을 암시하는데, 이러한 사실에 도구의 변동성과 우리가 세부적으로 살펴본 바 있는 새로운 인종의 특징이 서로 상응한다. 마찬가지로 계획의 세 가지 특징인 완결성, 유연성, 무장武裝은 최종적인 성격이 아닌 집중의 성격과 행진의 성격을 띤다.

이러한 상태에 내재하는 위험성에 대해 우리는 이미 몇 차례 시험해 본바 있으며, 이 시험에서 자유주의적 현실도피정치[70]를 펼치려는 여전히 활발한 시도의 자살적이고 배반적인 의미가 우리에게 충분히 또렷하게 가시화된 바 있다.

의심의 여지없이 가장 불쾌한 전망 중 하나는 자신의 자연적 기반으로부터 쫓겨난 작고 약한 종족이 부차적 등급의 권력에 의해 억압당할 가능성인데, 이러한 부차적 권력은 도구의 사용에 내재된 책임성을 알지 못한 채 우월한 도구를 사용한다. 보다 기대를 걸게 되는 것은 진정한 제국적 형태를 이뤄낼 힘을 가지고 있는 권력이 등장하는 일이다. 이러한 권력 내에서 보호가 보증되고 세계 법정이 논의될 수 있을 것인데, 현재 이 세계 법정의 가련한 광대극을 국제연맹

---

[70]_ 원문은 Vogel-Strauß-Politik이며, 타조Vogel-Strauß가 적을 만나면 땅에 머리를 파묻어 현실에서 도피하려고 한다는 데에서 유래했다.

이 펼치고 있다.

다른 한편으로 간과하지 말아야 하는 점은 준비의 의무를 지우는 이 상태가 또한 일정한 안전장치를 자신의 내부에 가지고 있다는 사실이다. 그래서 계획 지형의 폐쇄성Ab-geschlossenheit은 대외·정치적 충돌을 피하려는 각별한 노력을 불러일으키는데, 이는 행진 중에는 방해받고 싶지 않기 때문인 것이다.

전쟁에 연루되는 것은 이 중간물에게 있어서 이미 형성된 에너지를 원치 않게 소모하도록 강요받는 일을 의미하며, 이미 형성된 에너지가 전면적인 힘의 전개 과정으로부터 빠져나가게 되는 것이다. 나아가 거대한 역장力場의 영향력이 특이한 형태의 "화약 없는 전쟁"을 만들어낼 수 있다는 점 또한 전적으로 가능한 것 같다. 물론 이는 얼마간 승화昇華된 관념의 의미에서가 아니라, 총체적 노동 성격의 중력이 특수한 전투도구의 사용을 불필요한 것으로 만든다는 의미71에서 그러하다.

이러한 맥락에서 이익공동체나 지리·정치적 공간, 연방주

71_ 이러한 윙거의 주장은 냉전시대의 핵 억지력 논리와 유사하다. 즉 압도적으로 강력한 무기(핵무기)로 무장한 제국에 의해 다른(재래식) 무기의 사용이 억제되고, "화약 없는 전쟁"이라는 형태의 평화가 가능하다는 것이다.

의적 가능성 등에 대한 현대적 발견의 의미가 설명되는데, 이러한 발견 속에서 민족국가적 편성에 대한 공격과 제국적 공간을 건설적으로 준비하려는 시도가 관찰될 수 있다.

이러한 가능성 너머에 보다 강력하고 더욱 포괄적인 방식에 관한 진실이 감춰져 있는데, 다시 말해서 각각의 개별 계획 지형들이란, 비록 그것들이 개별적으로 고립되어 있다 해도, 최상의 등급에 의해서, 즉 노동자의 형상에 의해서 동일한 근본적 과정이 실행되고 있는 특수한 지역으로서 나타나게 된다는 진실이 감춰져 있는 것이다.

이 노력들이 합치되는 목표는 새로운 형상에 대한 최상의 상징인 전 지구적인 지배에 있다. 오직 여기에만 모든 전쟁적이고 평화적인 노동과정을 포괄하는 보다 우월한 안전에 대한 척도가 깃들어 있다.

맺음

제국적인 공간으로의 진입에 앞서 계획 지형에 대한 시험과 담금질이 선행되는데, 오늘날 이러한 시험과 담금질에 대해서는 여전히 상상조차 하지 못한다. 우리는 놀라운 것들을 향해 나아가고 있다. 우리에게 익숙한 세계의 요소들이 새롭게 주조되고 개조되는 노동자 민주주의의 저편에서 도저히 비교될 수 없는 국가 질서의 윤곽이 암시된다. 따라서 이제 더 이상 우리에게 익숙한 의미의 노동이나 민주주의는 논의의 대상이 아니다. 충만함과 자유의 요소로서의 노동의 발견은 여전히 임박해 있으며, 마찬가지로 민주주의라는 단어의 뜻도 민중의 향토Mutterboden가 새로운 인종의 담지자 Träger로서 나타나게 되면 변화한다.

우리는 민족들이 노동 중에 있음을 확인한다. 그리고 우리는 그것이 어디서 수행되든지 간에 이 노동을 환영한다. 진정한 경쟁은 새롭고 알려지지 않은 세계를 발견하는 일에, 즉 아메리카 대륙의 발견보다도 파괴적이며 풍부한 결과를 가지고 올 발견에 있다. 인간이 혼돈의 지대 한가운데에서 어떻게 무기와 마음의 연마에 매진하는지를 그리고 그가 어떻게 행복으로의 탈출구를 포기할 수 있는지를 사람들은 감동 없이 관찰할 수 없다.

여기에 참여하고 복무하는 일, 이것이 우리에게 기대되는 과제인 것이다.

개요

제1부

1. 제3신분의 시대는 가상적 지배의 시대였다. 2. 이 시대를 영구화하려는 시도는 시민적 전형을 노동자 운동에 전이시키려는 노력으로 드러난다. 3. 이에 상응해 노동자는 특정한 계급이나 특수한 신분의 주체로서 4. '새로운' 사회의 주체로서 5. 그리고 경제와 운명이 동일한 의미를 지니는 세계의 주체로서 파악된다.

6. 노동자를 시민이 상상할 수 있는 것보다 높고 포괄적인 지위에서 찾아내려는 시도는 7. 오직 노동자의 겉모습 너머로 하나의 고유하고 다른 종류의 법칙성의 지배 아래 있는 거대하고 자립적이며 독자적인 형상을 추측해낼 수 있을 때에만 감행될 수 있다. 8. 우리는 최상의 현존Wirklichkeit이며, 의미를 부여하는 현존을 형상이라 지칭한다. 9. 시민적 사고에는 총체성과의 관계가 부재하다. 따라서 시민적 사고는 노동자를 오직 겉모습이나 개념으로, 즉 인간에 대한 추상[72]으로 관찰하는 능력만을 가지고 있었다. 노동자의 진정으로 '혁명적

인' 방식은 이와 반대로 그가 자신을 상위의 형상의 재현으로 파악함으로써 총체성에 대한 요구를 제기한다는 점에 있다. 10. 형상들[73] 의 "보는 행위das Sehen"는 독단적이 되어버린 정신의 세계를 통일적인 존재를 통해 수정하는 일을 가능케 한다. 11. 개별자의 등급뿐만 아니라 공동체의 등급 또한 그 내부에서 형상이 재현되는 정도에 따라 좌우된다. 군중과 개별자 간의 차이나 "집단적인" 주도행위nitiative와 "개인적인" 주도행위 간의 차이를 가치적으로 구분하는 일은 무의미하다. 12. 마찬가지로 머물러 있는 존재로서의 형상은

72_ 원주) 친구 혹은 적 뮐러의 죽음을 황허강의 범람으로 만 명이 익사했다는 소식보다 가슴 아프게 느끼는 경우에야, 그는 인간과 구체적인 관계를 맺고 있는 것이다. 추상적인 휴머니즘의 이야기는 이와 반대로 '파리에 있는 구체적인 적을 죽이는 것 혹은 중국에 있는 미지의 고위 관료를 버튼을 누름으로써 죽이는 것이 과연 부도덕한 일인가'와 같은 종류의 언급으로 시작된다.

73_ 원주) "형상" "유형" "유기체적 구성체" "총체적"과 같은 유기체적 개념에 대한 파악이 성공하는 정도는 도장과 각인의 법칙에 따라 이 개념들이 다뤄질 수 있는 정도에서 검증될 수 있다. (이 개념의) 적용방식은 따라서 평면적이지 않으며, "수직적"이다. 따라서 각각의 크기Größe는 등급서열 내에서 형상을 '가지며' 동시에 형상의 재현이다. 또한 이러한 연관 관계 속에서 권력과 (형상의) 재현 간의 일치에 대한 특별한 해명이 이루어진다. 나아가 이 유기체적인 개념은 그것이 자신의 독자적인 삶을 전개할 수 있다는 점에서, 그러니까 '성장'할 수 있다는 점에서 인식된다. 주의해야 할 점은 이 모든 개념이 그저 (이러한 현상을) 파악하기 위해 존재한다는 사실이다. 개념이 우리에게 중요한 것이 아니다. 이 개념들은 노동의 거대함으로서 모든 개념에 반해 그리고 모든 개념의 너머에 존재하는 특정한 현실을 파악하기 위해 사용된 이후에는 가차 없이 잊히거나 제거될 수 있다. 또한 이 현실은 이에 대한 서술과 철저히 구별되어야 한다. 독자는 마치 시각적 체계를 통해서 지각하듯이 서술을 통해 이를 들여다보아야만 한다.

움직임을 통해 자기 자신을 알리는 모든 움직임보다 중요하다. 예를 들어 움직임을 '진보'와 같은 가치를 통해 통찰하는 일은 시민적 시대에 속한다.

13. 노동자는 근원적인 것과의 새로운 관계를 통해 특징지어진다. 따라서 노동자는 안전을 최상의 가치로 인정하고 자신의 추상적 이성을 안전을 보장해줄 도구로써 활용하는 시민보다 강력한 예비군을 보유하고 있다. 14. 낭만적 저항은 시민적 공간으로부터의 헛된 도주 시도에 다름 아니다. 15. 노동자는 이제 시민적인 안전의 불충분함이 매우 분명하게 드러나는 근원적인 공간에서의 행동을 통해 이 낭만적 저항을 대체한다. 16. 노동자는 나아가 자유에 대한 새로운 관계를 통해 특징지어진다. 자유는 오직 사람들이 통일적이고 유의미한 삶에 참여할 때에만 지각될 수 있으며, 17. 이는 마치 자유가 시간적으로는 위대한 역사적 권력에 대한 역사적 기억 속에서 18. 혹은 공간적으로는 단순한 이해관계의 대결과 설욕전의 너머에서 이따금 분명하게 가시화되는 것과 같다. 19. 노동 공간은 모든 위대한 역사적 공간에 필적하는데, 노동 공간 내에서 자유에 대한 요구는 노동에 대한 요구로 나타난다. 20. 이러한 종류의 책임과 관련하여 증대되는 감정은 예외적인 성과를 예고한다. 21. 마지막으로

노동자는 권력과의 새로운 관계에 의해 특징지어진다. 여기서 권력은 "쇄도하는" 거대한 것으로서 등장하는 것이 아니라 22. 노동자의 형상에 의해 정당화되며, 따라서 이 형상의 재현이다. 이 정당성은 다음의 사실을 통해 입증되는데, 즉 노동자의 형상이 새로운 인류와 23. 새로운 수단을 (자신의 목적을 위해) 사용할 수 있다는 사실을 통해 입증되는 것이다. 24. 추상적인 "보편타당성"이 남긴 혼란상태가 확산됨으로 인해, 오직 노동자만이 사용할 수 있는 도구들의 투입이 용이해진다. 25. 다음과 같은 사실을 각별히 주의해야 하는데, 즉 형상은 변증법적이고 26. 발전 중심적이며 27. (시장) 가치 중심적인 문제제기보다 우위에 놓이며, 이와 같은 문제제기를 통해 파악될 수 없다.

제2부

28. 노동자에게 부여된 원칙이나 노동자의 언어는 보편적·정신적 성격을 지닌 것이 아니라 대상적 성격을 지니고 있다. 노동은 특별한 방식을 형성하기 시작한 삶의 방식이다. 29. 이러한 특별한 삶의 방식에 대한 관찰은, 그것이 매

우 변동적인 매체 내에서 실행되는 한 어렵다. 30. 노동 공간에 대한 피상적인 관찰을 하는 동안에 이미 다른 종류의 법칙성에 대한 이미지가 솟아오른다. 31. 이 법칙성은 개인의 실존에 대한 공격을 내포하고 있는데, 32. 이는 이미 현대의 전장에서 매우 분명해졌다. 33. 무엇보다 여기서 새로운 인류가 가시화되는데, 이는 유형이라고 지칭되어야 할 것이다. 34. 개인에 대한 공격은 이들이 포함되어 있는 (시민) 사회적 형식을 지닌 군중에 대한 공격으로 확장된다. 35. 유형이나 노동자가 시민의 자리에 들어서는 것과 마찬가지로 군중은 유기체적 구조에 의해 대체된다. 36. 유형은 자신의 외형적 특징 속에서, 즉 인상, 복장 37. 태도 38. 몸짓 39. 등에서 점점 더 분명하게 드러나며, 이러한 명확성은 처음에는 그저 목격될 뿐이며 평가되어서는 안 된다. 40. 시민은 그가 개(인)성을 지니고 있는 정도에 상응해 등급을 가진다. 41. 유형은 개인적 차이에 대해 어떠한 요구도 제기하지 않으며, 42. 일회적 체험이 아니라 명백한 체험이 유형을 특징짓는데, 43. 유형은 노동자의 형상이 그에 의해 구현되는 정도에 상응해 등급을 가진다.

44. 우리는 기술을 노동자의 형상이 세계를 동원하는 방식이라고 칭한다. 45. 기술은 과거의 시스템들에 대한 공격

과 46. 제의적 권력에 대한 공격을 내포하며, 47. 겉보기에 중립적인 수단이지만, 모순 없이 오직 노동자에게만 사용 가능한 도구로서 존재한다. 48. 기술은 무한한 진보의 도구가 아니며 49. 매우 특정하고 분명한 상태로 이끄는데, 50. 이 상태의 특징은 새로운 인종의 형성과 동시에 이루어지는 도구의 불변과 완벽성이 증대되는 데 있지만, 51. 그럼에도 불구하고 이는 자의적으로 도달될 수 없다. 52. 우리는 오히려 아직 매우 변동적인 세계에 살고 있으며, 53. 물론 이 세계는 진행 과정[74]의 계획성과 계산 가능성이 증대된다는 점에서 초기 작업장 지형의 폭발적·역동적인 성격과 구분되기 시작한다. 54. 물론 기술이 노골적인 권력수단을 제공하는 곳에서 55. 무장의 완성은 오로지 다음의 경우에 가능한데, 56. 즉, 노동자가 기술이 순전히 민족국가적인 경쟁과 주도권Initiative 행사를 위해 사용되지 못하게 하고, 이 혁명적-유동적인 도구를 안정화하고 정당화하는 경우에만 가능하다. 57. 이는 오직 노동자가 그에게만 허가된 도구를 자유주의적 의미에서가 아니라, 우월한 인종의 의미에서 사용할 경우에만 가능하다.

---

[74]_ 노동자의 형상이 드러나고 기술의 완벽성이 증대되어가는 과정을 뜻한다.

58. 문예적 활동은 59. 병약해진 삶의 힘이 갖는 특징이며, 60. 전적으로 위험해진 현실로부터의 도피처 중 하나다. 61. 노동자는 천재 숭배에서 그 정점에 도달하는 문화산업과 어떠한 관계도 맺지 않는다. 62. 노동자 세계의 구성은—이 세계의 최상의 목표가 거대한 공간 구성임이 밝혀질 것인데—다른 종류의 척도를 요구한다. 63. 노동자의 지배가 유효성을 제공해줄 척도는 개인적 척도가 아닌 전형적 척도다. 64. 그리고 자연지형에서뿐만 아니라, 65. 거대한 문화지형 내에서도 이러한 척도와의 다양한 유사성이 발견된다. 66. 기술적인 세계는 이러한 구성과 대립되지 않으며, 오히려 이 구성에 의해 모순 없이 이용되는데, 67. 마찬가지로 도구의 완벽성과 새로운 인종의 특징 간의 관계도 보다 분명하게 입증된다.

68. 민족주의와 사회주의는 19세기에 고유했던 원칙으로서 인정된다. 69. 민족국가적 민주주의의 질서가 보편타당성을 얻을수록 세계는 혼란의 상태로 나아간다. 70. 마찬가지로 사회주의 또한 유효한 질서를 현실화시킬 능력이 없다. 71. 이 두 원칙은, 모든 임의의 권력들이 그러한 경기규칙을 사용함에 따라, 스스로 파멸한다. 72. 노동자 지배의 시작은 자유주의적인 혹은 시민사회적 민주주의가 노동자민주주의

혹은 국가민주주의에 의해 대체되는 과정에서 암시된다. 73. 이러한 대체는 활동적인 유형에 의해 실행되며, 이 유형은 유기체적 구조의 형식, 특히 기사단의 형식을 사용한다. 74. 유형은 여론에 대한 재량권을 가지고 있는데, 이는 그가 우월한 기술성이라는 의미에서 여론을 지배하기 때문이다. 75. 시민적인 제도의 자리에 노동계획이 자리하며, 여기에 76. 완결성 77. 유연성 78. 그리고 무장에 대한 요구가 제기된다. 79. 이는 이행기의 특징이며, 이러한 특징의 도움에 힘입어 노동자의 형상의 전지구적 지배가 역사적인 공간들의 다양함 속에서 준비된다. 80. 민족국가적 민주주의를 노동자 민주주의로 변형시키는 데 열중하고 있는 여러 민족Völker의 노력 속에서 이미 이러한 지배의 부분적 미래가 암시된다.

고통에 관하여

Über den schmerz
Ernst Jünger

인간이 식량으로 삼는 모든 생명체 가운데 게가 가장 고통
스러운 죽음을 맞음에 틀림없다. 게들은 찬물 속에서 활활
타는 불 위에 얹어지기 때문이다.

『모든 계층의 가정을 위한 요리책Kochbuch für Haushaltungen aller Stände』, 1848

어리석은 아이가 고통 때문에 우는가? 어머니는 이러한 방
식으로 혼내야 한다.
"겁쟁이처럼 이런 하찮은 고통에 우느냐! 전장에서 네 팔이
잘리면 어찌할 것이냐?
할복을 명령받으면 어찌하려고 하느냐?"

니토베 이나조新渡戸 稲造, 『무사도武士道』, 1900

1.

인간의 가치를 입증하는 위대하고 불변하는 몇 가지 척도가 있다. **고통**도 그 척도 가운데 하나다. 고통은 사람들이 삶이라고 부르곤 하는 시험의 연속 속에서 가장 강한 시험이다. 따라서 고통에 대한 고찰은 아마도 인기가 없을 것이다. 그러나 이러한 고찰은 그 자체로 유익할 뿐만 아니라, 현재 우리가 주목하고 있는 일련의 질문도 해명해준다. 고통은 우리의 가장 내밀한 영역뿐만 아니라, 세계 또한 해명해주는 열쇠다. 인간이 고통을 견디거나 극복하는 지점들에 다가갈 때 우리는 고통의 힘의 원천과 고통의 지배가 감추고 있는 비밀의 원천에 다가서는 것이다. 나에게 네가 고통과 맺는 관계를 말하라, 그리하면 네가 누구인지 알려주리라!

고통은 불변의 척도다. 변화하는 것은 오직 인간이 이 척도에 따라 스스로를 측정하는 방식뿐이다. 사회적 분위기의 유의미한 변화와 함께 인간이 고통과 맺는 관계도 변화한다. 이러한 관계는 절대 고정되어 있지 않으며, 좀처럼 의식되지 않지만 사람의 인종Rasse을 인식케 해주는 최고의 시금석이다. 이러한 사실은 우리 시대에서 잘 관찰된다. 우리의 삶은 최종적으로 구속력 있는 규범들이 주어지지 않은 채, 이미 고통과 새롭고도 고유한 관계를 맺고 있기 때문이다.

우리는 이제 고통과의 새로운 관계에 대한 고찰을 통해 한층 높아진 측량 지점과 시점을 얻고자 한다. 그리고 우리는 이를 통해 지면에서는 보이지 않았던 것들을 아마도 관찰할 수 있을 것이다. 우리의 질문은 다음과 같다. 즉 고통은 우리가 **노동자**라고 표현하는, 삶을 두드러지게 새롭게 표현할 수 있는 인종에 대하여 어떠한 역할을 수행하는가?

이 연구의 내적 형식과 관련해 우리는 지연 포탄[1]의 효과를 의도한다. 우리를 주의 깊게 따라온 독자가 무사하지 못할 것이라고 우리는 약속한다.

1_ 수류탄과 같이 일정한 시간이 지난 뒤 폭파되는 포탄을 의미한다.

2.

먼저, 우리의 시선을 고통의 고유한 역학과 경제학으로 향해보자. 물론 고통과 역학이라는 단어를 함께 들으면, 귀에 무척이나 거슬린다. 그 이유는 개개인이 고통을 우연의 왕국, 즉 벗어나거나 달아날 수 있는 영역 혹은 적어도 필연적으로 도달할 필요는 없는 영역으로 몰아내려는 경향을 띠기 때문이다.

그렇지만 이 대상을 관찰하는 데 적합한 냉철함, 즉 의사의 시선이나 원형경기장의 객석에서 낯선 검투사들의 피가 치솟는 것을 바라보는 관객의 시선을 갖게 되면, 이내 고통에 내재된 확고하며 피할 수 없이 엄습하는 속성을 느끼게 된다. 고통은 그 무엇보다 우리에게 확고하며 예견된 것이다. 고통은 싹이 트는 곡식을 더 미세하고 깊이 갈아내는 방아기계와 같으며 혹은 어떠한 계약을 통해서도 벗어날 수 없는 생의 그림자와 같은 것이다.

이러한 엄습으로부터 벗어날 수 없다는 사실은 짧은 시간대에 집약된 작은 삶의 행로에서 더욱 분명하게 드러난다. 그래서 풀줄기나 원시림의 수목을 통과해 우리의 발쪽으로 움직여오는 곤충은 우리에게는 상상하기 어려울 정도로 위험한 상황에 놓인 것처럼 보인다. 곤충의 작은 여정은 경악의 길이며, 어느 쪽으로 향하든 측정할 수 없을 정도의 집게와 포구砲口의 병기고가 세워져 있다. 그리고 이 길이야말로 바로 우리 자신의 삶의 여정이다. 물론 우리는 평화시에 고통과의 관계를 잊곤 한다. 그러나 근원적인 영역이 가시화되면 곧장 고도의 날카로움으로 이를 기억해낸다. 우리는 이 영역에 묶여 있으며, 어떠한 종류의 시각적 속임수를 통해서도 이 영역을 벗어날 수 없다. 거대한 고래를 섬으로 생각하고, 그 등 위에서 향연을 벌였던 선원 신밧드와 그의 동료들처럼 우리도 얼마간은 이 영역의 표피 위에서 향연을 열고 산책할 수도 있을 것이다. '삶의 한가운데Media in vita'라는 노래는 위험을 인지하는 목소리에서 솟아나온 것이다. 고통이 삶을 포위해 고립된 것에 대한 가장 뛰어난 유비를 우리는 히에로니무스 보스Hieronimus Bosch,[2] 피터르 브뤼헐Pieter

---

[2] 1450년경~1516년. 르네상스 시대의 네덜란드 화가다. 다수의 종교화를 그렸지만, 그의 종교화는 당대의 사실주의적 회화와는 뚜렷이 구별되는 초현실주의적, 몽환적 성격을 지니고 있다. 그의 화풍은 특히 20세기 초현실주의자들에게 많은 영향을 주었으며, 여기서 윙거는 그가 그린 「쾌락의 정원」 「성안토니우스의 유혹」 등을 참조하는 것으로 보인다.

Bruegel[3] 그리고 루카스 크라나흐Lucas Cranach[4]의 그림들 속에 가지고 있다. 이 그림들은 불과 얼마 전까지만 하더라도 터무니없는 것으로 여겨졌지만, 오늘날 우리는 이 그림들의 의미에 다시금 다가서고 있다. 이 그림들은 생각보다 훨씬 더 현대적이며, 여기서 기술이 매우 중요한 역할을 수행한다는 것도 우연이 아니다. 야간의 화염과 지옥의 굴뚝들이 그려진 보스의 많은 그림은 총가동 중인 공장지대의 경관과 유사하며, 크라나흐의 거대한 지옥은 우리가 베를린에 가지고 있는 것과 같은 완전한 기술적 기계류의 총체다. 종종 반복되는 모티프 중 하나는 요동치는 천막인데, 그 입구에서 크고 번쩍이는 칼이 솟아나온다. 그러한 기계를 바라보면 기이한 종류의 경악의 감정이 솟아난다. 이는 바로 기계적으로 위장된 공격의 상징이며, 이 공격은 그 어떤 공격보다도 냉혹하고 탐욕스럽다.

3_ 1525년경~1569년. 르네상스 시대의 네덜란드 화가다. 북부 유럽의 풍속을 그대로 담은 많은 풍속화를 그렸으며, 종교화 또한 상당수 남겼다. 특히 「칠거지악」에는 인간이 저지르는 죄악과 그로 인해 받는 고통의 모습이 잘 담겨져 있다.
4_ 1472~1553년. 르네상스 시대의 독일 화가다. 작센 선제후의 궁정화가로 근무하면서 수많은 작품을 남겼으며, 특히 종교개혁가 마르틴 루터와 나눈 우정으로 유명하다. 잘 알려진 루터의 초상화도 크라나흐의 작품이다.

3.

고통이 엄습할 가능성이 대단히 증대된 상황이란 바로 고통이 우리의 세계질서에 전혀 주의를 기울이지 않을 때다. 누군가 사선에서 물러서라고 청했을 때, '전투에서 전사한 황제를 본 적이 있는가?'라는 질문으로 응답한 황제는 우리가 자주 빠지고마는 착각과 동일한 착오에 빠진 것이다. 고통으로부터 안전한 인간적 상황이란 존재하지 않는다. 우리의 동화들은 '용사는 많은 위험을 극복한 후에 오랫동안 행복하고 만족스럽게 살았습니다'라는 문장으로 끝을 맺으며, 우리는 동화의 약속들에 대해 기꺼이 듣고자 한다. 왜냐하면 고통으로부터 벗어난 장소가 있다는 사실을 접하는 것만으로도 위안을 얻기 때문이다. 삶에 만족스러운 결말이 본래 부재하다는 사실은 대부분의 위대한 소설의 파편적 성격에서 드러나는데, 이러한 소설들은 미완이거나 인공적인 천장으로 덮여 있다. 이러한 종류의 인공 천장이 마찬가지로 『파우스트』의 결말을 간이천장과 같이 덮고 있다.

고통이 우리의 가치들을 인정하지 않는다는 사실이 평화로운 시대에는 쉽게 은폐된다. 그럼에도 불구하고 우리는 행복하고 부유한 사람 혹은 권력이 많은 사람에게 저러한 편재된 우연 중 하나가 엄습하게 되면 이미 깜짝 놀라기 시작한다. 그래서 프리드리히 3세를 사망에 이르게 한 후두암은 병원에서는 어렵지 않게 관찰되지만, 사람들에게서 놀라움을 불러일으킨 것이다. 한 개인이 겪은 긴 고통의 행로를 드러내 보이는 구멍이 이리저리 뚫리거나 고약한 불순물에 의해 반점이 생긴 신체기관을 누군가 관찰하게 되면, 그에게 이와 유사한 감정이 엄습하게 된다. 부패시키는 병균에게는 자신이 지푸라기를 파괴하든 천재적인 두뇌를 파괴하든지 간에 어떠한 차이가 있겠는가. 이러한 감정과 관련해 기괴하지만 유의미한 셰익스피어의 시구가 있다.

위대한 시저, 진흙이 되어버리면,
높은 북부 지방에서 구멍을 막게 되리.[5]

실러 또한 여기에서 기반이 되는 사유를 『운터덴 린덴 산책Spaziergang unter den Linden』에서 세밀하게 전개한다. 위협의 무차별성은 우리가 평범하지 않다고 표현하곤 하는 시대에 가시적으로 도드라진다. 전쟁에서 포탄이 빠른 속도로 머리

5_ 『햄릿』, 5막 1장.

위를 쌩하고 지나갈 때, 우리는 미덕이나 용기가 되기에 충분한 지식 또한 우리에게서 포탄을 머리카락 한 올만큼도 굴절시킬 수 없다는 사실을 느끼게 된다. 위협이 상승하는 정도만큼 가치들의 유효성에 대한 의심 또한 우리 내부로 침입해든다. 정신이 모든 것에 의문을 제기하는 곳에서, 정신은 사물들에 대한 파국적인 견해로 기우는 경향이 있다. 수성론자Neptunisten와 화성론자Vulkanisten[6] 간의 싸움도 영원한 논쟁거리 중 하나인데, 진보사관이 지배한 지난 세기를 수성론의 세기로 표현할 수 있다면, 우리는 점점 더 화성론적 견해를 선호하는 경향으로 기울고 있다.

이러한 선호의 경향은 정신의 각별한 총애에서도 드러나는데, 몰락의 분위기에 대한 애착도 여기에 속한다. 이러한 분위기는 폭넓은 학문의 영역을 점령했을 뿐만 아니라, 수많은 종교 단체의 흡입력도 이를 통해 설명된다. 계시록적 비전들이 점증함에 따라 역사에 대한 성찰은 완전한 몰락의

6_ 수성론Neptunismus과 화성론Vulkaismus은 18~19세기에 상호 경쟁적으로 전개된 지리학설이다. 수성론이 모든 암석을 바다의 오랜 침식작용을 통해 생성된 퇴적암으로 설명하는 반면에, 화성론은 암석의 생성 원인을 화산 폭발과 같은 화산 활동에서 찾는다. 윙거는 점진적 과정을 강조하는 수성론을 19세기를 지배했던 진보사상과 연결시키고, 순간적인 폭발에 의한 세계의 생성을 주장하는 화성론의 입장을 전쟁을 통한 새로운 세계의 탄생을 옹호하는 자신의 입장과 연계시킨다.

가능성을 검토하기 시작하는데, 즉 몰락은 치명적인 문화적 질병에 의해 내부로부터 일어나든지 아니면 '유색' 인종과 같은 낯설고 무자비한 힘들의 공격에 의해 외부로부터 수행된다. 이러한 연관 관계 속에서 정신은 한창의 전성기에 몰락한 강력한 왕국의 이미지에 흥미를 느끼게 된다. 따라서 눈 깜짝할 사이에 파괴된 남미 문화는 우리가 알고 있는 가장 위대한 문명의 구조물들조차 종말로부터 안전하지 않다는 사실의 예로서 명징하게 제시된다. 이러한 시대에는 또한 가라앉은 아틀란티스에 대한 태고의 기억이 다시금 강조된다. 아마도 고고학은 바로 고통에 바쳐진 학문일 터인데, 고고학은 지층들에서 이름조차 잃어버린 왕국들을 찾아낸다. 그러한 장소에서 엄습하는 슬픔은 이례적인 것이고, 어떠한 세계에 관한 보고도 아마도 이러한 슬픔을 황동의 도시[7]에 관한 강력하고 비밀로 가득한 동화보다 인상적으로 묘사하지는 못했을 것이다. 이 사막에 둘러싸여 사멸한 도시에서 에미르 무사는 중국제 철로 된 판자에 쓰인 문장을 읽는다. "나는 4000필의 갈색 말과 훌륭한 궁전이 있으며, 또한 1000명의 공주와 가슴이 봉긋한 처녀들, 보름달 같은 여

---

[7]_ 『아라비안나이트』에 나오는 전설의 도시. '이람'이라고 불렸으며, 아틀란티스와 마찬가지로 바다 아래로 가라앉았다고 한다.

인들을 부인으로 거느리고 있다. 나는 사자와 같이 용맹한 아들 1000명으로 축복받았고, 마음과 영혼이 만족한 채로 1000년이나 살아왔다. 나는 보화를 쌓았으며, 큰 기쁨이 내게 머물 것이라고 믿었다. 그러나 불시에 모든 기쁨의 파괴자, 모든 공동체의 분열자, 보금자리를 황폐하게 하는 자, 주거 지역의 약탈자, 크고 작은 자, 갓난아이, 어린이와 어머니의 살인자가 나를 덮쳤다. 그는 가난하다는 이유로 가난한 자들에게 자비를 베풀지 않으며, 또한 왕이 아무리 엄한 금지령을 내려 옭죄더라도 두려워하지 않았다. 진정으로, 우리는 그 심판이 우리에게 오기 전까지 안전하고 평온하게 궁전에서 살았다." 나아가 노란색 오닉스로 만든 테이블 위에는 다음과 같은 문장들이 새겨져 있다. "이 테이블에서 오른쪽 눈을 실명한 1000명의 왕들과 왼쪽 눈을 실명한 1000명의 왕들 그리고 두 눈이 멀쩡한 1000명의 왕들 또한 만찬을 가졌다. 그리고 그 모두는 이 세상을 떠나 무덤과 지하묘지에서 안식처를 찾았다."

파괴의 전망을 지구의 공간으로 투사하는 천문학은 역사에 대한 비관적 성찰과 경쟁한다. 목성의 대적점大赤點에 관한 소식이 우리에게 불러일으키는 관심은 독특하다. 인식의 시선 또한 우리의 가장 비밀스러운 소원과 공포 때문에 흐려질 수도 있는데, 이는 자연과학에서 한 분파가 우주얼음설[8]과 같은 종교 집단적 성격을 나타낼 때 극명하게 드러난다. 나아가 지난 몇 년간 일어난 거대한 분화구에 대한 관심은 주목할 만한데, 이는 아마도 유성의 포탄이 내려 생성된 것으로 보인다.

일찍이 계시록적 비전의 일부를 구성한 전쟁 또한 결정적으로 상상력에 풍부한 자양분을 제공한다. 미래에 발생할 충돌에 관한 서술들은 이미 세계대전 이전부터 인기가 좋았는데, 이러한 서술들이 오늘날 이미 폭넓은 범위의 문헌을 구성하고 있다. 이러한 문헌들의 고유함은 그 작품들 안에서 펼쳐지는 총체적 파괴의 역할에 있는데, 사람들은 기계적 죽음이 무제한적인 지배 속에서 승리의 개선을 하는 폐허가 된 미래의 모습과 친숙해지는 것이다. 이것이 단순한 문학적 분위기 이상의 무엇을 의미한다는 사실을 우리는 이미 전 사회적으로 행해지고 있는 예비조치에서 확인할 수

8_ 오스트리아 출신의 열공학자인 한스 회르비거Hans Hörbiger(1860~1930)가 주장한 유사과학적 천문학설이다. 이 학설은 기존의 천문학적·물리학적 가설을 근본적으로 부정하고 우주가 얼음으로 이루어져 있다는 내용을 담고 있다. 1920~1930년대에 많은 인기를 누렸고, 특히 '제3제국' 시대에 나치 지도층에서 큰 호응을 얻었다. 오컬트에 심취해 있던 친위대장 하인리히 힘러Heinrich Himmler는 이 이론의 잘 알려진 추종자였고, 히틀러 또한 이 '비유대적' 천체과학에 호감을 나타냈다고 한다. '제3제국'의 소멸과 함께 이 이론 또한 완전히 폐기되었다.

있다. 따라서 오늘날 모든 문명화된 도시에서 대비 중인 독가스 방호의 방식을 통해서도 이미 삶은 위협의 어두운 느낌에 의해 둘러싸여져 있다. 디포[9]는 일독할 만한 가치가 있는 보고서에서 런던의 페스트를 묘사한 바 있는데, 그는 페스트가 실제적으로 확산되기에 앞서 어떻게 저명한 페스트 의사 외에도 일군의 마법사, 돌팔이 의사, 예언자, 사이비 종교 신도, 통계학자들이 이 지옥의 숨결의 선발대로서 도시에 쏟아져 들어왔는지를 밝힌다. 이와 비슷한 상황은 항상 반복되지만 피할 수 없다. 자신의 가치체계가 도달할 수 없는 고통에 직면하게 되면 인간의 시선은 그러한 고통으로부터 벗어나 있는 안전한 공간을 찾아 헤매기 때문이다. 삶의 전 영역이 위협받고 의문시되는 느낌과 함께 고통의 전면적인 지배와 고통의 보편타당한 유효성으로부터 자유로운 공간으로 향하고픈 인간의 욕구 또한 성장한다.

9_ 대니얼 디포Daniel Defoe(1659~1731)는 영국의 상인이자 언론인이며, 소설 『로빈슨 크루소』로 큰 명성을 얻은 소설가로서 널리 알려져 있다. 윙거가 언급하는 디포의 '보고서'는 1722년에 출판된 『역병의 해 일지A Journal of the Plague Year』다. 이 책에서 디포는 1665년에 창궐해 10만여 명의 희생자를 낸 런던의 페스트를 상세한 통계와 생생한 경험을 기반으로 하여 르포르타주 형식으로 기술했다.

4.

지금 우리에게 너무나 익숙한 대大안정의 시대가 대변하는 가치와 비교하면, 이러한 욕구는 더욱 기이하게 작용한다. 니체가 예언한 바와 같이 마지막 인간은 이미 역사가 되었으며, 비록 우리가 서기 2000년에 다다르지는 못할지라도, 이 시대가 에드워드 벨러미Edward Bellamy[10]가 유토피아로 묘사한 것과는 전혀 다른 모습일 것이라는 점만은 확실하다. 우리는 오랫동안 얼어붙은 호수 위를 행군해온 유랑민의 상태에 처해 있는데, 이 호수의 수면은 수온이 변해 거대한 빙하로 해체되기 시작했다. 모든 보편적인 개념의 표면은 깨어지기 시작하며, 언제나 존재해왔던 근본적 요소의 심연이 갈라진 틈 사이로 어둡게 빛을 내고 있다.

이러한 상황에서 고통이 이성에 의해 확실하게 처리될 수

---

[10]_ 1850~1898. 미국의 공상과학 소설가다. 윙거는 여기서 벨러미의 1887년 작품인 『2000년에 1887년의 과거를 돌아보며Looking Backward: 2000-1887』를 언급하고 있다. 이 작품은 1887년 최면술에 의해 깊은 잠에 들어 2000년에 깨어나는 줄리언 웨스트의 이야기를 담고 있다. 2000년 미국 보스턴에서 깨어난 줄리언 웨스트는 그를 자신의 뜰 지하에서 발굴한 리트 박사와 함께 이상적인 사회주의 사회로 발전한 미국 구석구석을 돌아본다. 진보주의자이자 사회주의적 성향의 지식인이었던 벨러미는 2000년의 세계를 산업이 국유화되고 자본주의적 착취가 중단되어 빈부의 격차가 사라진 유토피아로 그려 냈다.

있는 하나의 선입견이라는 견해는 매력을 잃는다. 이러한 견해는 계몽주의와 연관된 모든 에너지의 명백한 특징일 뿐만 아니라, 일련의 실용적이며 인도적인 정신의 세기에 전형적인 조처들, 이를테면 고문과 노예 거래 철폐, 피뢰침 발명, 천연두 예방접종, 마취, 보험제도 그리고 기술적·정치적으로 온전히 안락한 세계를 가능케 했다. 진보에 관한 이 위대한 사료들은 우리에게서 여전히 인정을 얻고 있으며, 만약 누군가 이에 대해 야유를 보내고자 한다면, 이 야유는 예민한 정신이 끝 간 데 없는 민주주의적 상태 속에서 기꺼이 빠지고마는 낭만적 댄디즘에서 초래된 것이다. 그럼에도 우리의 인정에는 이미 우리의 아버지들에게서 일반적이었던 그 독특한 제의적 뒷맛Beigeschmack이 결여되어 있다. 이 모든 축복의 완전하고 당연한 향유 속에서 태어난 우리에게 세계는 마치 근본에 있어서 그다지 변화하지 않은 것처럼 보인다.

전쟁 이후에 세계의 필연적인 구성 요소로서의 고통에 대한 부정이 때늦은 전성기를 보냈다. 전후 시기는 야만과 인문성의 기괴한 혼합으로 특징지어지는데, 이는 식인종이 사는 섬 바로 옆에 채식주의자들의 섬이 놓여 있는 군도群島의 형상과 같다. 극단적 평화주의와 현기증 나는 군비의 확장, 호사스런 감옥과 실업자들의 숙소들, 사형제도의 철폐와 적군과 백군 간의 살육전, 이 모든 것은 너무나 동화적이며―안전은 겉모습만 호텔 로비에 보전되어 있는―고약한 세계를 반영한다.

5.

19세기에 대한 기억은 이미 후기낭만주의적 문학작품을 창조해냈다. 한때 사람들이 1789년[11] 이전 시대에 대해 가졌던 애상의 감정, 즉 샤를모리스 드 탈레랑-페리고르Charles-Maurice de Talleyrand-Périgord[12]가 "1789년 이후에 태어난 사람은 삶이 무엇인지 모른다"라고 말한 것과 유사한 애상의 감정이 프랑스의 나폴레옹 3세와 제3공화국, 옛 오스트리아, 독일의 빌헬름 제국, 빅토리아 시대와 식민지 백인의 삶과

11_ 프랑스혁명이 일어난 해다. 프랑스혁명의 폭풍이 전 유럽을 휩쓸고 지나간 이후 형성된 빈 체제의 왕정복고기 당시 유럽에서는 프랑스혁명 이전 시기에 대한 동경이 생겨나기도 했다. 독일의 후기낭만주의 문학은 이러한 반동적·왕정복고적 사유를 반영하고 있으며, 윙거는 제1차 세계대전 이후 전 유럽에서 유행한 19세기에 대한 동경을 담은 문학작품들을 후기낭만주의 문학과 비교하고 있다.

12_ 1754~1838. 프랑스의 정치가, 외교관, 성직자다. 프랑스혁명에 적극적으로 가담했고, 혁명정부와 나폴레옹 시대, 왕정복고기에 각각 외무부 장관을 지냈으며, 나폴레옹 시대 말기부터는 왕정복고를 옹호해 빈 체제 성립에 중요한 역할을 했다.

관련해서도 생겨나고 있다.

이러한 애상의 감정은, 만약 개인이 고통에서 동떨어진 정도와 개인적 자유를 척도로 삼는다면 정당화될 수 있을 것이다. 안전함의 정도란 사실 임시적인 것으로, 운 좋은 상황들의 결합을 통해 발생한다. 종교적 갈등이 오래전에 해소된 이래, 새로운 민족국가들이 힘의 지속적 균형을 보증하는 상대적인 만족 상태에 있다는 사실도 그 운 좋은 상황에 해당한다. 또한 제3신분의 승리가 자명해진 이후에 국내 정치는 고도의 계산 가능성으로 특징지어지는데, 시민계급의 게임의 법칙은 옛 신분[13]들뿐만 아니라 떠오르는 계급 또한 인정했다. 진보는 고통을 야기할 수 있을 모든 편견의 철폐와―화약 없이도 원거리의 국가들을 자석과 같이 끌어당겨 속국으로 만드는―전지구적 지배를 결합시킨다.

도스토옙스키가 짧은 파리 여행 중에 순간적으로 깨달은 바와 같이, 안전함이 광범위하게 지배하는 이 상태는 가장 멀리 떨어진 주변부에까지 행운의 지분 증서를 내다뿌린다. 사물들이 보편적 개념으로 변화하는 것, 예를 들어 상품이 돈으로 또는 자연적 의무가 법적 의무로 변화하는 것

[13]_ 기존의 지배계급인 귀족과 성직자 계급을 의미한다.

은 삶의 특별한 쾌활함과 자유로움을 가능케 한다. 이 삶의 쾌활함은 섬세한 감각과 예술가적 향유의 능력이 아직 완전히 사라지지 않았기 때문에 더욱 증대된다. 그와 반대로 생산력의 감소는 전승된 가치에 대한 각별한 감정 이입을 초래하는데, 따라서 시민계급의 세 번째 세대[14]는 수집가, 감정가, 역사가, 여행자의 세대인 것이다. 개인적 애호는 이미 '위험한 관계Les liaisons dangereuses'[15]의 상황을 얼마간 능가하는 상황에 이르렀다. 향유의 능력은 보존된 반면, 향유를 가로막는 도덕적 장벽은 제거되었기 때문이다. 『폴과 비르지니 Paul et Virginie』[16]나 『젊은 베르테르의 슬픔』의 비극적인 결말

14_ 윙거가 당대에 널리 알려져 있던 『부덴브로크 가의 사람들』에서 전형화된 시민계급의 몰락 모델을 차용하고 있는 것으로 보인다. 토마스 만은 소설 『부덴브로크 가의 사람들 Buddenbrooks』(1901)에서 4대의 걸친 독일 시민계급의 몰락 과정을 그리고 있다. 무역과 상업으로 큰 부를 쌓은 부덴브로크 가는 3세대인 토마스와 크리스티안 대에 와서 위기에 직면한다. 토마스는 시민적·프로테스탄트적 윤리를 완전히 상실하지는 않았지만, 끊임없이 예술과 죽음에 깊은 유혹을 느끼고, 크리스티안은 예술과 여행에 심취한다. 자연히 사업에는 소홀해져 가문의 부는 쇠퇴하고 토마스의 죽음과 함께 부덴브로크 가는 완전히 몰락한다.

15_ 피에르 쇼데를로 드 라클로Pierre Choderlos de Laclos(1741~1803)가 쓴 소설의 제목이다. 절대왕정 말기 귀족들의 퇴폐적 도덕상을 드러낸 작품으로, 한국에서 「스캔들 − 조선남녀상열지사」라는 영화가 이 작품을 원작으로 해 제작되기도 했다.

16_ 자크앙리 베르나르댕 드 생피에르Jacques-Henri Bernardin de Saint-Pierre(1737~1814)의 소설이다. 문명세계에서 멀리 떨어진 모리셔스를 배경으로 폴과 비르지니라는 소년·소녀의 꾸밈없는 소박한 사랑 이야기가 펼쳐진다. 교육을 위해 프랑스로 떠났던 비르지니가 다시 모리셔스로 돌아오던 중 배가 난파해 목숨을 잃자, 상심한 폴도 자살로 생을 마감한다.

혹은 『마담 보바리』의 비극적 결말조차도 평범해져버리고 마는데, 시민사회의 말기적 애정 관계를 전형적으로 묘사한 사람은 바로 모파상이다. 오늘날에는 위와 같은 작품 속의 묘사에 담긴 내밀한 은폐와 폭로가 더 이상 그다지 자극적이지 않음을 느끼게 된다. 그리고 스포츠나 노동이 아닌 오직 즐거움(향유)을 위해 여성 취향으로 재단된 세기 전환기를 배경으로 한 영화를 관람하는 일은 이미 우리를 역사적 몽환의 상태로 빠뜨린다.

또한 이러한 향유와 상품들에 대한 참여의 폭Breite이 번영의 표지다. 이러한 번영에 있어서 상징적인 것은 무엇보다 거대한 카페일 것이다. 사람들은 이 카페의 홀에서 기꺼이 로코코 양식, 신고전주의 양식, 비더마이어 양식을 되풀이한다. 카페는 민주주의의 진정한 궁전이라고 할 수 있다. 이곳에서 사람들은 몽환적이고 고통이 없으며 기묘하게 흥분된 쾌감을 느끼게 되는데, 이 쾌감은 마취제처럼 공기를 가득 채운다. 거리의 모습에서는 군중들의 무취향적이지만 통일적이고 '단정한' 복장이 눈에 띈다. 완전히 헐벗은 빈곤함의 풍경은 좀처럼 눈에 띄지 않는다. 개개인은 불화의 가능성을 제거시켜줄 충만한 안락함을 찾아낸다. 그래서 개개인은 교육과 자신의 적성에 맞는 직업 선택을 향한 평탄한 길

그리고 개방된 노동시장, 모든 의무(연관 관계)의 계약적 성격, 무제한적 이주의 자유를 찾아내는 것이다. 여기에 기술적 수단들의 동화童話적인 확장에 오로지 순수하게 편의적 성격만이 내재되어 있다는 점이 추가된다. 이 모든 발전들이 그저 조명을 비추고 따뜻하게 하고 이동하며, 즐겁게 해주고 화폐의 흐름을 끌어오기 위해서 이루어진 것처럼 보인다.

최후의 인간에 대한 예언은 빠르게 충족되었다. 예언은—최후의 인간이 가장 오래 산다는 그 문장까지도—정확하다. 그의 시대는 우리에게 이미 과거가 되었다.

6.

고통이 삶에 대해 가지고 있는 권리보다 더 확실한 권리는 없다. 고통이 감소되는 곳에서는 확고하게 규정된 경제학의 법칙에 따라 다시금 (고통의) 균형이 맞춰진다. 그리고 모든 수단을 통해 자신의 목표에 도달하는 이 균형을 잘 알려진 문장을 응용해 '고통의 간계'[17]라고 부를 수 있을 것이다. 따라서 누군가가 폭넓은 안락함의 상태를 목도하게 된다면, 어디서 이에 상응하는 부담을 지게 되는지에 대해 곧장 질문할 수 있다. 일반적으로 사람들은 고통을 느끼기 위해 그다지 멀리 갈 필요가 없을 것이다. 따라서 우리는 현재 안전함을 누리고 있는 중에도 고통에서 완전히 자유로울 수 없는 개인들을 발견한다. 근원적인 힘들을 인위적으로 차단하는 일이 비록 고통과의 거친 접촉을 막아줄 수는 있을 것이고, 고통의 빛이 드리우는 그림자의 형상을 제거할 수는 있겠지만, 그 공간을 가득 채우기 시작하는 고통의 분산된 빛은 막을 수 없을 것이다. 밀어닥치는 물살로부터 봉해진 용기는 한 방울, 한 방울씩 스며 채워지게 된다. 따라서 권태란 시간이 흐름에 따라 고통이 풀려나오는 것과 다름없다.

이러한 비가시적 영향의 또 다른 형태는 중독되었다는 감정에서 두드러지게 나타난다. 따라서 심적 고통은 낮은 종류의 고통인데,[18] 이 고통은 그 희생자를 태만하게 만드는 병에 해당한다. 그런 까닭에 과학으로서의 심리학의 지배보다 세기 전환기를 더 특징적으로 나타내는 일은 없을 터인데, 심리학이 고통과 가장 내밀한 관계를 맺고 있는 학문이

17_ 헤겔 역사철학의 '이성의 간계 List der Vernunft'를 변형한 것이다.

18_ 원주) 이 고통의 특징이 심적 고통과 현실이 완전히 일치하는 데 있다는 점에서 그렇다. 마음과 현실이 동일한 의미를 가지는 학술용어의 체계 내에서는 **오로지** 마음의 고통만이 존재하는 것이다. 그래서 아우구스티누스도 "말하자면 고통을 느끼는 일은 신체가 아니라, 마음(영혼)에 고유한 것이다"라고 말한 것이다.

기 때문이다. 그리고 이는 심리학이 치료법에 깊이 몰두한다는 사실을 통해 논리적으로 입증된다. 음울한 불신의 감정, 즉 경제적, 정신적, 윤리적 혹은 인종적 존립이 악한 음모에 의해 손상되었다는 감정 또한 이 심리학의 영역에 해당된다. 이러한 감정은 포괄적인 고발, 즉 끊임없이 책임이 있는 자를 찾으려는 맹목적인 자들의 문학으로 끝을 맺게 된다.

고통이 우리와 더욱더 끔찍한 모습으로 마주하게 되는 곳은 바로 고통이 **생산**Zeugung[19]의 원천에 다다르는 지점이다. 따라서 우리는 숨결[20]의 결여에 굴복하지 않은 어떠한 유의미한 힘과도 마주칠 수 없는데, 등급의 높음과 고통의 깊이는 직접적인 연관 관계 속에 놓여 있기 때문이다. 모든 만족은 이제 의심스러워진다. 보편적인 개념의 지배 아래에서 사물과 관계를 맺고 있는 사람이라면 누구라도 만족스러울 수 없기 때문이다. 따라서 요사이에 사람들이 천재, 즉 고도의 건강한 상태를 광기의 형태 중 하나로 인식한다는 사실은 놀랍지 않다. 사람들이 출산을 발병으로 묘사하거나 군인과 도살자 간의 차이를 구별할 능력이 없다는 점도 이와 마찬

19_ 여기서 생산Zeugung은 상품의 생산Produktion과 같은 단순한 물질적 생산이 아니라 출산과 예술 창작과 같은 창조적인 생산을 의미한다.
20_ 창조의 숨결을 의미한다.

가지다. 고문을 중세의 제도라고 생각하는 사람은 「에케 호모」나 보들레르의 서신 교환 혹은 우리에게 전승된 수많은 여타의 경악스러운 문서들에서 다른 정황이 있다는 사실을 깨닫게 될 것이다. 낮은 가치들로 가득 찬 세계에서 모든 위대한 척도는 육중한 무게에 의해 바닥으로 억압되는 것보다도 끔찍해지며, 둔감한 시선이 뚫고 들어갈 수 있는 고통의 가장 피상적인 영역은 카스파 하우저Kasper Hauser[21]나 드레퓌스 따위를 통해 상징화된다. 정신이 삶의 법칙에 대해 저지르는 배신이 중요한 개개인들의 고통 안에 가장 선명하게 반영된다. 이와 동일한 일이 가장 중요한 상태인 청소년들의 상태에도 그대로 적용되는데, 시 「영리한 조언자에게An die klugen Ratgeber」에서 휠덜린이 한탄한 것처럼, 청소년들은 스스로 "그들의 열정적인 속성"으로부터 벗어났다고 생각한다.

생산의 영역으로 침투한 고통을 관찰할 때 태어나지 않은 자들에 대한 공격을 잊어서는 안 되는데, 이 공격은 최후

---

[21]_ 1813~1833. 비더마이어 시대에 독일에 나타난 미스터리의 소년이다. 뉘른베르크의 길거리에서 짧은 메모를 손에 쥔 채 발견되었는데, 자신을 포함해 그 누구도 그의 출신과 부모에 대해 알 수 없었다. 하우저는 자신이 지금껏 매우 좁은 방 안에 감금되어 살아왔다고 주장해 세간의 이목을 집중시켰으며, 20세가 되던 1833년에 의문의 죽음을 맞았다. 20세기 초에는 그가 바덴 대공의 숨겨진 아들이라는 주장에 제기되었으며, '출생의 비밀'과 관련해 1920년대에 수많은 책이 출간되면서 그 기구한 삶에 대한 대중의 관심이 다시금 급증했다.

의 인간의 허약하면서 동시에 금수와 같은 특성을 나타낸다. 정신의 분별력 결여는 전쟁을 살인과, 범죄를 질병과 혼동하는 것에서 드러난다. 이러한 정신은 삶의 공간을 건 전투에서 필연적으로 가장 위협적이지 않고 가장 하찮은 **방식**의 살인을 선택할 것이다. 변호사적인 입장에서 사람들은 오로지 고소인의 고통에만 귀를 기울일 뿐, 무방비이거나 침묵하는 사람의 목소리에는 귀를 기울이지 않는다.

이러한 안전의 천성은 바로 평균적인 쾌적함을 위해 고통을 변두리 쪽으로 몰아내는 데 있다. 고통의 공간적 경제학 외에도 시간적 경제학이 존재하는데, 시간적 경제학은 충족되지 않은 고통의 총합이 보이지 않는 자산으로 차곡차곡 쌓여 여기에 이자와 이자의 이자가 더해지는 것이 특징이다. 근원적인 요소들로부터 인간을 분리시키려 쌓아올린 모든 인공적인 제방이 높아질수록 위협 또한 상승한다.

7.

지난 150년 이래 관찰되어온 바와 같은 감수성의 성장이 의미하는 바는 대체 무엇일까? 우리가 17살의 오리게네스

Ōrigenēs[22]가 체포된 자신의 아버지에게 가족에 대한 염려로 순교를 포기하지 말라고 간청할 수 있었던 세상을 이해해보고자 하거나 혹은 게르만 마차 요새Wagenburg[23]를 습격하면 펼쳐지곤 하던 광경, 즉 가장 먼저 여자들과 아이들을 죽이고 그 후에 스스로 목숨을 끊었던 세상을 이해해보려 노력해봐야 헛된 일일 뿐이다.

이러한 종류의 정보들을 통해 고통의 가치가 모든 시대에 동일한 것은 아니란 사실이 우리에게 분명해진다. 고통이 무제한적인 지배자로 군림하는 영역에서 스스로를 멀찍이 떨어뜨리는 태도가 존재하는 것 같다. 이러한 분리는 인간이 고통과 관계되는 공간, 즉 육체를 대상으로서 다룰 수 있다는 사실을 통해 분명하게 드러난다. 이러한 방식은 다만 지휘권자의 높은 위치Kommandohöhe를 전제할 뿐인데, 이 위치에서 볼 때 육체란 인간이 원거리에서 전투에 투입하고 또 희생시킬 수 있는 전초부대인 것이다. 따라서 모든 행동 규

22_ 185년경~254년경. 이집트 알렉산드리아 출신의 기독교 교부다. 아버지 레오니데스는 로마 황제 셉티미우스 세베루스가 주도한 기독교 탄압기에 순교했으며, 철저한 금욕주의자로 알려져 있다.
23_ 마차 요새는 개활지에서 마차 여러 대를 연결해 요새와 같은 방어진을 구축하는 데 사용되었다. 고대부터 중세에 이르는 많은 전투에서 활용되었으며, 특히 게르만 민족들이 주로 사용한 것으로 알려져 있다.

범은 결국 고통으로부터 도망가는 것이 아니라, 고통을 견디는 것이 된다. 그러한 이유로 우리는 영웅적인 세계와 제의적인 세계에서 고통이 감수성의 세계에서와는 완전히 다른 관계 속에 있음을 발견한다. 후자의 세계에서는—우리가 확인했듯—고통을 몰아내고 삶을 고통으로부터 격리하는 것이 중요한 반면, 전자의 세계에서는 고통을 포섭하고 삶이 고통과 언제든 조우할 수 있도록 준비하는 삶의 계획이 중요하다. 또한 전자의 세계에서는 고통이 중요하고 (후자에서와) 완전히 상반된 역할을 수행한다. 이러한 사실은 삶이 끊임없이 고통과 접촉을 유지하고자 노력한다는 점에서 이미 드러난다. 왜냐하면 훈육이란 금욕을 목표로 하는 성직자적인 것이든 단련을 목표로 하는 전쟁적·영웅적인 것이든 간에 매한가지이기 때문이다. 전자와 후자 모두 삶을 완전히 통제해 삶을 언제든 상위 질서의 뜻에 따라 투입할 수 있게 한다는 점에서 동일하다. 현존하는 가치들의 위상에 관한 중요한 질문은 따라서 바로 육체가 대상으로 다루어질 수 있는 정도에 의거해 추론될 수 있다.

현대적 감수성의 비밀은 이제 다음의 사실, 즉 육체 그 자체가 가치가 되는 세계와 현대적 감수성이 조응한다는 사실에서 비롯한다. 이러한 확인을 통해 감수성의 세계가 고통, 즉 무엇보다 회피되어야 할 힘으로서의 고통과 맺고 있는 관계가 설명되는데, 감수성의 세계에서 고통은 육체를 일종의 전초부대로서 마주하는 것이 아니라, 육체가 핵심 권력으로서 그리고 삶의 근원적인 핵심 그 자체로서 고통과 마주하기 때문이다.

8.

오늘날 우리는 아마도 실컷 즐기고 불평하는 개인들의 세계는 이미 지나가버렸고, 그 세계의 가치들이 비록 여전히 확산되어 있다 할지라도 모든 결정적인 지점에서 깨어지고 있거나 스스로 초래한 결과에 의해 부정되고 있다고 말해도 될 것 같다. 새롭고 강력한 가치들이 통용되는 세계를 쟁취하기 위한 노력이 없는 것은 아니다. 또한 이러한 노력이 개별적으로는 정말로 환영받을 만한 일이긴 하지만, 진정한 성취는 아직 전혀 달성되지 못한 듯하다. 이는 명령권자의 높은 위치가 인공적인 수단을 통해 만들어질 수 없다는 사실과 관련이 있는데, 명령권자의 높은 위치에서 바라보면 고통의 공격이란 순전히 전술적 의미밖에는 없다. 특히 명령권자의 높은 위치에 관해서는 타고난(존재적인) 우월성이 중요하기 때문에 의지의 노력만으로는 불충분하다. 따라서 사람들은 "영웅적 세계관" 같은 것을 인공적으로 키워내거나 대학 강단에서 선언할 수 없다. 그러므로 이 세계관은 혈통의 권리를 통해 영웅들에게 주어지지만, 대중이 이를 파악하는 방식에 의해 필연적으로 보편적인 개념의 지위로 추락하고 만다. 이와 동일한 것이 대체로 인종Rasse에게도 해당되는데, 인종은 실존적인 것이며, 자신의 성과를 통해 인정받는다. 마찬가지로 전체주의 국가는 적어도 한 명의 탁월한 총체적 인간의 존재를 전제하며, 순수한 의지는 최상의 경우 총체적 관료제를 만들어낸다. 이러한 관계는 제의적 연관 관계 속에서 더욱 명징해질 것인데, 신의 다가옴은 인간의 노력과 무관한 것이다.

위와 같은 사실의 확인은 그 안에 무장 상태에 대한 판단의 척도가 담겨져 있다는 점에서 중요하다. 준비 상태에 대한 요구가 얼마나 높아졌는지를 확인하기 위해 몇 가지 실질적인 예를 살펴보도록 하자. 얼마 전 신문을 통해 일본 해군이 새로운 어뢰를 개발했다는 소식이 전해졌다. 이 무기의 놀라운 점은 기계적 힘이 아니라 인간의 힘에 의해 조정된다는 데 있다. 또한 이 무기가 비록 자그마한 공간 안에 갇

힌 항해사에 의해 조정되긴 하지만, 이 항해사가 기계의 일부분인 동시에 이 포탄의 고유한 지능으로 여겨진다는 점에 있다.

이와 같이 기이한 유기체적 구성물의 기저에 놓인 사유는 인간 그 자체를 이전보다 더 문자 그대로 기계의 일부분으로 만듦으로써, 기술적 세계의 본질을 얼마간 전진시킨다. 이 사유를 더욱더 진전시켜서 거대한 척도에서 실현시킬 수 있다면, 즉 이러한 사유에 복종할 생각이 있는 부대를 보유하게 된다면, 주변의 호기심 어린 느낌이 곧장 사라진다는 사실을 관찰할 수 있다. 따라서 엄청난 고도에서 목적지로 수직으로 낙하해 적이 저항하는 호흡 중추를 파괴하는 항공어뢰와 같은 비행기[24]를 구성해볼 수 있을 것이다. 분쟁이 시작될 때 흡사 대포에서 발사되는 것 같은 인간의 이미지가 생겨난다. 이는 물론 인간이 상상할 수 있는 지배의 요구에 대한 가장 끔찍한 상징일 것이다. 여기서는 모든 기분 좋은 행복의 가능성이 수학적 확실성으로 배제되는데, 만약 누군가 행복에 대해 전혀 다른 표상을 가진 것이 아니라고

24_ 제1차 세계대전의 영웅 중 한 명인 윙거는 전후에도 육군에 남아 1919년부터 1923년까지 바이마르 공화국의 육군성에서 중위로 복무하면서 보병전투 지침서와 같은 작전 구상 임무를 수행했다. 군사 전략가로서 윙거는 끔찍하게도 일본의 인간 어뢰 구상으로부터 이미 가미카제 특공대의 군사적 가능성을 전망하고 있다.

전제할 경우 그렇다. 그러나 '영웅'이라 칭해도 될 만한 우리 시대의 몇 안 되는 형상 중 하나인 노기 마레스케乃木希典 장군**25**이 자신의 아들이 전사했다는 소식을 "깊은 만족감"으로 환영했다는 이야기를 들으면, 우리는 행복에 대한 전혀 다른 표상과 마주하게 된다.

인간 포탄의 관념을 또 다른 사유에 연결시키면, 이러한 태도를 견지한 개인은 어떠한 상상 가능한 군중의 무리보다 우월하다는 사실이 분명해진다. 물론 이러한 개인은 폭발물로 무장되어 있지 않은 곳에서도 마찬가지로 우월할 것인데, 왜냐하면 여기서 중요한 것은 인간에 대한 우월함이 아니라, 고통의 법칙이 지배하고 있는 장소에 대한 우월함이기 때문이다. 이 우월함은 최상의 우월함이며, 모든 여타의 우월함을 자신 안에 내포한다.

물론 우리의 에토스Ethos은 그러한 행동 양식에 근거하지 않는다. 이 행동 양식은 기껏해야 허무주의적 한계 상황

25_ 1849~1912. 러일전쟁 중 가장 치열한 전투였던 여순항 포위전에서 일본 육군을 지휘한 장군이다. 이 전투에서 그는 병사의 생명을 경시하는 착검돌격 작전으로 그의 두 아들을 포함해 막대한 인명피해를 초래했지만, 결국 전투에서는 승리한다. 메이지 천황이 사망하자 그를 따라 부인과 함께 자택에서 스스로 목숨을 끊었다. 사후 군신으로 추앙되어 일본과 조선에 그의 이름을 딴 신사가 세워졌으며, 서울 남산 언덕에도 아직 노기신사의 유구가 남아 있다.

에서 나타날 뿐이다. 러시아 혁명가들이 런던에서 모의한 음모가 묘사되며, 여러 관점에서 예언적 성격을 지닌 조지프 콘래드의 소설[26]에는 한 명의 아나키스트가 등장한다. 그는 개인의 자유에 대한 관념을 마지막에 이르기까지 면밀히 사유하고, 더 이상 어떠한 강압에도 처하지 않기 위해 언제나 품 안에 폭탄을 지니고 다닌다. 이 폭탄은 고무공을 이용해 점화되는데, 그는 체포의 위협에 즈음해 고무공을 손으로 움켜잡는다.

9.

자의적인 신념의 겉치레는 상황을 판단하는 데 충분치 못하다. 말은 아무것도 바꾸지 못한다. 말은 기껏해야 변화의 징후일 뿐이다. 변화는 실제로 일어나고 있으며, 변화는 이를 평가하려 하기보다는 관찰하고자 노력할 때 좀 더 선명하게 가시화될 것이다.

26_ 폴란드 출신의 영국 작가 조지프 콘래드(1857~1924)의 『비밀 요원The secret Agent』.

개개인에게서 발생하는 이 변화를 우리는 다른 자리[27]에서 개인의 유형Typus으로의 혹은 노동자로의 변화라고 표현한 바 있다. 고통을 척도로 삼을 때, 이러한 변화는 감수성의 영역을 삶으로부터 절단해내는 수술과도 같으며, 이 같은 변화가 처음에는 상실로 여겨지는 것도 이와 관련되어 있다. 이 영역에는 무엇보다 이동의 가능성을 포함한 개인의 자유가 해당되는데, 개인의 자유가 다양한 영역에서 이동의 가능성을 가능케 한 것이다. 이 같은 자유의 제한은 특별한 경우에 해당했는데, 일반 징병제에 따른 군복무의 수행은 이러한 제한의 가장 중요한 경우였다. 이 같은 관계는―다른 많은 관계가 그렇듯이―이미 거의 반전되었다. 즉 새로운 방향은 오히려 복무를 삶에 있어서 가장 중요한 상태로 여기는 방향으로 나가가고 있다. 이러한 변화의 필연성은 독일 내에서 변화가 전개되는 과정에서 더욱 명백해지는데, 여기서 변화는 전반적인 내면적 권태뿐만 아니라, 외교적인 조약에 의한 속박[28]에 대해서도 대항하고 있다.

감수성의 두 번째 영역은 일반교양에 가해지는 공격을 통

27_ 이 글에 앞서 출판된 『노동자Der Arbeiter』를 지칭한다.
28_ 제1차 세계대전 패전에 따라 체결된 베르사유 조약과 뒤따른 일련의 외교적 조약을 의미한다.

해 파괴된다. 이러한 공격의 효과는 아직까지 그리 선명하게 드러나지 않는다. 여기에는 여러 가지 이유가 있다. 우선 일반교양의 근간을 이루는 개념들, 무엇보다 문화 개념이 일종의 물신으로서 보존되기 때문이다. 그러나 이러한 보존 행위도 실제로 별 효력을 발휘하지 못하는데, 개인의 자유에 대한 공격은 필연적으로 일반교양에 대한 공격을 포함하기 때문이다. 자유와 일반교양 간의 관계가 가시화되는 지점은 바로 자유로운 연구를 부정하도록 강요받는 지점이다. 자유로운 연구란 군비무장의 법칙이 상황의 본질적인 법칙으로서 간주되어야만 하는 상황 속에서는 불가능하다. 왜냐하면 자유로운 연구는 오로지 힘(권력)[29]의 문만이 개방되어 있어야 할 공간 속에서 분별없이 모든 문을 열어놓기 때문이다. 그러나 자유로운 연구는 어떠한 사물이 이해되어야 하고, 또 어떠한 사물은 아닌지 여부가 분명해지는 순간 쓸모없는 것이 된다. 여기에서는 상위 법칙에 따라 학문에 과제가 주어지며, 이에 따라 학문은 자신의 방법론을 구성해나가야 한다. 지식이 잘라내어져야 한다는 것은 물론 괴로운 판정이다. 그러나 사람들은 모든 진정으로 중대한 상황 속에서 언

29_ 독일어 Macht는 힘과 권력을 모두 의미한다.

제나 그렇게 해왔다는 사실을 직시해야 한다. 따라서 헤로도토스는 우리에게 지리학과 민속학의 예를 제시하는데, 그는 자신의 연구에 그어진 한계를 알았다. 그러므로 코페르니쿠스의 혁명은 오로지 최상부의 결정 능력이 이미 소멸된 상황 속에서 가능했던 것이다.[30] 우리의 공간 속에도 최상부의 결정이 마찬가지로 부재하다는 사실과, 이러한 결정이 이미 대리적으로 수행되고 있다는 사실이 추후에 상술될 것인데, 만약 이러한 결정이 의심의 여지없이 존재한다면, 지식에 대한 개입 과정에서 여전히 우리가 겪는 고통스러운 감정 또한 사라질 것이다.

　일반교양의 구조에서 최정점을 이루는 자유로운 연구에 대한 변화된 가치와 교양의 재건 과정이 불러올 포괄적인 변화가 서로 상응하리라는 사실은 예측이 가능하다. 지금 우리는 여전히 실험 단계에 위치해 있지만, 하나의 유형에 대한 훈육이 중요해지는 곳에서는 어디서든 발견되듯이, 교육이 제한적이면서 동시에 규정된 방향을 향해 나아갈 것

30_ 헤로도토스는 그리스-페르시아 전쟁이라는 거대한 역사적 사실을 서술하는 과정에서 부차적으로 지리학과 민속학을 다루었다. 즉 그의 서술의 한계란 그리스-페르시아 전쟁이란 근본 틀인 것이다. 코페르니쿠스의 혁명적 지동설은 르네상스 시대에 이르러 천동설을 주장하던 가톨릭교회와 교황의 힘, 즉 최상부의 결정 능력이 약화된 상황을 배경으로 하고 있다는 뜻이다.

으로 보인다. 이는 장교 학교와 성직자 학교에 행해지는데, 이곳에서는 시작부터 세부사항까지 간여하는 규율이 교육 과정을 규정하고 간섭한다. 이는 또한 신분제적 규정의 체계와 수공업의 체계 내에서 이루어지는 교육에도 마찬가지로 적용되는데, 이에 반해 개인주의적 성장 과정의 표본은 교양소설과 성장소설의 풍부함을 가능케 하는 '고백들'을 통해 제시된다. 교육이 '다시금' 전문화된다는 말이 아마도 여전히 조금 이상하게 들릴 수도 있을 것이다. 그러나 우리는 모든 정황상 이러한 방향으로 나아가고 있다. 불과 얼마 전까지 개개인에게 교양의 최상의 단계로 향하는 길이 이론적으로 열려 있었던 반면에, 이미 오늘날 이러한 케이스는 더 이상 유효하지 않다. 예를 들어 우리는 많은 국가에서 신뢰성이 떨어지는 계층의 자녀들이 특정학과에서 배제되는 것을 볼 수 있다. 몇몇 직업과 상위 학교 및 대학에 적용되는 정원제한numerus clausus 제도 또한 특정한 사회계층, 이를테면 학문적 프롤레타리아트의 교육을 국가 이성을 근거로 애초부터 차단하려는 의지를 의미한다. 물론 이 조치들은 일단은 개별적인 전조에 불과하지만, 이는 자유로운 직업의 선택 또한 더 이상 의심의 여지가 없는 제도가 아닐 수 있다는 사실을 가리킨다.

전문화된 교육의 가능성은 다시금 지시를 내리는 최상의 심급을 전제한다. 이러한 교육은 국가가 총체적 노동 성격의 주체로서 나타날 때에만 의미를 가질 수 있다. 오로지 이러한 체계 내에서만 특정 주민의 전체를 정착지로 보내는 것과 같은 규모의 조처를 행할 수 있다. 이러한 종류의 조처는 아직 태어나지 않은 아이의 직업에 대한 결정조차도 포괄한다. 또한 대부분의 문명국가에서 이미 시작된 학교 군사교육을 들여다보면, 일반교양의 원칙이 제한되고 있다는 점 또한 언급되어야 할 것이다.

이러한 종류의 조처는 자연스럽게도 인간의 존재Bestand에도 영향을 준다. 더 정확하게 말하자면, 이와 같은 조처는 인간의 존재가 변화하기 시작했다는 사실에 대한 암시인 것이며, 우리는 규율에 대한 명백한 혹은 무언의 편애를 발견할 수 있다. 인간이 고통과의 접촉을 견뎌내도록 만들어내는 형식을 우리는 훈육Disziplin이라고 부른다. 그러므로 사람들은 오늘날 불과 얼마 전까지만 해도 신분제적 규율의 마지막 섬에서만, 특히 영웅적 가치들의 요새인 프로이센 군대에서만 마주칠 수 있었던 얼굴들과 다시금 자주 조우하게 되었다는 사실을 우연으로 여겨서는 안 될 것이다. 사람들이 자유주의적 세계에서 '좋은' 얼굴로 생각했던 것은 실상 섬세한 얼굴이었다. 신경질적이고 활동적이고 변덕스러우며, 다양한 종류의 영향과 자극에 대해 개방된 얼굴 말이다. 규율이 잡힌 얼굴은 이와 반대로 폐쇄되어 있다. 즉 이 얼굴은 확고한 시선을 지녔으며, 일방향이고 구체적이며 완고하다. 만약 모든 종류의 규정된 훈련을 관찰한다면, 확고하고 비개인적인 규칙과 규정의 작용이 얼마나 얼굴을 단단하게 만드는지를 확인하게 될 것이다.

10.

고통과의 변화된 관계는 개개인에게서만 가시화되는 것이 아니라, 개개인이 추구하는 조직 편성에서도 가시화된다. 오늘날 유럽의 국가들을 두루 여행해본다면, 이 국가들은 일당국가체제로의 놀랄 만한 이행 단계에 있거나 혹은 이러한 체제로의 전환을 모색하고 있을 것이다.[31] 또한 유니폼이 수행하는 역할이 일반징병제 시대에서보다 더욱 중요성을 지니게 되었다는 사실을 관찰할 수 있다. 복장의 공통

31_ 윙거는 1920년대 중반부터 이탈리아 파시즘과 소련의 볼셰비즘에 대해 지대한 관심을 기울였으며, 전체국가 제도 아래에서 일당독재를 역사적 흐름으로 인식했다.

성이 모든 연령대와 성별의 차이까지도 뛰어넘어 확장되며, 이는 노동자의 발견이 제3의 성별의 발견을 동반한다는 기묘한 생각을 불러일으킨다. 아무튼 이는 하나의 개별적인 주제다. 그러나 유니폼은 모든 시대에서 갑옷Rüstung[32]의 성격을 내포하며, 고통의 공격에 맞서 특별한 방식으로 장갑을 두르고 있어야 한다는 요구를 내포하고 있다. 이러한 사실은 시가전에서 사망한 민간인보다 유니폼을 입은 전사자를 훨씬 더 감정의 동요 없이 차가운 시선으로 관찰할 수 있다는 사실에서도 명백해진다. 비행기의 높은 고도에서 거대한 행군의 모습을 포착한 사진에서 사람들은 그 심연에 담긴 질서정연한 사각형과 인간의 기둥들 그리고 마법적 도형을 볼 수 있는데, 이러한 모양들의 내밀한 의미란 바로 고통에의 서약인 것이다.

이러한 종류의 환상Vision은 무언가 직접적으로 해명해주는 요소를 갖고 있는데, 사람들은 비행기를 타고 도로의 혼란함 가운데에서도 옛 성채의 기하학적 윤곽이 보존되어 있는 도시 위를 날아갈 때 이와 같은 종류의 인상을 받는다.

원칙적으로 오로지 두 가지의 형이상학적 건축물만이 존

32_ 독일어 Rüstung은 갑옷과 투구라는 원래적 의미와 군비 무장, 전쟁 준비와 같은 확장된 의미를 동시에 지닌다.

재하는 건축의 영역에서뿐만 아니라 제의적·군사적 조직들 또한 결정체 형성Kristallbildung을 떠오르게 하는 유사성을 지닌다. 이러한 유사성은 레판토 해전에서 터키의 해군이 반달 형태로, 기독교도의 해군은 십자가 형태로 공격 진영을 갖췄던 것과 마찬가지로, 때때로 놀라운 방식으로 중첩된다.

공중 공격과 가스 공격에 대응하려는 노력이 이미 암시하듯 건축 방식이 전투의 방식과 다시금 관계를 맺을 뿐 아니라, 전투의 조직도 일반징병제 시대의 집단적 양식에서 다시금 엄밀한 조직 배열로 발전해갈 것으로 추측된다. 이러한 맥락에서 다음과 같은 진기한 사실에 주목할 필요가 있다. 즉 요새의 성곽이 철거되고 교회가 박물관으로 전용되는 시대에도 여전히 우리들의 도시에 명백히 전쟁-준비적이고 방어적 성격이 표현되는 건축물들이 존재한다는 사실이다. 이러한 주장은 도시의 중심을 구성하는 은행 밀집 지역으로 빈번히 통행하는 사람들에게는 명징할 것이다. 여기서 사람들은 전적으로 안전해 보이는 공간 내부에 고성高城[33]을 고안하고, 이 고성을 철창살을 친 창문과 강철로 둘러싸인 천

33_ '고성'을 뜻하는 독일어 Hochburg는 '중심지'라는 뜻도 지닌다. 윙거의 입장에서 볼 때 은행은 시민적 안전함과 안락함의 중심지다.

장으로 보호해 어떠한 수단으로도 파괴될 수 없는 직육면체로 건축한 직감에 놀라게 된다. 또한 사람들은 이곳에서 화려한 창구 공간을 초자연적인 영향력으로 가득 채우는 저 독특하고 격식을 차린 분위기의 의미를 알아차릴 것이다. 이러한 분위기는 하나의 상태를 특징짓는데, 이 상태 속에서 만약 누군가가 어떤 사람에게 마법적 소망과 행복의 꿈 그리고 고통 없음의 꿈이란 소원을 들어준다고 한다면, 사람들은 이 영역에서 마법적 숫자의 지위를 가지고 있는 백만[34] 이외에 어떠한 표상도 떠올리지 못할 것이다.

그동안 우리는 돈이 제공해주는 상대적 안전에 대한 인식과 관련해 훌륭한 배움의 기회를 가졌다. 모두가 백만장자라고 자칭할 수 있었던 시절[35]은 이미 오래전에 지나갔다. 그리고 오늘날 백만에 대한 소망을 이야기하는 사람은 잘못된 계산을 하는 것일 텐데, 예를 들어 새로운 인플레이션이 발생하지 않을 것이라거나 그 금액으로 작은 중립 국가에서 즐길 수 있으리라는 전제를 하는 것이다.

군중 또한 — 이로써 원래의 주제로 돌아가도록 하자 — 하

34_ 부자의 상징인 '백만장자'의 '백만'을 이른다.

35_ 프랑스군이 라인 지역을 점령함으로써 하이퍼인플레이션이 촉발된 1923년경을 의미한다. 1920년 12월 당시 2.37마르크였던 빵 한 덩어리의 가격은 1923년 12월에 이르러 3990억 마르크가 되었다. 모든 사람이 백만장자가 되었음은 물론이다.

나의 유사한, 여러 전제 조건에 의존적인 외관상의 거대함 Größe으로 판명된다. 관계가 결여된 돈과 관계가 결여된 군중 간의 친연성 가운데 한 가지 특징은 다음과 같은 사실이다. 즉, 양자 모두 고통의 진정한 공격 앞에서 어떠한 보호도 제공할 수 **없을** 뿐만 아니라, 그와 반대로 그것들이 근원적인 영역에 접근하는 즉시 자력에 이끌리듯 파멸로 인도될 것이라는 사실이다.

특정한 사유 방식 속에서 성장한 사람은 그가 사용하는 개념들을 실재하는 사실로 보는 경향이 있다. 군중 또한 이러한 보편적 개념과 다름없는데, 한 줌의 인간 무리를 군중으로 변화시키는 행위는 그러한 행위에 편입된 공간 속에서만 신뢰감을 줄 뿐이다. 그러나 그러한 곳에서는 시각적 속임수에서 벗어나기 어렵다.

가장 작은 조직 단위가 가장 거대한 군중에 대비하여 드러내는 놀라운 우월성은 나에게 전쟁이 끝난 뒤에야 명백해졌다. 유니폼을 입은 사람들만 존재하는 전쟁터에서는 다른 법칙이 지배하고 있기 때문이다. 1921년 3월에 나는 3인조 기관총 사수와 대략 5000여 명이 참가한 시위 행렬 간의 충돌 과정 한가운데 서 있었다. 시위 행렬은 발포 명령이 떨어지고 1분 뒤 단 한 명의 부상자도 남기지 않는 채 시계視

界에서 사라져버렸다. 이 장면은 무언가 마법적인 것이었다. 즉 그것은 저급한 데몬Dämon의 정체가 드러날 때 엄습하는 깊은 청량감을 불러일으켰다. 모름지기 그처럼 기반 없는 권력에 대한 요구가 격퇴되는 현장에 참여하는 것은 모든 사회학 서적 연구보다 더 유익한 법이다. 1932년 겨울에 나는 거리 연구straßenstudien를 위해 정치적 사건들로 인해 거대한 충돌의 장이 된 베를린 뷔로 광장**36**을 걷던 중에 이와 유사한 인상을 받은 적이 있다. 여기서 군중과 유기체적 구조 간의 조우는 알렉산더 광장에서 분노로 들끓는 인간의 파도를 뚫고 나가는 경찰 장갑차의 등장에서 눈에 띄게 가시화되었다. 장갑차는 다투고 있는 양측 사이를 가르며 지나갔다. 이러한 구체적인 수단 앞에서 군중은 그야말로 도덕적인 입장을 취했는데, 그들은 '퓌' 하는 소리를 내며 분노했던 것이다.

덧붙여 말하자면, 같은 날 나는 몇몇 길모퉁이에서 룸펜 프롤레타리아를 관찰할 기회가 있었다. 이들은 절대로 군중과 같이 보편적인 개념의 세계에 속하지 않는다. 따라서 바

36_ 지금의 베를린 로자룩셈부르크 광장이다. 바이마르 공화국 당시에는 뷔로 광장에 독일공산당KPD 당사가 위치해 있었으며, 자연스럽게 공산당을 중심으로 한 수많은 군중집회가 열렸다.

쿠닌이 이들을 훨씬 더 유능한 혁명적 거대함으로 파악했을 때, 그는 옳았던 것이다. 또 다른 면에서 관찰해봤을 때, 군중은 흩어서 날려버리는 것으로 충분한 반면에 룸펜프롤레타리아트는 그들의 은신처 내부로 찾아들어가야만 한다고 할 수 있다. 이들의 좀 더 거대한 실체는 이들이 진정한 전투 방식, 즉 오래된 떼거리의 형태를 사용할 줄 안다는 점을 통해 드러난다. 나아가 이들이 고통과 맺는 관계는 비록 부정적이긴 하지만 그나마 유의미하다. 군중은 기계적으로 살해하고, 갈기갈기 찢고, 밟아 으깬다. 반면에 룸펜프롤레타리아는 고문의 즐거움에 익숙하다. 군중은 도덕적으로 마음을 움직이고, 흥분과 분노의 상태에서 스스로를 형상화하며, 상대는 악하기 때문에 자신은 상대에게 정의를 행하는 것이라는 확신을 필요로 한다. 룸펜프롤레타리아는 도덕적 가치의 외부에 존재하며, 따라서 그들은 아무리 질서가 어지러워지더라도 그리고 어떠한 상황 속에 처해 있더라도 언제 어디서나 잡아챌 채비를 하고 있다. 따라서 이들은 본래적 정치의 공간 바깥에 서 있는 것이다. 오히려 사람들은 이들을 사물의 질서를 스스로 준비해놓고 있는 일종의 비밀스런 예비부대로서 봐야만 한다. 또한 여기에는 혁명의 협곡에서 갑작스레 불어오는 지옥의 입김, 마비시키는 입김의 원천이 감추어져 있다. 이러한 원천이야말로 혁명의 심연 속 본원적 특징을 이루며, 그 역사는 아직 쓰이지 않았다. 군중이 자신의 적을 제거하던 며칠 동안에 도시는 소음으로 가득 찼지만, 그 이후에는 다양하고 위험한 상태가 뒤따르게 되며, 이 기간에는 침묵이 지배한다. 이제 고통은 자신의 채권을 되갚을 것을 요구한다.

　여기서 주의 깊은 독자가 놓치지 않았을 '룸펜프롤레타리아'라는 단어가 계급투쟁의 케케묵은 어휘라는 점에 대한 각주가 첨부되어야 할 것이다. 여기서 중요한 것도 역시 근원적인 거대함elementare Größe인데, 이는 경제적 계급질서가 사유를 결정하는 곳에서는 자연스럽게 경제적 개념의 가면 뒤에 감추어져 있었지만, 언제나 존재해왔던 것이다. 이와 반대로 오늘날 이 거대함은 이미 새로운 형태 속에서 등장하고 있으며, 이 거대함이 정치 활동뿐만 아니라, 군사 활동에도 더욱 자주 연관되기 시작했다는 사실은 이것이 근원적인 권력에 유의미하게 접근하고 있다는 징후다. 우리는 여기서 무엇보다 먼저 모든 사회적인 색채가 이미 폭넓게 탈색된 파르티잔Partisan 현상에 대해 언급할 것이다. 파르티잔은 그 본질에 따라 질서의 영역 밖에서 실행되는 작전에 투입된다. 따라서 이들은 진군하는 군대의 등 뒤에서 나타나며, 여기서 이들에게 적합한 임무는 스파이, 사보타주, 파괴 등이다. 내전의 틀에서 이들에게는 상응하는 임무가 부여되는데, 즉 당은 이들을 합법성의 행동 규칙 내에서 처리될 수 없는 작전을 위해 사용한다. 이에 따라 파르티잔의 전투는 특별히 악한 성격을 띠게 된다. 파르티잔은 보호받지 못하며, 이들은 체포 시 즉결처형 된다. 전쟁에서 유니폼 없이 투입되는 것처럼, 내전 상황에 투입되기 전에 당원증을 반납한다. 이러한 관계는 파르티잔의 소속이 언제나 알 수 없는 상태에 있어야 한다는 점과 조응한다. 따라서 그가 당의 소속인지 아니면 반당反黨 소속인지, 첩보원인지 방첩원인지 혹은 경찰인지 경찰 반대자인지 또는 둘 모두에 속하는지 여부는 결코 확정될 수 없다. 마찬가지로 그가 어떤 명령을 받기는 한 것인지 아니면 그 자신의 개인적 범죄 행위를 한 것인지 여부도 확정될 수 없다. 그리고 이러한 불투명함이 그에게 주어진 과제의 본질인 것이다. 사람들은 모든 파르티잔의 작전에서 이 점을 찾아낼 수 있을 것이다. 이러한 작전들은 대부분 그 작전의 진정한 가치가 인식되지 못한 채로 오늘날 곳곳에서—그것이 어떠한 교외에서의 충돌이든지 아니면 국내외 정치의 차원에서 잘 알려진 중대한 사건이든지 간에—전개되고 있다. 이러한 사건에 대한 책임은 절대로 해명될 수 없다. 왜냐하면 추적의 실마리는 지하세계의 어둠 속으로 사라지고, 모든 의식적 구분이 그러하듯 어둠 속에서는 당의 구분 또한 소멸되기 때문이다. 따라서 다양하게 관찰되는 바와 같이 파르티잔을 영웅화하려는 시도에서는 분별력의 결여가 드러난다. 즉 파르티잔은 비록 근원적인 세계의 인물이긴 하지만, 영웅적인 세계의 인물은 아닌 것이다. 따라서 그의 몰락에는 영웅적인 지위가 결여되어 있다. 그의 몰락은 그 안에서 그가 고통과 음침하고 소극적인 관계를 맺으며 비밀을 품고 있는 영역에서 일어나지만, 그 영역 속에서 그는 몰락으로부터 벗어날 수 없기 때문이다. 그럼 다시 군중으로 돌아가보자.

군중의 활동을 각별히 무의미하게 만드는 정황은 무사태평함이다. 그들은 절제라는 것을 모른다. 오히려 군중의 고유한 상태가 무절제성에서 표현되기 때문에, 모든 규율이 있는 조직에서는 당연한 전초병의 배치와 같은 예방 규정을 소홀히 하는 경향이 있다. 따라서 가혹한 역사의 흐름 속에서 권력 관계에 의문이 제기된 아주 짧은 시간 동안에 대기는 군중의 환호성으로 가득 채워졌던 것이다. 바로 이 시점이 카베냐크, 브랑겔, 갈리페[37] 등과 같은 장군들이 만족스럽게 손을 비빌 때다. 프랑스인들이 오랫동안 군중을 다루는 기술에 있어서 우리보다 우월했던 이유는 이들이 보편적인 개념의 세계와 친숙하기 때문이다. 즉 이들은 틀림없이 교습료 또한 일찍이 지불했던 것이다. 코뮌에 대한 도살은 제1차 세계대전이 끝날 때까지 여전히 지속되었다. 강건한 건강 상태의 기색이 눈에 띄는 것과 마찬가지로, 군중이란 개념 자체가 우리에게 익숙한 그 정치적, 도덕적 의미를 완전히 상실되게 한다. 비무장한 사람들의 운집에는 그래서 무장한 사람들의 운집보다 무언가 유쾌한 요소가 있다. 그래서 르네상스 전체정치 시대에 사람들은 종종 국회가 소집되면, 만약 이때 교회의 큰 행사 중 하나가 예정되어 있지만 않다면, 이때를 국회를 때려 부수기 위한 최적의 기회로서 엿보았던 것이다. 야콥 부르크하르트Jacob Christoph Burckhardt,[38] 조제프 아르튀르 드 고비노Joseph Arthur de Gobineau[39] 그리고 그들의 후계자들이 그러한 종류의 자료를 인용할 때

37_ 언급된 세 명은 모두 시민혁명을 잔인하게 진압한 장군들이다. 루이외젠 카베냐크 Louis-Eugène Cavaignac는 1848년 프랑스 2월 혁명, 프리드리히 폰 브랑겔Friedrich von Wrangel은 같은 해에 일어난 독일혁명을 진압했다. 가스통 드 갈리페Gaston de Galliffet는 1871년의 파리코뮌을 처참하게 진압한 것으로 유명하다.
38_ 1818~1897. 스위스 바젤에서 출생한 미술사가이자 문화사학자.
39_ 1816~1882. 프랑스 출신의 외교관이자 작가, 인류학자. 『인종 불평등론Essai sur l'inégalitédes races humaines』에서 백인의 우월성과 혼혈로 인한 문명의 몰락을 경고했다.

보인 향락적 인상은 물론 사실의 세계에 적잖은 영향을 미쳤다. 무릇 한 세대의 역사적 취향의 방향이 언제나 많은 것을 해명해주기 때문이다.

앞서 말한 바와 같이 오늘날 우리는 새롭고 규율 잡힌 조직의 형성 과정 한가운데에 서 있으며, 이 조직은 우리가 곧 살펴보게 될 바와 같이 본래적인 정치의 영역을 훨씬 넘어선다. 이제는 독일 현대사의 한 부분이 되어버린 의회민주주의의 상황 속에서 정당들은 자신의 고유한 정당성에 대한 신뢰, 즉 순수한 득표수에 대한 신뢰[40]를 상실했으며, 다른 종류의 추동력을 통해 자신을 입증하고자 노력했다는 사실이 이미 명백해졌다. 군대와 경찰 외에도 일련의 복무 중인 군대[41]가 존재하며, 이러한 상황 속에서도 삶이 평상시의 행로를 따라 계속해서 흘러갈 수 있다는 사실은 기묘하다. 중세 피렌체의 상황이 이와 비슷했는데, 피렌체는 서로를 위협

40_ 카를 슈미트는 『현대 의회민주주의의 정신사적 상황』에서 현대 의회민주주의 제도의 한계를 지적하면서 의회의 정당성인 '토론'과 '공공성'에 대한 신뢰가 사라지고 있음을 지적한 바 있다.

41_ 베르사유 조약으로 인해 독일군의 수가 10만 명으로 제한되면서 수많은 직업군인과 참전군인이 공식적으로는 군복을 벗게 되었다. 하지만 유사시 신속한 병력 충원을 기대했던 바이마르 공화국 군부의 묵인 속에 이들은 군대와 별도의 준군사조직으로 편제되었다. 이들은 주로 제1차 세계대전 참전용사들을 중심으로 구성되었으며, 철모단Stahlhelm, 나치돌격대SA 등은 대표적이다. 나치돌격대는 1934년 이후 정부의 공식적인 군사조직SS이 된다.

적으로 겨냥한 망루로 무장한 일련의 고립된 귀족의 성들로 이루어져 있었다.

그러나 모든 상태는 서로 간에 상호 침투하며, 오래된 것과 새로운 것은 다양한 방식으로 서로 얽힌다. 한편으로 우리는 새로운 부대가 당분간 그저 민주적인 기본권, 즉 무엇보다 집회 및 언론의 자유를 보장하려는 의도로 구성되는 것을 목격한다. 다른 한편으로 이미 첫 번째 진정한 결정이 내려진 국가에서조차 오늘날 사람들이 여전히 거대하고 형체가 없는 인간 군중의 무리를 절대로 포기하지 않으려고 한다는 점은 이상하다. 물론 여기서도 중요한 변화를 간과해서는 안 될 것인데, 변화의 핵심은 이 군중에게 오로지 단 **하나**의 자유, 즉 동의의 자유만이 남아 있다는 사실이다. 의회뿐만 아니라 국민투표 또한 점점 더 명백하게 구두 표결의 방식으로 변화하고 있으며, 이러한 방식의 기술이 자유로운 의견 형성의 기술을 대체하고 있다. 그러나 이는 군중이 도덕적인 거대함에서 하나의 물적 대상으로 변화한다는 사실과 다름없다.

11.

개인뿐 아니라 개인의 조직 편성 또한 물적 대상의 성격을 갖게 된다는 사실은, 오늘날 암시되는 바와 같이 새로운 사실이 아니다. 이는 오히려 고통이 직접적이고 당연한 경험으로 여겨지는 모든 공간의 확실한 특징이며, 강화된 무장武裝의 표식으로 인식되어야만 한다. 중요한 것은 가까움의 감정 그리고 상징적인 가치가 아니라 그 스스로 설명되는 가치에 대한 감정이 소멸된다는 사실, 그리고 그 대신에 생동하는 통일체(부대)[42]들의 움직임이 먼 거리에서부터 인도되어 온다는 사실이다. 그래서 성 폴리카르포Polykarp von Smyr-na[43]의 순교에 대한 스미르나 교회의 회람 문서에는 사자에게 던져지는 형벌을 받은 죄인의 동요치 않는 태도가 다음과 같은 문장으로 설명되어 있는 것이다. "이를 통해 그리스도 순교자들은 우리 모두에게 이들이 고문의 시간 동안에

---

[42]_ 독일어 Einheit는 하나의 통일체를 의미하기도 하며, 하나의 부대 단위를 의미하기도 한다.

[43]_ 69년경~155년경. 2세기경 소아시아 스미르나의 주교였다. 동방교회의 주교였던 그는 155년에 동서 교회 간에 상이했던 부활절 축일 통일 문제를 논의하기 위해 로마에서 서방 교회의 교황 아니체토를 만나고 돌아오던 중 체포되어 순교했다. 그가 순교한 당시의 상황은 스미르나 교인들의 입을 통해 주변 교회와 그리스도인들에게 퍼져나갔으며, 『폴리카르포의 순교』라는 문서에 기록되었다.

육체로부터 벗어나 있었다는 사실을 증명합니다." 요한 카시아누스Johannes Cassianus[44]가 수도원의 시설과 시리아와 이집트 사막에서 만난 은둔 수도자들의 생활에 대해 우리에게 남긴 중요한 서술도 거의 모든 페이지마다 이와 비슷한 문장을 담고 있다. 플라비우스 요세푸스Flavius Josephus[45]에게서도 우리는 로마 군단의 행군에 관한 객관적인 관찰자의 놀라운 묘사를 발견한다. 우리는 군인의 육체가 마치 살아 있는 기계처럼 그리고 보이지 않는 징표에 이끌린 듯이 평야와 사막과 산맥을 뚫고 나아가는 것을 보며, 매일 밤 마법을 떠올리게 하는 노련함으로 숙영지를 세우고 다음 날 아침에는 이것이 흔적도 없이 사라지는 것을 보게 된다. 마침내 우리는 전투에서의 움직임이 '사유의 속도'로 수행되는 것을 관찰한다. 요세푸스는 다음과 같은 문장으로 이 서술을 마무리하는데, 이는 매우 정당한 지적이다. "결정의 배후에 전

44_ 360년경~435년경. 오늘날 루마니아의 영토인 소 스큐티아 지역에서 출생한 것으로 알려져 있으며, 젊은 시절 베들레헴의 수도원에서 공동체 생활을 경험했다. 이후 이집트의 사막으로 건너가 살면서 수많은 은둔 수도자를 만나 배움을 얻었다.

45_ 플라비우스 요세푸스Flavius Josephus(37년경~100년경)는 유대인 출신의 제정 로마시대의 역사가. 서기 66년에 발발한 유대독립전쟁에 유대군 지휘관으로 참전했으나 패배 후, 로마에 투항하여 로마 시민이 되었다. 직접 참전한 유대독립전쟁을 포함한 유대의 전쟁사를 서술한 『유대 전쟁사』를 집필했다. 윙거는 이 책의 한 구절을 인용하는 것으로 보인다.

투태세가 완비된 군대를 가진 민족이 동쪽으로 유프라테스 강, 서쪽으로 대양, 남쪽으로 리비아의 풍족한 평야, 북쪽으로 도나우강과 라인강을 국경으로 삼고 있다면, 대체 놀라울 게 무엇이란 말인가? 소유자가 행한 바에 비하면 소유물이 여전히 너무 작다고 말해도 과언이 아닐 것이다."

우리는 고도의 실행 능력의 특징을 스스로의 생명을 내려놓을 수 있는 능력에서 혹은 달리 말해 스스로를 희생시킬 수 있는 능력에서 관찰할 수 있다. 생명이 스스로를 전초前哨로 여기지 않고, 그 자신을 가장 중요한 가치로 인식하는 모든 곳은 이와 같은 경우에 해당되는 **않는다.** 이제 생명이 대상화된다는 사실이 생명에 관련된 중요한 사안들에 있어서 공통적이라고 한다면, 생명을 대상화하는 기술은, 다시 말해서 생명을 대상화하는 규율은 어느 시대에서나 특별한 기술인 것이다. 우리는 개인과 개인의 조직 편성의 대상화에 대해 간략히 살펴보았다. 그리고 우리는 이 대상화를 하나의 좋은 신호로 해석한다. 그러나 이 같은 관찰이 완전해지려면, 무엇보다 우리의 전환에 고유한 특징을 부여하는 제3의 규칙이자 냉혹한 규칙을 언급해야만 할 것이다. 이는 바로 기술적 규칙 그 자체이며, 우리 생명의 대상화가 가장 또렷하게 나타나는 거대한 거울인데, 기술적 규칙은 고통의 접촉으로부터 특별한 방식으로 밀폐되어 있다. **기술은 우리의 유니폼이다.** 그러나 우리는 이러한 과정을 그 전체적인 규모에서 조망하기에는 너무나 깊이 이 과정 속에 살고 있다. 그러나 여기서 아주 조금만 거리를 두면, 예를 들어 기술과의 접촉이 아직 덜한 지역으로 여행을 갔다 돌아오면, 기계의 사용이 두드러지게 눈에 띌 것이다. 우리 기술의 편의적 성격이 도구적인 지배력Macht**46**의 성격과 더욱 명백하게 융합될수록, 더욱더 이렇게 될 것이다.

12.

여기서 이러한 지배력(권력)의 성격이 숨김없이 드러나는 전투를 살펴보면 피부로 느끼는 바가 많을 것이다. 이미 고대인들의 전쟁 기술을 다룬 플라비우스 베게티우스 레나투스Flavius Vegetius Renatus,**47** 폴리비우스Polybios**48** 그리고 여타

46＿ 기술적 도구를 이용해 힘과 권력을 확장하는 데 사용한다는 의미다.

47＿ ?~?. 4세기경에 로마에서 활동한 군사이론가다. 베게티우스의 『군사학논고』는 후대의 군주와 군사이론가들의 필독서가 되었다고 한다.

48＿ 기원전 200년경~120년경. 고대 그리스의 역사학자로, 40권에 달하는 주저 『히스토리아』에서 1차 포에니 전쟁부터 카르타고의 멸망에 이르는 로마사를 서술했다.

의 작가들에게서 우리는 기계의 사용이 전쟁의 움직임에 수학적인 특징을 부여했다는 인상을 받게 된다. 무엇보다 율리우스 카이사르의 산문에 하나의 정신의 언어가 보존되어 있는데, 이 정신은 거리 간격Entfernung에 대한 열정을 가지고 있지 않다.[49] 오히려 이 정신에게는 지배의 전제 조건인 높이의 거리 간격[50]이 고유한 것이다. 이러한 종류의 언어는 필연적으로 하나의 물적 대상과 같으며, 전투에 수반되는 공격자와 죽어가는 자의 비명은 "이제는 트리아리가 나설 차례가 되었다"[51]와 같은 문장 안으로 침투하지 못한다. 야전군 지휘관의 고도의 감각은 고통과 격정의 영향력으로부터 영향을 받지 않은 채 사물을 파악한다.

만약 로마 군단 또한 이미 하나의 기계라면, 즉 군단의 양쪽 날개가 마치 지렛대에 의한 것처럼 기병대에 의해 지원을 받는, 방패와 공격 무기로 무장된 움직이는 벽으로서 관찰될 수 있다면, 고대 전쟁 기술의 온전한 특징은 구체적인 안전함의 최고 상징에 대한 공격, 즉 도시의 성벽에 대한 공

49_ 원주) "간격에 대한 열정"은 **권력**의 표징이 아니라, **권력**에 대한 의지의 표징이다.

50_ 단순히 멀리 떨어지는 것이 아니라, 높은 곳에서 아래에 위치한 사람들을 통치하기 위해 취하는 거리 간격을 의미한다.

51_ 라틴어 원문은 "res ad triarios venit"이다. 로마 군단의 엘리트 부대인 triarii에서 유래한 말로서, 엘리트 부대인 트리아리가 나서야 할 만큼 급박한 위기에 처했음을 의미한다.

격에서 가장 분명하게 드러난다. 우리는 도시 점령의 과정을 세부사항에 이르기까지 서술한 다수의 보고문을 가지고 있는데, 거북 전형, 투석기, 덮개가 있는 파성추, 이동하는 공성탑, 경사면 등이 나오는 보고문을 읽으면 아주 긴장감이 넘쳐서 마치 이것이 악마들 간의 혹은 멸종해버린 동물 세계 속 상상의 존재들 간의 전투를 묘사한 것만 같다. 이러한 연극 앞에서 사람들은 이것이 인간과 관련된 일이라는 느낌을 상실하게 된다. 질서정연한 배치와 장비의 정밀한 이동성은 개인의 운명에서 시선을 돌리게 한다. 인간이 굴러가는 이동수단에 탑승해 있다는 사실만으로도 그에게 엄청난 불사신의 외관이 부여되며, 이러한 효과는 공격자에게도 영향을 미친다. 세계대전에서 새로운 전투차량[52]이 초기에 성공한 원인도 무엇보다 적의 의표를 찌른 데 있다. 또한 사람들은 이러한 성공에 비추어 기마병이 준 마법적 인상을 평가할 수 있을 것인데, 근래의 역사에서 멕시코인들이 그랬듯이 전혀 예상치 못한 채 기마병과 마주친 모든 민족은 이를 악마적인 존재로 여겼던 것이다.[53]

티투스의 지휘 아래 이루어진 예루살렘 포위와 같은 사

52_ 1916년 솜 전투에 최초로 투입된 탱크를 의미한다.

53_ 스페인의 정복자 피사로가 잉카 제국과 전투를 벌일 때, 말을 처음 본 잉카 군대는 공

건은 그 안에 19세기의 전쟁사에서 찾아볼 수 없는 수학의 척도를 감추고 있다. 엄격한 선들 혹은 사각형과 같은 로코코 군대가 여전히 지독하게 준수된 진군 속도로 전선을 이동했다는 사실을 고려해보면, 세계대전의 물량전은 이와 정반대로 불타는 무질서의 상像처럼 보인다. 이러한 상의 근저에 놓인 법칙성은 우리가 『포화와 이동Feuer und Bewegung』[54]에서 세부적으로 다루었듯이 조직적인 공간의 법칙성과는 정반대된다. 여기서 우리는 물량의 최대 투입이 최저의 효과와 상응한다는 사실을 인식한다. 알렉산더의 전투가 나폴레옹의 전투보다 더욱 제왕적인 인상을 일깨우는 까닭도 여기에 있는데, 위대한 사유가 순수성 속에서 가시화되기 위해서는 광석에서와 마찬가지로 결합된 배열을 필요로 하는 것이다.

이제 우리는 이와 같은 질서의 요소들이 우리의 주변과 기술 속에 온전히 존재한다는 사실을 인지해야만 한다. 이는 중요한데, 이 요소들이 그것에 적합한 정신에 의해 파악되고 형식화되는 지점이 의심의 여지없이 우리 역사에 있어

포에 사로잡혔다고 한다.
54_ 윙거가 1930년에 출간한 전쟁이론에 관한 에세이다. 제1차 세계대전 중 새롭게 개발된 육군 엘리트 정예부대의 작전교리이기도 하다. 즉 박격포로 무장한 소대 병력의 척후부대가 '사격Feuer' 후 위치가 발각되기 이전에 '이동Bewegung'하는 전술을 의미한다.

서 결정적인 지점이 될 것이기 때문이다. 시대의 모든 오해 너머로 우리 과제의 실제적인 핵심이 바로 여기에 감춰져 있다.

전투의 영역에서 고도로 정렬된 (전투) 과정이 우리 시대에도 가능하다는 사실은 무엇보다 해전의 광경을 통해 입증된다. 세계대전이 그 이름에도 불구하고 본질적으로 대륙 전쟁이자 식민지 전쟁이었다는 사실은 우연이 아니다. 이러한 성향은 상투어를 떼어내고 보면, 영토와 식민지를 점령하는 것을 목표로 했던 결과에 상응한다. 그러나 세계대전은 이를 넘어 제국적인 결단으로 나아가는 단초를 그 안에 감추고 있었는데, 그러한 결단의 도구로써 사람들은 타당하게도 함대를 눈여겨보았다. 위대한 지배의 부유浮游하는 전초기지이자, 권력에 대한 요구가 가장 좁은 공간에 응축되어 있었던 철갑으로 무장된 방말이다.

해군 선단 간의 회전會戰의 특징은 비교할 수 없을 정도로 선명한 일목요연함인데, 이러한 사실은 사람들이 이 회전의 진행 과정을 기억 속에서 분 단위로 각각의 함포 사격에 이르기까지 재현할 수 있다는 사실을 통해 이미 드러난다. 또한 여기에서 사람들은—순수한 물질적 차원에서라기보다 중요성 차원에서 눈에 띄지 않는—전투원이나 전투원

무리에 주목하는 것이 아니라 오로지 함대와 함선에만 주목한다. 여기서 우리는 인간이 몰락을 운명으로 받아들이는 회전을 눈앞에 두고 있는 것이다. 그리고 여기서 인간들의 최후의 관심Sorge은 몰락으로부터 벗어나는 데 있는 것이 아니라, 나부끼는 깃발과 함께 몰락한다는 사실에 있다. 생존자들의 보고에서 사람들은 항상 기묘한 분위기와 맞닥뜨리게 되는데, 이 분위기를 통해 짐작할 수 있는 사실은 결정적인 순간에 죽음이 전혀 관찰되지 않는다는 점이다. 인간이 파괴의 영역 한가운데에서, 즉 기계 장비의 조작에 열중하고 있는 곳에서 이러한 사실이 가장 명징하게 드러난다. 우리는 여기서 인간을 최고도의 안전 상태 속에서 발견하며, 최고도의 안전 상태는 죽음의 바로 옆에서도 스스로 안전하다고 느끼는 사람만이 가질 수 있는 것이다.

요사이 도구에 내재된 지배에 대한 요구가 변함없이 강화되고 있다. 이러한 발전이 성취되는 정도에 상응해 4대 원소[55]의 차이와 저항도 희박해진다. 그러나 이러한 사실은 전략적 사유가 다시금 높은 순도로 실현될 수 있다는 것을 의

---

[55]_ 고대 그리스의 원소론에 따르면 세계는 공기(하늘), 물, 불, 땅(흙)의 4대 원소로 구성되어 있으며, 이 원소들은 서로 상이한 성질을 가지고 있다. 윙거는 기술의 발전에 따라 기존의 세계를 구성했던 4대 원소의 성질조차 극복된다고 주장하고 있다.

미한다. 우리는 물량전에서 사령관의 사유가 포화와 흙으로 뒤죽박죽이 된 영역을 꿰뚫어보지 못하며, 전략적 세부사항들의 혼란으로 인해 어리둥절한 상태에 빠졌음을 관찰하게 된다. 그러나 좀 더 가볍고 침투가 용이한 물의 요소에만 귀속되어 있는 것처럼 보였던 시공간 속에서의 정밀한 움직임이 땅에서도 그리고 무엇보다 우리에게 이제 막 접근 가능해진 공기(하늘)의 왕국에서도 최소한 상상 가능해졌다. 전투법의 엄밀한 방식을 보여주는 특징 중 하나는 편대[56] 개념이 어디에서나 중요한 역할을 수행하기 시작했다는 사실에 있다. 나아가 유기체적 세계에서뿐 아니라 기계적 세계에서도 수학과 비밀스러운 관계를 맺고 있는 전차가 전투의 모든 영역에서 새로운 종류의 형식으로 부활했다는 사실도 시사하는 바가 크다.

기술의 정신이 새로운 전투 수단의 제작을 통해 추구하는 전투에서의 기동성 상승[57]은 전략적 군사 작전의 부활을 약속할 뿐만 아니라, 더욱 강인하고 불사신과도 같은 군인 유형의 등장을 예고한다. 우리가 일반교양의 원칙과 관

---

[56] 일련의 기계화 부대, 즉 비행편대 및 함대 등을 의미한다.
[57] 탱크와 비행기의 빠른 기동력에 중점을 두는 융거의 전술 이해는 제2차 세계대전 당시 독일의 전술인 전격전Blitzkrieg의 철학과 일치한다.

런해 언급한 변화된 법칙성이 군인적인 것에도 영향력을 미친다. 전투가 하나의 특수한 노동 성격으로서 나타나는 세계 속에서는 무장한 민족이 더 이상 우리에게 익숙한 의미로는 회자하지 않을 것이다. 도구Mittel가 가능한 모든 수량적 투입보다 우월한 것과 마찬가지로 이 수단을 사용하는 부대들 또한 일반징병제가 실행한 것과는 다른 종류의 선별을 전제한다. 특히 집단교육훈련의 특징인 짧은 복무 기간은 도구에 대한 성공적인 제어와 개인의 단련을 위해 충분치 못하다. 이에 따라 우리는 교육훈련이 이미 더 이른 시기부터 준비되고 다양한 방식으로 특성화되고 있다는 사실을 깨닫게 된다. 따라서 군대가 병기와 관련해서뿐만 아니라 전투원과 관련해서도 대상적 성격이 보다 강화될 것이라는 사실에 대한 일련의 근거가 존재한다. 이는 권력과 관련된 사안에서 좀 더 증대된 선명성과 깨끗함을 의미한다. 세계대전 시기 대포에 새겨져 있었던 "왕의 마지막 선택"[58]이라는 문구는 그저 추억만 불러일으킬 뿐이었다. 현실적으로 전쟁에 대한 인기의 정도가 거대한 군중의 군복무의 조건이 된

58_ 라틴어 원어는 "ultima ratio regis"이다. 전쟁은 왕이 결정할 수 있는 그야말로 최후의 선택이라는 의미로, 프로이센의 프리드리히 대왕이 모든 대포에 이 말을 새겨 넣게 했다고 한다.

다. 결정적인 기준은 정의에 대한 민주주의의 표상 아래에 놓여 있다. 소위 추밀원 전쟁[59]은 따라서 각별한 비난의 대상이었다. 그러나 권력에 관한 일들을 그 본질에 따라 편견 없이 관찰하는 사람이라면 누구나 추밀원 전쟁이 대중적인 전쟁보다 선호되어야 한다는 사실을 의심하지 않을 것이다. 추밀원 전쟁은 특정한 목표를 가지며, 실질적인 상황에 따라 그 시기가 선정될 수 있는 숙고된 전쟁이다. 그러나 이 전쟁은 무엇보다 도덕적인 영역으로부터 벗어나 있으며, 따라서 이 전쟁은 전투를 가능하게 하기 위해 군중의 저열한 본능을 자극하거나 군중을 증오심 속으로 빠뜨릴 필요가 없다.

전쟁과 평화에 대한 결정은 최상의 왕권이다. 최상의 왕권으로서의 결정은 군주의 의지의 도구로써 사용될 수 있는 군대를 전제로 하고 있다. 이러한 관계는 고통보다 중요한 것들이 존재하며, 사람들이 '영원한 삶'이란 죽음과의 직면 속에서만 가능하다는 사실을 인지하는 공간에서만 상상이 가능하다.

[59]_ 추밀원 전쟁Kabinettskrieg이란 절대왕정 시기에 행해진, 목적과 전쟁 비용을 미리 계산하고 진행되는 전쟁을 의미한다. 국회의 승인을 받아 일반징병제를 통해 구성된 국민군대가 수행하는 현대전과 달리, 추밀원 전쟁은 왕이 자신의 자문기관인 추밀원(내각)과 그 목표와 전비를 협의해 실행하는 제한적 전쟁이며, 절대왕정의 상비군이나 용병들에 의해 수행된다. 추밀원 전쟁이라는 이름이 붙은 것도 이 때문이다.

13.

이제 어찌됐든 기묘한 면이 있음에도 우리가 당연하게 여겨온 사실을 관찰해봐야 할 것이다. 아무런 문제점을 발견하지 못하며, 어떠한 토론의 여지도 없다고 생각하는 바로 그 영역에서 틀림없이 가장 많은 것을 깨닫기 마련이다.

살인자 한 명의 목숨을 놓고 다양한 세계관이 총력을 다해 다투는 시대[60]에 기술, 특히 교통기술로 인해 발생하는 수많은 희생자와 관해서는 의견 차이가 전혀 존재하지 않는 것은 무슨 까닭에서일까? 이러한 일이 과거에서부터 쭉 그래왔던 것은 절대 아니라는 사실을 최초의 철도법 판본에서 확인할 수 있는데, 여기에는 오로지 철도가 존재한다는 그 사실로 인해 발생하는 모든 피해에 대해 철도에 책임을 물으려는 노력이 명백하게 드러난다. 오늘날에는 이와 반대로 보행자가 교통에 적응해야 하며, 교통규칙 위반에도 책임이 있다는 견해가 관철되었다. 이 교통규칙은 그 자체로 기능적인 혁명의 표징 가운데 하나가 되었는데, 이 혁명은 눈

60_ 바이마르 공화국 당시의 사형제 폐지 논의를 이른다. 바이마르 공화국 당시 사민당 SPD은 아인슈타인과 같은 진보적 지식인들과 함께 힘을 모아 사형제 폐지를 주장했으나 보수 세력의 강력한 반대에 부딪혀 결국 관철하지 못했다.

에 띄지 않게 그리고 별다른 저항 없이 인간을 이 변화된 법칙성의 지배하에 놓는다.

비록 비행의 역사가 추락의 역사라 할지라도 그리고 비행을 순수한 교통수단으로 살펴보았을 때 모든 경제 법칙과 모순된다고 할지라도, 우리는 비행을 포기하려 하지 않는다. 이러한 사실은, 예를 들어 수백 년 내내 수도원에서 스스로에게 가했던 고통을 기이한 탈선으로 간주하려는 정신의 소유자에게는 문제제기의 대상이 되지 않는다. 교통으로 인한 희생자는 해마다 발생하며, 그 수는 참혹한 전쟁의 피해를 능가하기에 이르렀다. 우리는 이러한 희생자들을 당연시하는데, 이러한 감정은 선원이나 광부에게 있었던 과거의 직업관을 상기시킨다. 이미 비스마르크는 사형제에 관한 논쟁에서 광산업이 요구하는 희생자의 수가 통계적으로 미리 계산 가능함에도 불구하고, 우리는 누구도 광산업을 중단해야 한다고 생각하지 않는다는 고찰을 제시한 바 있다. 이를 통해 그는 고통이 세계 질서의 불가피한 현상이라는 견해를 표했던 것이며, 이 견해는 모든 보수적 사유에 고유한 것이다. 실제로 통계는 인간이 운명에 고정적인 희생물을 바쳐야만 한다는 사실에 대한 이차적인 증거를 제시하는데, 그래서 시국의 좋고 나쁨을 떠나서 자살자 수가 대동소이하게 유지되는 현상은 주목할 만한 것이다.

기술적 과정이 청구하는 희생은 따라서 우리에게 필연적인 것으로 나타나는데, 희생이 우리 유형에게, 다시 말해 노동자의 유형에게 걸맞기 때문이다. 노동자의 유형은 다양한 방식으로 신분제 구조가 남긴 간극의 틈새 안으로 침투해 들어가며, 그는 그 틈새 안으로 자신에게 고유한 가치들을 가지고 들어간다. 100년 전만 하더라도 젊은 남성이 결투에서 사망하는 일은 에피소드에 불과했지만, 오늘날 이러한 죽음은 호기심의 대상이 될 것이다. 같은 시대에 사람들은 비행기계를 탄 채 도나우 강에 추락했던 울름 출신의 재단사 알브레히트 루드비히 베르브링거Albrecht Ludwig Berblinger[61]를 광대로 여겼으며, 아무것도 얻을 것이 없는 산 정상에 오르다 목이 부러진 사람은 망상에 사로잡혔음에 틀림없을 거라고 여겼다. 오늘날 행글라이더를 타거나 동계스포츠 경기 중 사망하는 일은 다시금 당연한 일에 해당하게 되었다.

61_ 베르브링거(1770~1828)는 흔히 '울름의 재단사'로 알려져 있다. 재단사이자 발명가였던 그는 활강이 가능한 글라이더를 제작했지만, 귀족들이 모인 시연회 자리에서 비행에 실패하면서 몰락하고 말았다. 독일 작가 베르톨트 브레히트는 이를 소재로 「울름 1592」라는 시를 쓰기도 했다.

14.

우리 시대에 이르러 생성 중인 유형을 한 문장으로 특징 지어야 한다면, '제2'의 의식을 가지고 있다는 점이라 할 수 있다. 이 제2의 의식, 냉철한 의식은 자기 자신을 더욱더 엄정하게 물적인 대상으로서 파악하는 능력이 발전하는 데서 드러난다. 이러한 능력을 과거 방식의 심리학을 통한 자기성찰과 혼동해서는 안 된다. 심리학과 제2의 의식 간의 차이는 심리학이 감정적인 인간을 관찰 대상으로 선택하는 반면, 제2의 의식은 고통의 영역에서 벗어나 있는 인간을 향한다는 데 있다. 물론 여기에도 이행 과정이 존재하는데, 따라서 모든 해체 과정이 그러하듯 심리학 또한 질서 유지의 측면을 가지고 있음을 감지해야 한다. 심리학은 특히 순수한 측량 과정으로서 발전하는 분야에서 유독 눈에 띈다.

제2의 의식이 자신으로부터 생성해내고자 하는 상징이야말로 많은 것을 해명해줄 것이다. 우리는 어떤 다른 생명체와는 달리 인공적인 기관을 사용해 노동할 뿐만 아니라, 인공적인 감각기관을 통해 고도의 유형적 일치가 창조되는 기이한 영역의 건설 과정 한가운데에 서 있다. 그러나 이러한 사실은 우리의 세계상Weltbild이 대상화된다는 사실과 그리고 우리가 고통과 밀접한 관계를 맺고 있다는 점과도 긴밀히 관련되어 있다.

여기서 우선 사진이라는 혁명적인 사실을 증거로 제시할수 있을 것이다. 이 빛의 문자는 공적 증거Urkunde의 성격이부여된 일종의 확증確證이다. 세계대전은 이러한 방식으로기록된 최초의 거대한 과정이었는데, 그 이후로 이 인공적인시각에 의해 포착되지 않은 중요한 사건이란 존재하지 않는다. 이러한 노력은 이를 넘어서 지금껏 인간의 시각이 접근할 수 없었던 공간들을 들여다보려는 일까지도 나아간다.인공적 시각은 지평선에 낀 짙은 안개, 대기의 증기와 암흑그리고 물체의 저항 자체마저도 뚫고 들어가는데, 이를테면시각 세포들은 심해의 근저에서 그리고 측량기구의 높은 고도에서 작업한다.

사진이 포착하는 것은 감성의 영역 밖에 위치한다. 촬영에는 망원경적인 성격이 부과되어 있는데, 사람들은 이 과정이 감정이 없고 손상되지 않는 시각에 의해 관찰된다는 사실을 인지하게 된다. 촬영은 인간이 폭발에 의해 갈기갈기찢겨지는 순간을 포착할 수 있는 것처럼 공중의 총알도 포착한다. 이것이 우리에게만 고유한 보기의 방법이며, 사진은이러한 우리의 고유한 방식을 위한 도구에 다름아니다. 이

고유함이 다른 영역, 즉 문학의 영역에서 그다지 가시화되지 않고 있다는 사실은 주목할 만하다. 그러나 우리가 회화에서 그러하듯이 여기서 무엇인가 기대할 만한 점이 있다면, 극도로 섬세한 정신적인 과정의 묘사가 새로운 종류의 정밀하고 실제적인 서술에 의해 대체될 것이라는 사실에 의심의 여지가 없다는 점이다.

우리는 이미 『노동자』에서 사진이 유형[62]이 사용하는 무기라는 사실을 언급한 바 있다. 보는 일은 그에게 공격 행위다. 이에 상응해 이미 세계대전에서 '위장'으로서 두드러진 바와 같이 스스로를 보이지 않게 만들려는 노력이 증대하고 있다. 전투 배열은 정찰기의 사진에서 판독될 수 있게 된 순간에 더 이상 유지될 수 없었다. 이러한 관계들은 끊임없이 거대한 조형성으로, 물적 대상성으로 향해 간다. 오늘날 이미 시각 세포와 결합된 총이 존재하며, 시각적 조종을 받아 스스로 비행하거나 물살을 가르는 공격 무기 또한 존재한다.

또한 정치에서도 사진은 무기에 해당하는데, 사람들은 이를 점점 더 능숙하게 사용하고 있다. 특히 사진은 유형에게 하나의 수단을 제공하는 것처럼 보이는데, 사진은 개인적

62_ 노동자의 유형을 의미한다.

특성, 다시 말해서 사진의 요구에 더 이상 대처할 능력이 없는 적의 특성을 찾아내는 수단이다. 왜냐하면 개인적 영역은 사진을 막아낼 수 없기 때문이다. 또한 사람들은 신념을 얼굴보다 더 쉽게 바꾼다. 사진이 정치적 투쟁에서 살해된 사람을 선전 포스터 양식으로 활용하는 방식은 대단히 악의적이다.

사진은 따라서 우리에게 고유한, 그러나 끔찍한, 보는 방식의 표현이다. 궁극적으로 여기에는 악한 시선의 형식, 일종의 마법적 소유의 방식이 주어져 있다. 사람들은 이를 다른 종류의 제의적 본질이 살아 있는 곳에서 매우 잘 느낄수 있다. 하나의 도시가 메카처럼 촬영될 수 있는 순간에, 이 도시는 식민지의 영역으로 편입되는 것이다.

우리에게는 생동하는 과정에 표본의 성격[63]을 부여하려는 기묘하고 묘사하기 어려운 경향이 내재되어 있는 것 같다. 오늘날 하나의 사건이 일어나는 곳은 카메라 렌즈와 마이크의 무리로 둘러싸이며, 플래시의 폭발하는 섬광에 의해 밝게 비춰진다. 많은 경우에 사건 그 자체는 '중계방송' 뒤로 완전히 밀려난다. 따라서 사건은 고도로 객체화된다. 그래서

63_ 에른스트 윙거는 아마추어 곤충학자였으며, 엄청난 양의 곤충 표본을 수집했다. 곤충의 행동 양식을 관찰해 얻어진 인식은 윙거의 사유에서 중요한 위치를 차지한다.

우리는 정치적 절차, 국회의 회의, 운동 경기의 고유한 의미가 전지구적인 중계 대상이 되는 데 있다는 사실을 인식한다. 사건은 특정한 공간에도 특정한 시간에도 구속되지 않으며, 따라서 그것은 어떤 곳에서든 재현될 수 있고 원하는만큼 자주 반복될 수 있다. 이는 엄청난 거리를 암시하는 징후다. 그리고 우리가 일하는 중에 꾸준히 발견하게 되는 제2의 의식에—증대되는 삶의 화석화를 정당화시키는—중심점이 주어져 있는지의 여부에 대해 질문이 제기된다.

거리 간격Entfernung에 대한 진실은 영사映寫에서, 즉 감성이 접근할 수 없는 제2의 공간을 촬영한 영상에서 더욱 명백하게 드러난다. 이러한 사실은 우리가 우리의 거울상을 마주하는 곳에서 가장 명백해지는데, 우리가 우리의 움직임을 영상 속에서 관찰하든지 아니면 우리 자신의 목소리가마치 낯선 사람의 목소리처럼 우리의 귀에 들어오든지 간에매한가지다. 물적 대상화의 진전과 함께 견뎌낼 수 있는 고통의 기준도 상승한다. 사람들은 고통이—그것도 고통이 불과 얼마 전까지와는 전혀 다른 의미에서—환상으로 여겨질수 있는 공간을 창조하려는 경향을 가지고 있는 것 같다. 이러한 관점에서 영화를 좀 더 면밀히 연구해보면 유익할 것인데, 테르툴리아누스Quintus Septimius Florens Tertullianus[64]가 영화를 본다면 그가 유희에 반대해 쓴 모든 내용을 그대로 목도하게 될 것이다. 예를 들면, 오로지 고통스럽고 악의적인 사건들이 중첩된 영화의 그로테스크가 불러일으키는 거친 웃음은 낯설게 느껴진다. 기계적인 과정이 진행되는 동안 특정한 행동을 수행하거나 중단하는 일을 계속함으로써 만들어지는 수학적인 인물에 대한 애정 또한 시사하는 바가 많다. 영화에 특히 적합한 일련의 동작들이 존재하는데, 정밀한 활강이 강철과 같은 자연 풍경 속에서 펼쳐지는 스키 선수의 동작이 그중 하나다. 또한 가면과 마리오네트, 인형, 광고 모형의 왕국이 여기에 속하며, 이 왕국은 인공적인 생명체들이 기계적 방식으로 생성된 목소리와 함께 움직이는 곳이다. 나아가 언급할 만한 것은 놀라운 동시성인데, 매우 유쾌한 상황을 찍은 영상 한가운데 같은 시간에 지구의 한 부분을 황폐하게 만드는 참사의 촬영물이 삽입된다. 관객의 태도에서 눈에 띄는 것은, 이들의 참여가 침묵 속에서 수행된다는 점이다. 그리고 이러한 침묵은 황소와의 대결이라는 형

64_ 약 155년~220년. 북아프리카 카르타고 출생의 신학자다. 원래 법학자였으나 기독교도의 순교 장면을 목격하고 기독교로 개종했다고 한다. 엄격한 윤리를 강조하고 로마의 향락 문화를 비판했으며, 『유희에 관하여De spectaculis』를 저술했다. 윙거는 이 책에 나오는 유희에 대한 비판을 언급하는 것으로 보인다.

태로 고대의 선수[65]들의 잔재가 오늘날까지 보존되어 있는 남부의 경기장에서 관찰되는 사나운 분노보다 더욱 추상적이고 잔인하다.

이 기회에 대지의 태곳적 제식祭式에서 유래한 투우를 볼 때에 고통의 본래적인 표현이 제의적 법칙성에 의해 은폐된다는 사실이 지적되어야 할 것이다. 이러한 사실은 피비린내 나는 격투가 기사도적인 신분 규칙의 준수 아래 이루어지는 곳, 그러니까 학생결투Mensur와 같은 것에서도 관찰된다. 노동자의 세계에서 이 관례는 정밀하고 그와 동일한 정도로 탈도덕적이며 비신사적인 기술적 과정에 의해 대체될 것이다. 이 과정의 에토스Ethos는—고통이 더 높은 정도로 견뎌질 수 있다는 사실이야말로 이러한 에토스를 암시하는데—물론 오늘날 여전히 미지의 것이다.

인공적인 감각기관의 비밀스러운 성향은 재앙이 중요한 역할을 수행하는 공간을 가리킨다. 거기에서 명령의 전달은 더욱 확실하고 더욱 널리 전달가능하며 침해될 수 없을 것이다. 우리는 소식, 경고, 위협이 몇 분 안에 모든 지각에 도달되어 있어야만 하는 상태에 접근해가고 있다. 라디오 방

65_ 스페인의 투우와 고대의 검투사를 의미한다.

송, 영화와 같은 총체적 수단의 오락적 성격 너머로 특수한 형식의 규율이 감추어져 있다. 이러한 사실은 특히 통신 업무에 대한 참여와 동참이 하나의 의무로 변화될 때만 비로소 드러나게 될 것이다.

15.

이러한 현상에 있어서 중요한 것은 기술적 변화가 아니라, 새로운 삶의 양식이라는 사실이 다음과 같은 점에서, 즉 도구의 특성이 도구의 본래적 영역에만 제한되지 않고 인간의 신체 또한 자신의 영향력 아래에 두려고 한다는 점에서 가장 분명하게 인식될 수 있다.

이것이 아무튼 우리가 스포츠라고 부르는 고유한 과정의 의미이며, 스포츠는 오늘날의 올림픽과 그리스의 올림픽 간의 차이만큼 고대의 운동 경기들과 구별된다. 본질적인 차이는 오늘날에는 경쟁보다는 정확한 측정 과정이 더 중요하다는 사실에 있다. 이러한 점은 상대방의 존재도, 관객의 존재도 꼭 필요치 않다는 사실을 통해 드러난다. 그보다 더 중요한 것은 줄자와 스톱워치, 전류 혹은 사진기의 렌즈를 통해 성적에 대한 감정을 수행하는 제2의 의식의 존재다. 이러한 전제 조건을 갖춘 곳이라면, 달리기와 던지기가 서로 마주한 경주로에서 이루어지든 아니면 경주로 중 하나가 로도스에 있고 다른 하나는 호주에 있든지 간에 상관없다.[66]

기록을 최소의 시공간 단위로까지 숫자 형식으로 확정하려는 경향은 인간의 신체가 도구를 통해 무엇을 수행할 수 있는지를 가장 정확하게 알고 싶은 욕구에서 기인한다. 사람들은 이러한 현상에 놀랄 수도 있지만, 이러한 경향이 존재한다는 사실만은 부인하지 못한다. 이러한 현상은 상징적인 연관 관계 속에서 인식되지 못하는 순간 부조리한 것이 된다.

만약 스키점프 선수가 차례로 점프대에서 분리되는 모습을 보거나 유선형으로 제작된 헬멧과 유니폼을 입은 카레이서들이 쏜살같이 지나가는 장면을 본다면, 그 인상은 특수하게 제작된 기계를 보았을 때 받은 인상과 좀처럼 구분되지 않는다. 이러한 관계는 인간의 외견Habitus에서도 표현된다. 이와 같은 의미의 스포츠가 존재한 지는 오래지 않다.

66_ 『이솝우화』에 나오는 허풍쟁이 5종 경기 선수의 이야기를 패러디한 것이다. 허풍쟁이가 로도스 섬에서 훌륭한 멀리뛰기 기록을 세웠다고 반복해 자랑하자, 이를 듣던 이가 증명해보라는 의미로 "여기가 로도스다, 여기서 뛰어라Hic Rhodus, hic salta"라고 말했다고 한다.

그러나 콧수염을 기르고 민간인 복장을 한 최초의 스포츠 팀 사진은 이미 우리에게 기이하게 보인다.

새로운 얼굴은 오늘날 모든 화보 신문에서 발견할 수 있는 바와 같이 과거와 다르다. 이는 금속으로 제작되었거나 특수한 목재를 깎아놓은 것처럼 영혼이 없으며, 의심의 여지없이 사진과 관계를 맺고 있다. 이는 그 속에서 노동자의 유형이나 인종이 표현되는 얼굴이다. 스포츠는 노동 과정의 일부분인데, 스포츠에서는 본래 실용적인 면이 부재하기 때문에 노동 과정이 더욱 분명하게 드러난다. 덧붙여 말하자면, 이러한 확인을 통해 우리는 잘 알려진 아마추어 논쟁[67]이 그 근본에 있어 과거의 신분·직업적 가치평가에 근거해 있다는 사실을 쉽게 확인할 수 있다. 여기에는 다음과 같은 사실, 즉 이 논쟁이 무엇보다 경마와 테니스와 같이 궁중 전통의 잔재를 보존해온 영역을 건드린다는 사실과 연관되어 있다. 스포츠를 행하는 일은 물론 의심의 여지없이 하나의 진정한 직업이다.

누군가 이 형상을 관찰해본다면, 겉모습만 보아도 이 형

---

[67]_ 올림픽에 아마추어 선수만 참가할 수 있다는 IOC의 규정을 둘러싼 논쟁을 말하는 것으로 보인다. 올림픽의 창시자 쿠베르탱 남작의 뜻에 따라 올림픽에는 아마추어 선수만 참가할 수 있다. 이 아마추어의 정의에 대한 논쟁 속에서 직업적 선수로 활동한 경력이 있던 미국의 짐 소프 선수는 메달을 박탈당하기도 했다.

상이 이미 감성의 영역에서 멀리 벗어나 있다는 인상을 떨칠 수 없을 것이다. 극도로 면밀한 세심함을 지닌 의지에 의하여 훈육되고 유니폼을 입은 이 육체는 어떠한 부상에도 꿈쩍하지 않을 것이란 인상을 불러일으킨다. 오늘날 우리가 다시금 죽음의 장면을 냉정하게 견뎌낼 수 있게 되었다는 사실은 바로 우리가 우리의 신체 내에서 더 이상 과거와 같은 방식으로 존재하지 않는다는 점을 통해 설명된다. 따라서 사망 사고가 발생했다고 해서 에어쇼나 자동차 경주를 중단시키는 일은 더 이상 우리의 양식에 걸맞지 않는다. 이러한 종류의 사고는 새로운 안전함의 외부가 아니라 내부에 존재한다.

스포츠는 인간의 윤곽의 경화硬化와 첨예화 그리고 도금화가 관찰되는 영역 중 하나에 불과하다. 신체의 아름다움을 다른 방식의 척도에 비추어 보려는 경향은 매우 주목할만하다. 또한 여기에는 사진과, 특히 바로 견본見本적인 성격을 지닌 영화와의 밀접한 상관관계가 존재한다. 스포츠와 공공해수욕, 리듬 댄스, 광고 등과 같은 다양한 계기를 통해 시각은 옷을 입지 않은 신체를 보는 데 익숙해졌다. 여기서 중요한 것은 성애적인 영역으로의 침투이며, 이 침투의 의미가 여전히 드러나지 않았지만, 그 의미는 이미 예감이 가능하다.

이러한 전환기에 이 현상이 지닌 이의二儀성은 특히 많은 것을 해명해주는데, 의미의 이중성은 필연적인 변화가 인간에게는 일단 새로운 종류의 자유로 받아들여진다는 사실에서 드러난다. 심리학과 같이 가장 섬세한 개인적 향유와 자기 향유의 영역이 갑자기 정밀한 측정 방식을 내세우기 시작했다는 사실을 접하면 매우 놀라게 된다. 특히 심리·기술적 방법론은 점점 더 분명하게 수공구手工具에 의해 두드러지는데, 사람들은 이 수공구를 가지고 인종 혹은 그와 동일한 것인 유형에게 제기된 요구들을 척도에 알맞게 규정하고자 노력한다. 교통사고를 규명**68**하는 일과 관련하여 개발된 경악의 순간Schrecksekunde과 같은 개념은 이러한 요구에 내재된 냉정하고 객관적인 성격의 이미지를 전달한다.

마지막으로 의학에서도 신체가 얼마나 대상화되고 있는지를 언급해야 할 것이다. 여기에서도 위에서 언급한 의미의 이중성이 나타난다. 따라서 마취는 한편으로 고통으로부터의 해방으로서 나타나지만, 다른 한편으로 신체를 생명 없는 물질처럼 기계적 수술에 내맡겨진 하나의 대상으로 변화

68_ 원주) '사실관계의 재구성'과 같은 상투어는 어쨌든 과실에 대한 변화된 그리고 또 폭넓게 탈도덕화된 입장을 나타낸다.

시킨다. 오늘날 우리의 도시에서 수집할 수 있는 소소한 관찰 중 하나는 약에 대한 해부학적인 광고가 애용된다는 사실이다. 예를 들면, 사람들은 수면제가 세로로 절단된 뇌의 층들에서 어떻게 작용하는지를 관찰한다. 이러한 종류의 전시는 불과 몇 년 전까지만 해도 금기였다.

16.

이제 우리가 고통과 맺는 관계가 변화했다는 사실에 대한 충분한 자료를 수집했다. 지난 100년 넘게 우리의 생활 풍경을 주조한 정신은 의심의 여지없이 잔혹한 정신이다. 이 정신은 또한 인간의 존재Bestand에 자신의 흔적을 날인하는데, 이는 약한 부분을 제거하고, 저항의 면을 강화시킨다. 아직 스스로 이러한 손실을 관찰할 수 있는 상태에 있는 우리는 여전히 가치의 소멸과 세계의 평균화 그리고 세계의 단순화를 인지한다. 그러나 우리가 태어나 살았던 모든 전통에서 멀리 동떨어진 새로운 세대가 자라나고 있으며, 대부분이 서기 2000년을 경험할 이 아이들을 관찰할 때면 기묘한 감정이 든다. 그때에는 모던의 마지막 본질, 즉 코페르니쿠스적 시대의 마지막 본질이 소멸되어 있을 것이다.

이 거대한 형세는 이미 분명하게 나타나고 있다. 이는 물론 19세기의 모든 위대한 정신에 의해 이미 인식되었으며, 횔덜린에서 시작해 유럽의 경계를 넘어서는 이 정신들은 각자 고통에 대한 비밀의 학설을 남겨놓았는데, 바로 여기에 현실에 대한 진정한 척도가 숨겨져 있기 때문이다.

오늘날 우리는 골짜기와 평야가 군대의 막사와 행진 그리고 훈련에 의해 가득 차 있는 것을 본다. 우리는 국가들이 그 어느 때보다 위협적으로 무장하면서, 각 세부에 이르기까지 권력의 전개를 목표로 하고 부대와 무기고를 소유하고 있으며, 이에 대한 결정에 있어 한 치의 의심도 없다는 사실을 관찰한다. 또한 우리는 점점 더 분명하게 개개인이 망설임 없이 자신을 희생시킬 수 있는 상태에 도달하는 것을 본다. 이러한 장면을 목격할 때면 '삶이 권력의 의지로서 등장하고, 그 밖에는 아무것도 없는 연극의 개막식에 우리가 참석한 것인가?'라는 의문이 제기된다.

우리는 인간이 스스로를 대상으로 떼어놓을 수 있는 정도만큼 고통의 공격을 견뎌낼 수 있음을 살펴보았다. 삶의 떼어놓음Herausstellung, 삶의 사물화Versachlichung, 삶의 대상화는 중단 없이 증대되고 있다. 대안정의 시대에 뒤이어 기술적 가치가 우위를 점하는 다른 시대가 놀라운 속도로 도 래했다. 이곳을 지배하는 논리와 수학은 비범하며 경탄할 만한데, 이 놀이를 인간이 생각해냈다고 하기에는 지나치게 섬세하고 논리적이라는 생각이 든다.

그러나 이 모든 일이 책임으로부터 해방되는 것은 아니다. 위험한 영역 안으로 깊숙이 전진 배치되어 고도의 준비태세 속에서 홀로 남겨진 인간을 관찰하게 되면, 자연스럽게 이 준비태세가 어떠한 지점과 연관되어 있는가를 질문하게 된 다. 인간을 요구 아래에 종속시킬 수 있고, 기계에도 요구를 제기하는 이 권력은 거대해야만 한다. 그럼에도 불구하고 시 선은 헛되이 순수한 질서의 과정과 무장의 과정보다도 우월 하며 모든 의심으로부터 자유로운 고지를 찾아 헤맨다. 이 는 오히려 의심의 여지없이 과거의 제의Kult의 평준화, 문화 의 불임성 그리고 행위자를 특징짓는 옹색한 평균성에 불과 하다.

이로부터 우리는 우리가 니힐리즘의 마지막 단계, 그것 도 매우 특이한 마지막 단계에 서 있다는 결론을 이끌어낸 다. 이 단계는 이미 새로운 질서가 멀리 전진했지만, 이에 상 응하는 질서가 아직 가시화되지 않았다는 사실을 특징으로 한다. 이러한 형세의 고유성을 파악하고 나면, 인간이 이 상황 속에서 드러내는 겉보기에 매우 모순된 모습이 해명된다. 고도의 조직적인 능력과 가치에 대한 완전한 색맹 간의 병존, 내용 없는 믿음, 정당성 없는 규율, 간단히 말해서 이념, 설비, 인원의 대리적 성격 자체가 이해될 수 있다. 어째서 도구적 시대에 국가를 가장 포괄적인 도구로 파악하지 않고, 제의적 위대함으로써 인식하고자 하는지 그리고 어째서 기술과 에토스가 이렇게 놀라운 방식으로 동일한 것을 의미하게 되었는지도 이해될 수 있다. 이 모든 것은 사람들이 과정의 **이쪽** 면, 즉 복종, 훈련, 규율, 간단히 말해 의지에서 기인하는 것들을 이미 완전히 달성했다는 징후다. 그리고 순수한 의지보다도 우월한 마법의 주문을 위해 이보다 유리한 전제 조건이 마련된 적은 단 한 번도 없었는데, 이 마법의 주문은 얕잡아 평가되어선 안 될 개미의 미덕에 의미를 부여한다. 인간이 내면 깊숙이 이 상황을 주지하고 있다는 사실은 그가 예언과 맺는 관계 속에서 드러난다. 다시 말해 모든 국가에서 주어진 질서는 인간들에게 그저 토대로서 혹은 미래의 질서로의 이행 단계로서 나타날 뿐인 것이다.

그러나 이러한 상황 속에서 고통은 확실한 해명을 약속하는 단 하나뿐인 척도다. 어떠한 가치도 유지되지 못하는 곳에서 고통에 지향된 운동은 하나의 놀라운 표식으로 계속 남아 있는데, 이 운동 속에서 형이상학적인 구조의 음각 모형der negative Abdruck이 드러난다.

　이러한 확인을 통해 개개인에게 무장에 동참해야 할 필연성이 실질적으로 분명해진다. 비록 무장 속에서 몰락으로의 준비 단계를 관찰했든지, 아니면 십자가가 풍화되고 궁전이 몰락한 저 언덕에서 새로운 야전군사령관의 징표가 만들어지는 과정에 선행하곤 하는 저 혼란을 인식했다고 믿었든지 간에 상관없이 말이다.

제복을 입은 에른스트 윙거(1922)

독일 파시즘의 이론들

Theorien des deutschen Faschismus
Walter Benjamin

— 에른스트 윙거가 발행한 에세이 모음집 『전쟁과 전사戰士』[1]에 대하여

알퐁스 도데의 아들이자 그 자신도 중요한 작가였으며, 프랑스 왕당파의 지도자이기도 했던 레옹 도데Léon Daudet[2] 는 손수 발행하는 『악시옹 프랑세즈Action Française』[3]에 투고

[1]_ 원주) Krieg und Krieger. Hrsg. Von Ernst Jünger. Berlin: Junker und Dünnhaupt Verlag 1930, 204 S.

[2]_ 1867~1942. 소설가 알퐁스 도데의 아들로 당초 의학을 공부했지만 소설가이자 언론 인으로 활동했다. 그가 언론계에서 주요 업적을 쌓은 것은 1908년부터로, 이 무렵에 샤를 모라스와 함께 일간지 『악시옹 프랑세즈』를 보수적이고 민족주의적이며 왕당파적인 입장 의 일간지로 개편했다. 드레퓌스 사건 당시 반드레퓌스파에 적극적으로 가담했다.

[3]_ 악시옹 프랑세즈는 20세기 초반 40년간 프랑스 정치에 강한 영향력을 행사한 극우 정 치단체다. 반공화주의, 반유대주의, 민족주의적 성향을 띠었으며, 프랑스 제3공화국에 대 한 폭력적인 전복을 꾀하기도 했다. 주요 인물로 샤를 모라스, 레옹 도데 등이 있다. 여기서 벤야민이 말하는 『악시옹 프랑세즈』는 레옹 도데가 출간한 동명의 잡지다.

한 자동차박람회salon de l'automobile에 대한 보고서에서, 비록 문자 그대로는 아니지만 "자동차는 전쟁이다"라고 말한 바 있다. 이러한 놀라운 사유의 결합 그 밑바탕에는 기술적 임시 수단들, 속도, 동력원 등이 증대되고 있다는 생각이 자리하고 있다. 이 사유의 결합이 우리의 사적인 삶에서 온전히 완성되어서 적합하게 사용되고 있지는 않지만, 스스로를 정당화하고자 돌진해오는 것은 사실이다. 이러한 정당화는 조화로운 상호 작용을 포기함으로써 전쟁에서 달성되는데, 전쟁은 파괴를 통해 사회적 현실이 기술을 사회 내부의 기관으로 만들기에 충분히 성숙하지 못했다는 사실과 기술이 사회의 근원적 힘들을 제압하기에는 충분치 못했다는 사실에 대한 증거를 제시한다. 전쟁 원인의 경제적인 의미를 전혀 고려하지 않더라도 다음과 같이 주장할 수 있을 것이다. '제국주의 전쟁은 바로 자신이 가진 최대한의 강력함과 불운함 속에서 두 가지 요소 간의 균열적 모순에 의해, 즉 기술의 거대한 수단과 빈약한 도덕적 해명 간의 모순에 의해 결정되었다'고 말이다. 사실 시민사회 또한 그 자체의 경제적인 성격으로 인해 모든 기술적인 것을 소위 정신적인 것으로부터 가능한 밀봉하고, 사회적 질서에 대해 공동으로 결정할 권리를 기술적 사유로부터 최대한 단호히 배제시킬 수

밖에 없다. 모든 미래의 전쟁은 전쟁임과 동시에 기술들이 벌이는 노예 반란이다. 이러한 실상 혹은 이와 유사한 실상으로부터 전쟁과 관련한 모든 질문이 현재의 특징을 얻게 된다는 사실과 그러한 질문들이 제국주의적 전쟁에 관한 질문이라는 사실을 이 책의 저자들에게 상기시킬 필요는 없을 것이다. 왜냐하면 이들은 세계대전의 군인이었고, 다른 무언가에 대해 이들과 논쟁해야 할지 몰라도, 이들이 세계대전의 경험으로부터 출발한다는 사실에는 논란의 여지가 없기 때문이다. 따라서 누군가 이미 책의 첫 페이지에서 "어떤 세기에 어떤 이념을 위해 어떤 무기를 가지고 싸우는지 여부는 부차적인 역할을 할 뿐이다"라는 주장을 발견한다면 무척이나 놀라게 된다. 그리고 가장 놀라운 사실은 에른스트 윙거가 이러한 주장을 통해 평화주의Pazifismus의 근본 원칙, 그중에서도 가장 논란의 소지가 있는 추상적인 원칙을 전유한다는 사실이다. 물론 교조적이고 상투적인 틀뿐만 아니라, 남성적 사유의 모든 척도에 비춰보아도 정말로 악질적이고 뿌리 깊은 신비주의가 그와 그의 친구들 곁에 존재한다. 그러나 윙거의 전쟁 신비주의와 평화주의의 상투적인 이념이 서로를 비난하며 싸울 필요는 없다. 오히려 잠시 중증 폐결핵에 걸린 평화주의가 간질성의 거품을 내뿜는 형제보다 한 가지 점에서는 더 우월하다. 다시 말하면, 현실에 관한 일정한 준거점, 특히 다가올 전쟁에 대한 몇 가지 개념에 있어서 더 우월한 것이다.

이 저자들은 기꺼이 '제1차 세계대전'이라고 강조한다. 그러나 이들이 전쟁의 현실, 즉 그들이 기괴한 과장법으로 "세속적·실제적인 것"이라고 말하곤 하는 것을 자신의 경험으로 만드는 데 있어 얼마나 적은 성취만을 이루어내는지를, 다가올 전쟁을 제대로 표상하지도 못 한 채 그것의 개념을 확정하려는 둔감함이 입증한다. 이 국방군의 선구자들은 마치 '군복은 그들에게 가슴속 깊이 동경할 최상의 목표이며, 이 목표에 비해 향후 유니폼이 효과를 발휘하게 될 주변 상황은 그다지 중요하지 않다'는 생각을 사람들 머릿속에 심어주려는 듯하다. 여기서 주창된 전쟁의 이데올로기가 유럽의 무장 상태에 비추어볼 때 이미 얼마나 낡아빠진 것인지가 분명해진다면, 이러한 태도가 조금 더 잘 이해될 것이다. 저자들은—그들 중 몇몇이 현존재의 최대의 계시Offenbarung를 인식하는—물량전物量戰**4**이 이곳저곳에서 세계대전을 견

4_ 물량전Materialschlacht이란 전쟁의 쌍방이 엄청난 양의 인적, 물적 자원을 쏟아붓는 형식의 전쟁을 의미한다. 유럽의 거의 모든 민족국가에서 징집된 국민군이 참전한 제1차 세계대전은 물량전의 대표적인 사례로 손꼽히며, 특히 비슷한 화력의 쌍방이 참호를 파고 들어가 서로를 제압하기 위해 엄청난 규모의 인적, 물적 물량을 투입하는 전투 방식이 물

디고 살아남은 영웅주의의 비참한 우의화Emblem⁵를 무가치
하게 만든다는 사실에 대해 전혀 언급하지 않는다. 이 책의
공저자들이 놀랍게도 별다른 관심을 보이지 않는 가스전은
미래의 전쟁에 얼굴을 부여할 것을 약속한다. 이 얼굴이란
'군인적' 범주를 '스포츠적' 범주를 위해 영구적으로 제거하
고, 작전에서 모든 군사적인 모습을 빼앗아가며, 작전을 온
전히 기록의 관점 아래 세운다. 왜냐하면 미래 전쟁의 가장
첨예한 전략적 특징은 전적으로 극단적인 공격 전쟁이라는
데 있기 때문이다. 알려진 바대로 공중에서 살포되는 가스
공격에 대해서는 어떠한 충분한 방어 수단도 존재하지 않는
다. 개인적인 방어 조처인 방독면조차도 겨자가스와 루이사
이트⁶ 앞에서는 제 기능을 발휘하지 못한다. 프로펠러의 윙
윙거리는 소리를 먼 거리에서 감지하는 민감한 청음기를 발
명하는 것처럼 "안심시키는 일"이 종종 벌어지고는 한다. 그
뒤 몇 달이 지나면 소리 없는 비행기가 발명된다. 가스전은

<hr />

량전의 특징이다.

5_ 『독일비애극의 원천』에서 바로크 시대극과 관련해 벤야민이 자주 사용하는 개념인데,
여기서는 시대착오적 이미지라는 차원에서 사용한 듯하다.

6_ 겨자가스Senfgas와 루이사이트Lewisit는 모두 수포 작용 화학물질로, 노출된 피부
부위에 강력한 피해를 입히기 때문에 가스를 차단할 목적으로 호흡기에 착용하는 방독면
으로도 막아낼 수가 없다. 이중 루이사이트는 제1차 세계대전 이후에 개발되었으며, 겨자
가스는 1916년 독일에서 개발되어 제1차 세계대전 중 쌍방간 폭넓게 사용되었다.

섬멸의 기록에 근거할 것이며 부조리로까지 상승된 투기와 연결되어 있을 것이다. 가스전의 발발이 국제법적인 규정 내에서—사전 선전포고에 따라—행해질지 여부는 의문스럽다. 하지만 그 끝은 더 이상 그러한 종류의 규제를 통해 예상할 수 없을 것이다. 가스전이 공공연하게 제거하는 민간인과 전투원 간의 구분과 함께 국제법의 가장 중요한 근간이 붕괴된다. 제국주의적 전쟁이 초래하는 질서의 해체가 전쟁을 종결 불가능하게 만들 위험이 있다는 사실과, 이러한 질서의 해체가 전쟁을 어떤 방식으로 종결 불가능하게 만들 위험이 있는지를 이미 지난 전쟁이 잘 보여주었다.

『전쟁과 전사』를 업급하거나 다룬 1930년의 저술들이 이러한 모든 점을 그냥 지나쳐버린다는 사실은 단순한 호기심의 대상이 아니라 하나의 징후다. 이러한 종류의 소년적 열광의 징후는 전쟁의 신격화와 우상숭배화로 치닫는데, 특히 빌헬름 리터 폰 쉬람Wilhelm Ritter von Schramm[7]과 에리히 귄터

---

[7] 1898~1983. 독일의 장교이자 출판인이다. 그는 제1차 세계대전 당시 부사관 및 장교로 참전해 무훈을 쌓았으며, 특히 동부전선에서의 용맹함을 인정받아 바이에른 왕으로부터 기사 작위를 수여 받았다. 전후 에어랑엔-뉘른베르크와 뮌헨 대학에서 수학하며 독문학 박사학위를 받았으며, 신문사와 출판사에서 편집인으로 일했다. 1930년 당시 신문사의 베를린 특파원으로 근무하던 중 윙거와 친분을 맺었으며, 윙거가 펴낸『전쟁과 전사』에「전쟁에 대한 창조적 비평Schöpferische Kritik des Krieges」이란 글을 썼다.

Erich Günther[8]는 이러한 열광의 포고자로서 등장한다. 가장 극단적인 데카당스로부터 유래한 자신의 기원을 이마에 새겨놓은 이 새로운 전쟁 이론은 예술지상주의L'Art pour l'Art[9]를 전쟁에 무분별하게 전용轉用한 것에 다름아니다. 그러나 이 이론이 이미 그 근본적 토대에 있어서 평균적인 수용자들의 입에서 조롱거리가 되곤 한다면, 이 이론의 전망은 당면한 새로운 단계에 비추어 부끄러운 것이다. 대체 누가 마른 전투[10]의 병사들이나 베르됭[11]에 배치되었던 병사 중 한 명을

8_ 1893~1942. 독일의 출판인으로 바이마르공화국 당시 반민주주의, 군사적·팽창주의적 민족주의를 지향한 젊은 보수주의자Jungkonservativen들의 모임인 '6월 클럽Juniklub'에서 활동했다. 이 활동을 하다가 에른스트 윙거와 친분을 쌓게 되었고, 『전쟁과 전사』에 「지식인과 전쟁Die Intelligenz und der Krieg」을 투고했다. 그는 우파민족주의 잡지 『독일의 민족성Deutsches Volkstum』을 공동 발행했으며 1942년 함부르크에서 폐렴으로 사망했다.

9_ '예술을 위한 예술'. 19세기 중반 프랑스를 중심으로 전 유럽에 확산된 이 예술 사조는 미적 자율성을 극단으로 확장했으며, 샤를 보들레르, 구스타프 플로베르, 오스카 와일드 등이 대표적인 작가다. 미적 자율성과 예술의 자기목적적 성격이 극대화되면서 예술의 사회적 성격을 강조하는 사회주의적 경향의 지식인들의 비판을 받기도 했다. 이 글에서 벤야민은 '전쟁의 목적은 전쟁'이라는 거의 자기목적적 수준으로 고양된 전쟁에 대한 예찬을 '예술을 위한 예술' 이론에 비견하고 있다. 벤야민은 「기술복제 시대의 예술작품」 말미에서 미래파 작가 마리네티와 관련해 예술지상주의에 대해 이와 유사한 언급을 하고 있다. 발터 벤야민, 『기술복제시대의 예술작품, 사진의 작은 역사 외: 발터 벤야민 선집 2』(최성만 옮김, 도서출판 길, 2007, 96쪽 및 150쪽)를 참조.

10_ 파리로 향하는 길목인 마른 강을 두고 1914년과 1918년 두 차례에 걸쳐 벌어진 전투다. 마른은 베르됭, 솜, 이프르 등과 함께 제1차 세계대전 최대의 격전지였다. 특히 참호전으로 펼쳐진 제2차 마른 전투에서 독일군이 패배함으로써 독일군은 재기 불능의 타격을 입는다.

다음 문장들의 독자로 상상할 수 있겠는가? "우리는 전쟁을 매우 순수하지 않은 원칙에 따라 수행했다." "사나이 대 사나이, 부대 대 부대 간의 진정한 전투는 점점 희귀해진다." "당연하게도 전방의 장교들은 전쟁을 아주 품위 없는 것으로 만들어버렸다." "왜냐하면 대중, 열등한 혈통, 실용적인 시민적 가치관의 편입에 의해, 간단히 말해 비천한 자들이 장교단과 부사관층으로 편입하는 것으로 인해 점점 더 그리고 영구히 군인적인 수공업의 귀족적 요소가 파괴되었기 때문이다." 이보다 더 잘못된 소리가 울릴 수는 없을 것이고, 더 졸렬한 생각을 지면에 옮길 수는 없을 것이며, 이보다 더 경솔한 문장을 말할 수는 없다. 그러나 바로 이 지점에서 저자들이 완전히 실패할 수밖에 없다는 사실은—영원함과 근원적인 것에 대한 모든 이야기를 무시하더라도—과거의 것조차 제대로 파악하지 못한 채 현재적인 것을 제 것으로 삼으려는 품위 없으며 전적으로 저널리스트적인 성급함에 그 원인이 있다. 물론 전쟁의 제의적 요소들은 존재했다. 신정정치神政治적으로 규정된 공동체는 그러한 요소들을 알

11_ 베르됭은 독일과 인접한 프랑스 동북부의 소도시다. 1916년 2월부터 7월경까지 펼쳐진 이 전투는 제1차 세계대전 전투 가운데 가장 치열하고 참혹했던 참호전으로 알려져 있다.

고 있었다. 이처럼 영락한 요소들을 다시금 전쟁의 첨단尖端에 끌어올리고자 하는 일은 미친 짓일 것이다. 그리고 이들이 향하는 엇나간 방향으로 유대인 철학자 에리히 웅거Erich Unger[12]가 이미 얼마나 멀리 전진했었는지, 또 그가 유대 역사의 구체적인 날짜에 의거해 확실히 부분적으로 문제적인 방식으로 내린 진술이 여기에 서약된 유혈의 도식을 어느 정도까지 무화시켜버릴지를 경험하는 일은 사상적 도주 중인 이 전사들에게[13] 마찬가지로 괴롭고 창피한 일일 것이다. 그러나 무언가를 명백히 해명하는 것, 사물들을 실제 그 이름으로 명명하는 일을 이 저자들은 충분히 해내지 못한다. 전쟁은 "오성悟性이 실행하는 모든 경제이론으로부터 벗어난다. 전쟁의 이성에는 무언가 비인간적인 것, 무절제적인 것, 거대한 것, 화산의 과정, 하나의 근원적인 분출을 떠올리게 하는 무언가가 존재한다. (…) 엄청난 생의 격랑激浪은 고통스러울 정도로 깊고 강압적이며 통일적인 힘에 이끌려 오늘날 이미 신화적인 것이 된 전장戰場으로 인도되며, 오늘날 파악

12_ 1887~1950. 독일의 유대계 철학자다. 오스카 골드베르크Oskar Goldberg를 중심으로 한 유대교 카발라 연구 모임에 참가했으며, 주로 유대교, 신화, 신비주의 등의 연구에 힘썼다. 벤야민과는 제1차 세계대전 직후 친교를 맺었으며, 위에서 언급된 골드베르크의 연구 모임인 '철학 그룹Philosophische Gruppe'에서도 함께 활동했다.
13_ 세 명의 저자들을 지칭한다.

될 수 있는 것의 영역을 완전히 초월하는 과제들을 위해 사용된다." 포옹하는 데 서투른 청혼자는 이처럼 수다스러운 것이다. 실제로 이들은 사상을 포옹하는 데 서투르다. 저자들은 반복해서 이 사상과 중매되어야만 하며, 우리는 이 글을 통해 이를 행할 것이다.

그 사상은 다음과 같다. 요컨대 전쟁, 즉 여기서 지난번 전쟁14에 관해서도 그러하듯 그렇게도 자주 언급되는 "영원한" 전쟁이 독일 민족에 대한 최상의 표현이라는 것이다. 이 영원한 전쟁의 이면에 제의적 전쟁에 관한 사상이 그리고 지난번 전쟁의 이면에 기술적 전쟁에 대한 사상이 감추어져 있다는 사실과 저자들이 이러한 상호 관계를 명백하게 해명하는 데 있어서 전혀 성공하지 못한다는 사실이 분명해질 것이다. 그러나 지난번 전쟁과 관련해 더욱 특별한 사정이 있다. 지난번 전쟁은 단순히 물량전이었을 뿐만 아니라, 패배한 전쟁이기도 했다. 따라서 물론 아주 특별한 의미에서 독일적 전쟁이다. 전쟁을 자기 깊은 내면으로부터 수행했노라고 다른 민족들 또한 주장할 수 있을 것이다. 그러나 전쟁을 깊은 내면에서 패배했다고는 하지 못할 것이다. 패배한

14_ 제1차 세계대전을 의미한다.

전쟁에 대한, 1919년 이래 독일을 깊이 뒤흔들어놓은 저 논쟁의 마지막 단계에 이르러 오늘날 특이한 점은 이제 바로 그 손실이 독일성Deutschheit을 위해 요구된다는 것이다. 아마도 마지막 단계라고 말할 수 있을 것인데, 전쟁의 손실을 극복하려는 이 시도가 하나의 분명한 구조를 드러내기 때문이다. 이 시도는 패배를 히스테리적으로 인류 보편적인 것으로 고양된 죄의 고백을 통해 내적 승리로 왜곡시키려는 기도와 함께 시작되었다. 몰락하는 서구에 정치적 선언문들로 충고했던 이 정치는 표현주의적인 아방가르드에 의한 독일적 '혁명'의 충실한 반영물이었다. 그러고 나서는 전쟁을 잊으려는 시도가 나타났다. 시민계급은 숨을 헐떡이며 다른 쪽으로 귀를 대며 돌아누웠다. 그리고 이때 어떤 베개가 소설보다 더 부드러웠겠는가? 체험한 시대의 끔찍함은 모든 수면모자가 그 안으로 쉽게 흔적을 남길 수 있는 솜털베개가 되었다. 우리가 여기서 다루고자 하는 이 최근의 시도를 기존의 시도로부터 구분시키는 점은 바로 전쟁의 패배를 전쟁 그 자체보다 더 진지하게 다루려는 경향이다. 전쟁에서 승리한다는 것 혹은 패배한다는 것이 무엇을 의미하는가? 이 두 문장 속에 이중의 의미가 있다는 사실이 얼마나 눈에 띄는가. 첫 번째 명징한 의미는 확실히 결과를 의미한다. 그러나 문장 내에 독특한 빈 공간, 공명판을 창조하는 두 번째 의미는 전반적인 결과다. 즉, 전쟁의 결과[15]가 우리에게서 전쟁의 존재를 얼마나 변화시켰는지를 말하는 것이다. 이는 무엇을 의미하는가? 승자는 전쟁을 간직하며, 패자에게서 전쟁은 상실된다는 것이다. 나아가 이는 무엇을 의미하는가? 승자는 전쟁을 자신의 것에 덧붙이고 자신의 소유로 만들지만, 패배자는 전쟁을 더 이상 소유하지 못하며, 전쟁 없이 살아야 한다는 것이다. 그리고 완전히 전반적으로 전쟁 없이 살아야만 할 뿐만 아니라, 전쟁에 관한 어떠한 사소한 상황의 변화도, 전쟁에 관한 장기판 수의 어떠한 미세한 변화도, 전쟁 활동과 가장 동떨어진 일조차도 하지 못하고 살아야만 한다는 것이다.[16] 우리가 이들의 언어를 수용해보고자 한다면, 전쟁에서 이기고 지는 것은 현존재의 구조 안으로 아주 깊숙이 개입해 들어오는 일이기 때문에, 이로 인해 우리는 평생 채색과 회화, 발견에 있어서 풍요로워지거나 빈곤해지게 된다. 그리고 우리는 민족의 모든 물질적, 정신적 핵심과 연관된 세계사에서 가장 거대한 전쟁 가운데 하나에서 패했기 때문에 아마도 이 손실이 무엇을 의미하는지를

15_ 전쟁 패배를 의미한다.
16_ 베르사유 조약으로 인해 독일의 군사활동은 엄격한 제한과 감시를 받았다.

측량할 수 있을 것이다.

확실히 윙거 주변의 이들이 이 손실의 의미를 측량하지 못했다고 비난할 수 없다. 그러나 그들은 어떻게 그 엄청난 것에 다가갔던가? 그들은 싸움을 멈추지 않았다. 그들은 더 이상 진짜 적이 존재하지 않는 곳에서도 여전히 전쟁의 제의를 거행했다. 그들은 잘못 계산한 숙제가 잉크 자국에 가려지기를 염원하는 학생처럼, 서구의 몰락을 염원한 시민계급의 충동에 순종적으로 따랐으며, 그들이 향한 곳에서 몰락을 확산시키고 설파했다. 이들은 잃어버린 것을 일순간만이라도―그것을 완고하게 붙잡고자 하는 대신에―있는 그대로 주목하고자 노력하지 않았다. 이들은 항상 가장 먼저 그리고 항상 가장 격렬하게 사리분별에 저항했다. 이들은 패배자의 커다란 기회, 즉 투쟁을 다른 영역으로 이동시킨 러시아적 기회를 놓쳐버렸다. 기회는 지나가버리고 유럽에서 민족들은 다시금 무역 계약의 상대자로 전락했다. "전쟁은 **관리**될 뿐, 더 이상 **지휘**되지 않는다"라고 저자 한 명이 불평하며 고발한다. 이는 독일 전후의 전쟁Nachkrieg을 통해 교정되어야만 했다. 이 전후의 전쟁은 바로 이전의 전쟁에 대한 저항인 동시에 동일한 정도로 시민에 대한 저항이었는데, 사람들은 이전 전쟁에서 시민적 각인을 목도했던 것이다. 무엇보다 증오받았던 이성적 요소들이 전쟁에서 제거되어야만 했다. 이 부대원들[17]은 분명 펜리스 늑대[18]의 아가리에서 뿜어져 나오는 입김을 온몸으로 끌어안았다. 그러나 이들은 (이 입김을) 황십자가 포탄[19]의 가스와 비교하는 것을 받아들일 수 없었다. 군 막사에 있는 의무복무 군인과 임대주택에서 사는 빈곤에 찌든 가족들을 배경으로 이 원原독일적인 운명의 마법은 썩은 불빛만을 얻었을 뿐이다. 그리고 이러한 마법을 유물론적으로 분석하지 않더라도, 이미 당시에도 자유롭고 학식 있으며 진정으로 변증법적인 정신의 부패하지 않은 감성은 ─ 플로렌스 크리스티안 랑Florens Christian Rang[20]의 감성이 그러했는데, 그의 삶의 이력은 저 좌절한 모

17_ 저자들을 뜻한다.

18_ 펜리스 늑대는 북유럽 신화인 『고 에다Elder Edda』『신 에다Yonger Edda』『헤임스크링글라Heimskringla』에 등장하는 괴물 늑대다. 로키신과 거인 앙그르보다의 자식인 펜리스 늑대는 엄청난 힘을 지녔다고 전해지며, 이 힘을 두려워한 신들은 펜리스 늑대를 결박하기 위해 글레이프니르라는 마법의 족쇄를 만든다. 자신의 힘을 과시하기 위해 스스로 결박을 자청한 펜리스 늑대는 결박에서 벗어나지 못할 경우에 대한 보증으로 신들 중 한 명의 팔을 자신의 입에 집어넣을 것을 요구한다. 이에 전쟁의 신인 티르가 펜리스 늑대의 입 속으로 팔을 넣게 되고, 결박이 풀리지 않는다는 사실을 안 펜리스 늑대에 의해 한쪽 팔을 잃게 된다. 벤야민은 이들 저자들을 용감하게 펜리스 늑대의 입 속으로 팔을 집어넣었다가 외팔이가 된 티르 신과 비교하고 있다.

19_ 황십자가 포탄은 제1차 세계대전 중 독일과 영국군이 겨자가스와 같은 피부 손상을 일으키는 가스 포탄을 먼 거리에서도 일반 포탄과 구분할 수 있게 하기 위해 황색 십자가로 표시해두었던 데에서 유래한다.

든 군대의 무리보다도 더 독일성으로 각인되어 있다—불변의 문장들로 이들에게 대응할 수 있었다. "인간의 덕은 헛되다는 운명 신앙의 마적인 힘Dämonie. 신들의 세계에서 솟은 불길 속에서 빛의 세력들이 거둔 승리를 불태워 없애려는 반항의 어두운 밤, (…) 삶을 존중하지 않고 이념을 위해 내던지는 전장에서의 죽음을 믿는 허울뿐인 의지의 숭고함! 이미 수천 년 이상 우리를 에워싸고 별 대신 그저 번갯불만을 길라잡이들에게 주었던 구름 낀 밤, 마취시키는 밤, 혼란을 일으키는 밤, 이 밤들이 지나고 그저 더욱더 어두움이 우리를 수놓는다. 세계-삶 대신 세계-죽음의 소름 끼치는 세계관, 이 세계관은 독일 관념론 철학에서 '이 구름 뒤에는 물론 별이 빛나는 하늘이 있노라'는 생각을 통해 공포를 덜어내었다. 이 독일적 정신의 근본 방향은 너무나 깊이 무의지적이고, 자신이 말한 바를 의미하지도 않으며, 도피이고 비겁함이며 알고자 하지 않음이며, 살고자 함도 죽고자

20_ 1864~1924. 독일의 신학자이자 정치인 그리고 작가다. 후대에 랑은 저술가보다는 벤야민의 친구로 더 알려질 정도로 둘은 친분이 각별했다. 랑은 벤야민과 1920년경 처음으로 대면했으며, 이후 벤야민의 가장 중요한 친구 한 명이 되었다. 또한 벤야민의 교수자격 논문 『독일비애극의 원천』은 랑과의 긴밀한 지적 교류 속에서 탄생했다. 그 때문에 벤야민은 1924년에 랑이 사망하자 1925년 2월 2일에 친구 숄렘에게 보낸 편지에서 "랑의 죽음과 함께 이 책은 고유한 독자를 잃어버렸다"며 슬퍼했다.

함도 아니다. (…) 그러므로 이것은 바로 삶에 대한 독일적인 어중간한 태도다. 물론 아무런 비용이 들지 않는다면 도취의 순간에 삶을 내던질 수 있다. 유족들은 부양을 받으며, 짧은 생을 산 희생자는 영원한 후광 속에서 빛난다." 그러나 만약 동일한 맥락에서 이야기가 다음과 같다면, 즉 "죽음을 각오한 장교 200명이라면—모든 다른 장소에서도 마찬가지로—베를린에서 혁명[21]을 진압하기에 충분했을 것이다. 그러나 단 한 명도 나타나지 않았다. 실제로 많은 장교는 기꺼이 혁명을 막고자 했을 것이다. 그러나 현실에서는 누구도 스스로 지도자를 자청하고자 먼저 시작하거나 개별적으로 행동하지 않았다. 차라리 그들은 길거리에서 견장을 떼어내 버렸던 것이다"라는 이야기를 읽게 된다면, 이 이야기는 윙거 주위의 사람들에게 아마도 친숙하게 들릴 것이다. 확실한 것은 이 글을 쓴 사람이 자신의 가장 고유한 경험을 통해 여기에 모였던 사람들의 태도와 전통을 알고 있다는 사실이다. 그리고 아마도 글쓴이는 그곳에 모였던 이들과 물질주의에 대한 적대감을 공유했을 것이다. 적어도 이 적대감

21_ 1918년의 독일 11월 혁명을 의미한다. 이 혁명을 통해 독일 제국은 붕괴되고 민주주의 체제가 성립되었다. 이때의 혁명으로 성립된 바이마르 공화국은 1933년 히틀러가 집권할 때까지 지속된다. 또한 11월 혁명의 연장선장에서 1919년 1월에 시작된 스파르타쿠스단의 공산주의 혁명 시도는 임시정부에 의해 진압되었다.

이 물량전의 언어를 만들어내기 전까지는 말이다.

전쟁 초기에 국가와 정부에 의해 이상주의가 제공되었다면, 군대는 점점 더 징병에 의존하게 되었다.[22] 군대의 영웅주의는 점점 더 음침해지고, 살인적인 변하며, 강철 같은 회색빛이 되었고, 영광과 이상이 여전히 손짓하던 영역은 점점 더 궁벽해지고 안개 속에 휩싸이게 되었으며, 스스로를 세계전쟁의 부대라기보다는 전후戰後의 집행자로 느꼈던 이들의 태도는 점점 더 경직되었다. "태도"는 그들이 하는 모든 말에서 세 번째 단어[23]다. 군인적 태도가 그중 하나라는 사실을 누가 부인할 수 있겠는가. 그러나 언어는 사람들이 기꺼이 가정하듯이 글 쓰는 사람들의 태도에 대한 시금석일 뿐만 아니라, 모든 태도에 대한 시금석이다. 이 책에서 공모한 이들의 언어는 시험을 통과하지 못한다. 윙거가 17세기의 귀족적 애호가의 말을 따라서 '독일어는 근원적 언어 Ursprache'라는 주장을 펴는 것일 수도 있다. 이것이 무엇을

22_ 전쟁 초기에는 서구 '문명'의 공격에 대항해 독일 '문화'를 수호하자는 이상주의적 표어가 전쟁의 동력으로 작동했다. 따라서 전쟁 초에는 수많은 청년이 독일 문화를 수호하기 위해 자발적으로 전선으로 행했으나, 전쟁의 양상이 점차 참호전으로 발전하고 참혹해지면서 군부는 강제징병 이외의 수단으로 군사를 모을 수 없었다.

23_ 예를 들어, '군인적 태도'는 독일어로 'die soldatische Haltung'이며, 여기서 '태도'를 뜻하는 'Haltung'은 세 번째 단어가 된다.

의미하는지를 다음의 첨언, 즉 '독일어가 본질적으로 문명과 교양의 세계에 극복 불가능한 불신을 흘려 넣는다'는 첨언이 알려준다. 그러나 만약 누군가 국민에게 전쟁을ー시대에서 "맥박을 느끼고", 국민에게서 "검증된 결론"을 배제하는 것을 금지하며, "페허"를 향한 그들의 시선을 "빛나는 겉치레 너머로" 날카롭게 할 것을 요구하는ー "강력한 검사관"으로써 제시한다면, (독일어가 초래한) 문명과 교양세계에 대한 불신이 국민에 대한 불신과 우열을 가릴 수 있겠는가. 그러나 이렇게 거대하게 쌓아올린 사유의 건축물에서 그러한 과실過失보다 더 부끄러운 것은 모든 신문 사설을 장식할 만할 단어 결합의 매끈함이며, 단어 결합의 매끈함보다 더 고통스러운 것은 그 본질의 평범함이다. 사람들은 "전사자들이" "그들이 전사함으로써 불완전성의 현실로부터 완전한 현실로, 시간적 현상으로서의 독일로부터 영원한 독일로 들어갔다"고 말한다. 시간적 현상으로서의 독일은 물론 악명이 높지만, 영원한 독일의 상像을 위해 달변으로 선서를 한 자들의 증거에 의지해본다면, 영원한 독일도 형편이 나쁠 것이다. 이들은 얼마나 값싸게 "불멸성의 확고한 감정"과 사람들이 "지난 전쟁의 흉측함을 끔찍한 것으로 고조시켰다"는 확신 그리고 "내면으로 끓어오르는 피"의 상징적 표현을 구매

했던가. 이들은 기껏해야 자신들이 여기서 찬양하는 그 전쟁을 처부순 것이다. 그러나 우리는 전쟁에 대해 이야기하면서 전쟁 외에는 아무것도 모르는 자를 인정하지 않을 것이다. 우리는 철저히 우리의 방식으로 질문할 것이다. 너희는 어디서 왔느냐? 그리고 너희는 평화에 대해 무엇을 아는가? 너희는 한 아이에게서, 나무에서 그리고 한 마리 동물에게서 한 번이라도 전장에서 전초병과 직면했듯이 평화와 조우한 적이 있는가? 그리고 너희의 대답을 기다릴 것도 없다. 아니다! 너희가 전쟁을 찬양할 능력이 없다는 것이 아니다. 오히려 너희는 너희가 행하는 것보다 더 열정적으로 찬양할 능력이 있다. 그러나 너희는 너희가 행하는 그 **방식**으로 전쟁을 찬양할 능력은 없을 것이다. 포틴브라스[24]는 어떻게 전쟁을 증언했을까? 셰익스피어의 기법으로부터 이를 추론할 수 있다. 그가 로미오를 처음부터 사랑에 빠진 것으로, 즉 로잘린과 사랑에 빠진 것으로 서술함으로써 줄리엣을 향한 로미오의 사랑을 열정의 불꽃 속에서 드러내듯이, 포틴브라스를 평화에 대한 찬미, 유혹적이고 녹아내릴 것 같이 달콤한 찬미와 함께 투입했던 것이다. 그래서 그가 결말에서 전

24_ 셰익스피어의 『햄릿』에 등장하는 노르웨이 왕자. 숙적 덴마크를 공격하기 위해 군대를 이끌지만, 죽어가는 햄릿에 의해 덴마크의 왕으로 지명된다.

쟁을 위해 목소리를 높일 때, 모두가 섬뜩해하며 다음과 같이 고백했다. "평화의 행복으로 온전히 가득 찬 이 사람을 육체와 영혼을 다해 전쟁에 서약하게 만드는 이 이름 없는 엄청난 힘은 대체 무엇인가?" 이들의 글에는 이러한 관점이 존재하지 않는다. 전문 약탈자들은 발언권을 가지고 있지만, 이들의 불타오르는 시야는 너무나 편협하다.

그들은 이 불꽃 속에서 무엇을 보는가? 그들은—여기서 F. G. 윙거Friedrich Georg Jünger[25]에게 의탁할 수 있는데—바로 변화를 본다. "정신적 결단의 선들이 전쟁을 가로지른다. 따라서 전투의 변화는 전투하는 자들의 변화에 상응한다. 활동적이고 가뿐하며 열광적인 1914년 8월의 병사 얼굴과 죽도록 피로하고 수척하며 가차 없는 긴장이 서려 있는 1918년 물량전의 전사 얼굴을 비교해보면 이 변화는 눈에 띈다. 점점 더 가파르게 팽팽해지다 결국 끊어지고마는 전투의 곡선 뒤로 강력하며 정신적인 충격에 의해 형성되고

25_ 1898~1977. 에른스트 윙거의 동생이자 작가. 그 또한 형과 마찬가지로 제1차 세계대전에 참전했으며, 전후 민족적이면서 군사적·권위주의적인 국가를 건설하려는 소위 '보수혁명'의 저술가이자 이론가로 활동했다. 모음집의 제목이 된 글 「전쟁과 전사」 또한 이러한 맥락에서 쓰인 것이다. 제2차 세계대전 이후에는 주로 시인으로 활동했으며, 바이에른 미술아카데미 문학상을 비롯 수많은 문학상을 수상했다. 주요 저서로는 초기작 『민족주의의 전진』과 제2차 세계대전 이후 기술문명을 비판적으로 성찰한 『기술의 완성』, 그리스 신화를 탐구한 『그리스 신화』 등이 있다.

동요된 잊을 수 없는 전사들의 얼굴이 나타난다. 고난의 길의 정거장과 정거장, 전투와 전투, 이 각각은 힘겹게 계속되는 파괴의 작업에 대한 상형문자적 기호다. 여기서 강인하며 냉정하고 피비린내 나며 쉼 없이 굴러가는 물량전이 훈련시켰던 저 군인적 유형Typus이 나타난다. 타고난 전사의 강인한 신경이 그를 특징지으며, 고독한 책임감과 심적인 고독감의 표현이 또한 그의 특징이다. 점점 더 깊어지는 층위에서 전개된 이 분투에서 그의 등급이 입증되었던 것이다. 그가 갔던 길은 좁고 위험했다. 그러나 그것은 미래로 인도하는 길이었다." 이 글에서 면밀한 표현, 진정한 강조, 근거 있는 논증과 마주치는 모든 곳에는 언제나 하나의 현실이 존재하는데, 여기서 만나게 되는 이 현실이란 에른스트 윙거에 의해 총동원이라고 지칭되고 에른스트 폰 살로몬Ernst von Salomon[26]에 의해 전선의 풍경이라고 파악되는 것이다. 얼

---

[26]_ 1902~1972. 군인 집안에서 태어나 프로이센 군사학교에서 학창시절을 보냈다. 나이가 어려 참전하지는 않았지만, 전후의 혼란기에 도처에서 생겨난 다양한 민족주의적 성향의 민병대Freikorps에서 적극적으로 활동했다. 전후 탄생한 바이마르 공화국에 대한 적대감에 불탔던 그는 반유대-극우테러단체인 O.C.organisation Consul에서 활동하면서 1922년 당시 외교부 장관이었던 유대계 정치인 발터 라테나우Walther Rathenau의 암살에 가담하는 등 다수의 백색테러를 자행했다. 5년간의 복역 후 대통령 특별사면으로 석방된 그는 이 모음집이 출간된 1930년에 자전적 소설 『추방된 자들Die Geächteten』을 통해 문학적으로 큰 성공을 거두었으며, 이 모음집에는 「패배한 무리Der verlorene Haufe」라는 글을 투고했다. 제2차 세계대전 이후에는 미군정의 탈나치 정책을 비판한 자전적 소

마 전 '권태로부터의 영웅주의'라는 슬로건 아래 이 새로운 민족주의에 접근하고자 했던 한 자유주의 출판인은 여기서 보듯이, 얼마간 불충분했던 것이다. 저 군인 유형은 현실이며 세계전쟁의 살아남은 증인이며, 전후 전쟁[27]이 수호한 것은 실제로 그의 진정한 고향, 전선의 풍경Landschaft이었다. 이 풍경은 계속 머무를 것을 강요한다.

가장 신랄한 방식으로 다음과 같이 말해야 할 것이다. 총동원된 풍경Landschaft과 직면해 독일인의 자연에 대한 감정은 생각지 못한 비상飛翔을 경험하게 되었다. 매우 감성적으로 시골에 살고 있었던 평화의 수호신들은 소개疏開 조치를 당해 쫓겨났고, 참호 가장자리 너머로 볼 수 있었던 모든 지역은 독일 관념론의 영토 그 자체가 되어버렸다. 모든 포탄 구덩이가 하나의 문제가 되고, 모든 철조망은 하나의 이율배반이, 모든 철조망 가시는 하나의 개념이, 모든 폭발은 하나의 명제가 된다. 그리고 한낮의 하늘은 철모의 우주적 내부였고, 밤에는 내 위의 도덕 법칙이 되었다. 불의 띠들과 참

설 『질문지Der Fragebogen』를 발표해 큰 호응을 얻었다.

27_ 독일어 Nachkrieg의 번역어다. 일반적으로 Nachkrieg이란 '전후'를 의미하는데, 여기서 벤야민은 전쟁 이후의 전쟁이라는 의미로 사용하고 있다. 이는 이들이 전쟁이 종결된 후에도 대외적으로는 민병대로서 프랑스, 폴란드, 리투아니아 군과 실제적으로 전쟁을 계속했으며, 대내적으로는 국내 정치적 투쟁을 계속했기 때문이다.

호를 동반한 채 기술은 독일 관념론의 얼굴 속에서 영웅적인 요소들을 뒤따르고자 했다. 그들은 착각했다. 왜냐하면 그들이 영웅적인 것으로 여기는 것은 히포크라테스적인 것, 즉 죽음의 요소들이었기 때문이다. 그렇게 기술은 제 자신의 사악함에 깊이 사로잡힌 채 자연의 종말론적 얼굴을 각인시켰고, 자연을 침묵 속으로 이끌었다. 그러나 기술은 자연에 언어를 부여할 수도 있었던 힘이었다. 형이상학적 추상 속에서 전쟁은—새로운 민족주의는 이러한 추상 속에서 전쟁을 신봉하는데—관념론적으로 이해된 자연의 비밀을 인간적 사물의 제도Einrichtung[28]를 통해 우회적으로 사용하고 환히 밝히는 대신에, 기술 속에서 신비주의적으로 그리고 무매개적으로 풀어내려는 시도와 다름없다. "운명"과 "영웅"은 곡과 마곡[29]처럼 이러한 두뇌 속에 자리하고 있으며, 비단 사람의 자식뿐 아니라 사상의 자식들 또한 이러한 두뇌

28_ 인간적 사물의 제도란 인간의 언어를 의미한다. 벤야민은 미지의 상태인 자연을 인간적 사물의 제도인 언어를 통해 '번역'해냄으로써 자연을 신화적 상태에서 벗어나게 할 것을 주장한다.

29_ 곡Gog과 마곡Magog은 성경 「에스겔서」와 「요한계시록」에 각각 등장한다. 「에스겔서」 38장 2절에서 곡은 "메섹과 두발의 대왕"이며, 이 메섹과 두발은 "마곡 땅"에 위치한 것으로 서술되어 있다. 「요한계시록」 20장 8절에서 곡과 마곡은 재림 예수에 대항하는 적 그리스도의 군대를 이루는 두 민족으로서 나타나는데, 재림 예수는 결국에 이들을 물리친다고 한다. 여기서 벤야민은 우리말 "콩쥐와 팥쥐"처럼 필연적으로 함께 붙어 다니는 두 개의 단어의 예로서 곡과 마곡을 들고 있는 것이다.

의 희생자가 된다. 인간의 공동생활을 개선하기 위해 고안된 모든 분별 있는 것, 평판이 좋은 것, 소박한 것은 420밀리미터 박격포의 트림으로 대꾸하는 엉터리 아가리 신의 달아빠진 목구멍 속으로 들어가버린다. 영웅적 위업이 물량전과 묶여 고정되는 일은 이따금 저자들을 괴롭게 한다. 하지만 귀족들이 "공공연히 질려버리게" 된 "전쟁의 형식"과 "무의미한 기계적 물량전"에 실망한 나머지 울먹이는 추기追記보다 더 전적으로 체면을 잃게 만드는 것은 없다. 그러나 몇몇이 사물을 직시하고자 시도하는 곳에서는 영웅적인 것의 개념이 이들에게서 얼마나 큰 폭으로 슬그머니 변화했는지 그리고 이들이 찬양하는 강인함, 비밀 엄수, 무자비함이라는 덕목이 실제로는 군인적인 덕목이라기보다는 검증된 계급투쟁 전사의 덕목이라는 사실이 선명하게 드러날 것이다. 여기서 우선 세계대전의 자원병의 가면 아래, 그다음에는 전후 전쟁의 용병의 가면 아래 양성되었던 것은 실제로 믿음직한 파시즘의 계급전사들이다. 그리고 저자들이 민족Nation이라고 생각하는 것은 바로 이 계급전사 신분에 의지하는 지배자계급인데, 이 지배계급은 누구에 대해서도 특히 자기 자신에 대해서 어떠한 책임도 지지 않으면서 가파른 절벽 위 왕좌에 올라앉아 있다. 이들은 얼마 지나지 않아 자기가 내놓은 상품의 유일한 소비자가 될 것을 약속하는 생산자의 스핑크스적 용모를 띤다. 이 스핑크스의 얼굴을 한 파시스트들의 민족은 새로운 경제적 자연의 신비로서 오래된 경제적 자연의 신비 옆에 서 있는데, 이 오래된 자연의 신비는—파시스트들의 기술 속에서 자신을 밝게 드러내는 일로부터 동떨어진 채—자신의 가장 위협적인 특징을 드러내 보인다. 자연과 국가라는 두 힘이 여기서 만들어내는 평행사변형 안에서, 대각선은 전쟁이다.

『전쟁과 전사』에 수록된 글 가운데 가장 훌륭하고 가장 숙고된 글에서 "국가를 통한 전쟁의 억제"라는 질문이 생겨난다는 점은 수긍이 간다. 왜냐하면 국가는 이 신비주의적인 전쟁 이론에서 처음부터 일말의 역할도 맡고 있지 않기 때문이다. 이 억제의 역할이 일순간이라도 평화적인 의미로 이해되어서는 안 될 것이다. 오히려 여기서 국가에게 요구되는 것은, 국가가 전쟁의 과정 중에 자신을 위해 동원해야만 하는 이 마법적인 힘들에 이미 그 구조와 태도에 있어 적응했으며, 이에 적합하다는 사실을 드러내 보이는 일이다. 그렇지 않으면 '국가는 전쟁을 자신의 목적에 유용하도록 만드는 데 성공하지 못할 것'이기 때문이다. 전쟁에 직면해 국가권력이 제 기능을 하지 못하는 무능력이 여기에 모인 저자들의 독자적인 사고가 출발한 시작점이다. 전쟁 말기에 이르러 기사단과 같은 전우들과 국가권력의 정규 보충병 사이에서 잡종화된 군 편제는 얼마 지나지 않아 독립적이고 무국가적인 용병Landsknecht[30]의 무리로써 공고화되었다. 그리고 인플레이션의 경제 수장들은—이들은 자기 자산의 보증인 역할을 하던 국가에 의문을 가지기 시작했는데—사적인 직위나 제국군의 주선을 통해 쌀이나 순무처럼 언제든 손쉽게 운반할 수 있는 이러한 무리의 공급에 대해 가치평가를 할 줄 알았다. 앞에 놓여 있는 이 저술도 이데올로기적으로 악절이 나누어진 새로운 종류의 용병 혹은 오히려 용병대장Condottiero[31]을 위한 모집 안내서를 닮았다. 저자 한 명은 솔직하게 다음과 같이 설명한다. "30년 전쟁의 용감한 군인은 (…) 몸뚱이와 생명과 더불어 자신을 판매했다. 그리고 이는 그저 신념과 재능을 판매하는 것보다 더욱더 고귀하다."

[30]_ 중세와 17세기의 30년 전쟁 당시 국가의 경계를 넘나들며 전장에서 활동했던 독일 용병을 뜻한다.

[31]_ 콘도티에로는 중세 말부터 16세기 중반까지 이탈리아의 도시국가들이 고용한 용병 대장을 의미한다. 콘도티에로라는 단어가 급료 혹은 급료계약을 의미하는 이탈리아어 condotta에서 유래했다는 사실이 암시하듯, 이들은 철저히 금전적 관계에 따라 움직인 것으로 유명하다. 따라서 이들의 변덕은 악명이 높았는데, 심지어 전투 중에도 높은 급료를 제시하는 편으로 돌아서 이전 고용주를 배신했다고 한다. 여기서 벤야민은 급료에 따라 배신을 일삼았던 용병대장을 독일 민병대의 '용병'들과 비교하면서 조롱하고 있는 것이다.

물론 그가 뒤이어 독일 전후 전쟁의 용병은 스스로를 판매하지 않았으며, 오히려 스스로를 기증해 바쳤다고 계속해서 말할 경우, 이는 같은 저자가 이 용병부대의 상대적으로 높은 급료에 대해 밝힌 언급에 견주어 이해되어야 할 것이다. 급료는 밥벌이의 기술적 필수 요소와 마찬가지로 이 새로운 전사들의 머리에 강력하게 각인되었다. 지배계급의 전쟁 엔지니어들은 모닝코트를 입은 경영직 샐러리맨과 한 쌍을 이룬다. 신은 이들의 지도자Führer의 몸짓을 진지하게 받아들여야 한다는 점과 이들의 위협이 웃어넘길 일이 아니라는 사실을 안다. 가스폭탄을 실은 단 한 대의 비행기를 통솔하는 지휘관에게는 시민에게 빛과 공기 그리고 삶을 중단시킬 수 있는 모든 절대적 권력이 집중되는데, 이러한 권력은 평화 시에는 수천 명의 사무실 관리자에게 분산되어 있다. 고도의 외로움 속에서 오로지 자신의 신과 함께하는 단순한 폭탄 투하 담당자는 그의 병든 상관인 국가를 대신하는 권리를 틀어쥐고 있다. 그리고 그가 서명을 하는 곳에서는 더 이상 풀이 자라지 못한다. 바로 이것이 저자들 눈앞에 아른거리는 '제국적' 지도자다.

지금 여기서 마주하고 있는 흐름들의 메두사 같은 결합을 폭파시키지 않는 한 독일은 미래를 희망할 수 없다. 폭파보다는 아마도 완화가 나을 것 같다. 그렇다고 해서 관대한 격려나 여기에 어울리지 않는 사랑을 통해 이루어져야 한다는 것은 아니며, 논증이나 설득에 용이한 토론의 수단을 마련하자는 것 또한 아니다. 그 대신 여전히 언어와 오성을 제공하는 모든 빛을 저 "근원 체험"을 향하도록 만들어야만 하는데, 이 근원 체험의 황량한 암흑으로부터 세계-죽음의 신비주의가 수천 개의 볼품없는 개념의 작은 다리들로 꿈틀대며 기어 다닌다. 이 빛 속에서 드러나는 전쟁은 평화주의자들이 열광하는 "마지막" 전쟁이 아니라, 이 새로운 독일인들이 기원하는 "영원한" 전쟁이다. 전쟁은 기실 오직 다음과 같은 것이다. 즉 수많은 민족의 무능력을 교정하고, 민족 상호간의 관계를 그들이 기술을 통해 자연과 맺고 있는 관계에 상응해 배열시킬 단 하나의 무시무시한 마지막 기회 말이다. 이 교정이 실패한다면, 수백만 명의 인간 육체가 가스와 강철에 의해 산산조각나고 뜯겨나가게 될 것이다. 누구도 이를 피할 수 없을 것이다. 그러나 루드비히 클라게스Ludwig Klages[32]의 책을 배낭 속에 넣고 다니고 저승에 서린 공포의 권세에 익숙한 사람조차도 자연이 그다지 호기심과 분별력

---

[32]_ 루드비히 클라게스(Ludwig Klages, 1872~1956)는 독일의 생철학자이자 심리학자다.

이 없는 아이에게 약속하는 것의 10분의 1조차도 경험하지 못할 것인데, 이 아이는 기술에서 몰락의 숭배가 아닌 행복으로 향하는 열쇠를 소유하고 있다. 이러한 어린이의 깨어 있음으로부터 아이들은 한순간에 증거를 건네줄 것인데, 아이들은 다음 전쟁을 마법적인 분기점으로 인정하지 않을 것이기 때문이다. 나아가 아이들은 전쟁 속에서 일상의 이미지를 발견하고, 바로 이 발견을 통해 홀로 이러한 어둠의 룬 문자[33] 마법을 극복할 수 있는 마르크스주의적인 책략의 수행 속에서 전쟁을 내전으로 변화시키는 일을 완수하게 될 것이다.

33_ 룬 문자는 게르만족이 사용하던 고대 문자로 알파벳과 같은 표음문자다. 민족적인 요소를 이데올로기적으로 활용한 나치운동은 룬 문자를 상징기호로 자주 사용했다.

에른스트 윙거의 삶과 문학

1. 에른스트 윙거의 삶

(1) 학교를 떠나 전장으로

독일 현대 문학사에서 에른스트 윙거만큼 상반되는 평가를 받는 작가는 없다고 해도 과언이 아니다. '나치 이론의 선구자'라는 평가에서 현대사회와 기술의 문제를 다룬 '탁월한 철학자이자 시대 진단가'라는 평가까지, 에른스트 윙거를 수식하는 표현들은 이렇듯 극단을 이룬다. 1895년 독일 하이델베르크에서 태어난 윙거는 약국 운영과 광산업으로 일찍이 많은 돈을 모은 아버지 덕분에 유복한 어린 시절을 보냈다. 그러나 윙거는 당시 많은 시민계급 출신의 청년이 그랬듯이 시민적 안정감과 지루한 학교 교육에 신물을 느꼈으며, 무료한 시민적 일상에서 탈출하고자 했다. 그가 탈출의 계기로 발견한 수단은 바로 독서였다. 『일리아스』와 『오뒷세이아』 같은 그리스 영웅 신화와 낭만주의적 기행문들은 반복적 일상 속에서 벗어나는 일탈의 기회를 제공해주는 모험의 장이었으며, 영웅적 세계에 대한 내면의 동경을 일깨워주었다. 그러나 독서는 지루한 시민사회와 강압적인 학교에서 탈주해 영웅적인 세계로 향하고자 했던 윙거의 바람을 충족시키기에는 불충분했다.

결국 그는 18세가 되던 1913년에 아버지 몰래 집을 나와 프랑스 국경을 불법적으로 넘어 프랑스 외인부대에 자원입대한다. 윙거는 당시 외인부대 사령부가 있던 아프리카 모로코로 배치받은 이후 꿈에 그리던 모험의 세계 '아프리카'에서 해방감을 느끼지만, 그의 일탈은 아버지가 미성년자인 아들을 되돌려달라며 프랑스 정부를 상대로 소송을 걸면서 이내 끝을 맺는다. 그러나 지리멸렬한 시민세계를 벗어나 영웅적 모험의 세계로 탈출하고자 했던 그의 꿈은 집으로 돌아온 지 채 1년도 지나지 않아 또 다른 계기를 잡는다. 그는 1914년에 제1차 세계대전이 발발하자 곧장 자원입대함으로써 세계대전의 전장에서 자신의 모험을 계속한다.

산업화된 국가들 간에 벌어진 최초의 산업화된 물량전쟁

이었던 제1차 세계대전은 그 참혹함과 끔찍함으로 인해 오늘날까지도 악명을 떨치고 있다. '강철 폭풍우'처럼 포탄과 기관총탄이 쏟아지는 전선을 향한 무의미한 돌격전은 수천만 명의 인명을 앗아갔다. 이런 모든 참상에도 불구하고 윙거에게 세계대전은 그가 그토록 갈망하던 해방과 모험의 공간이었다. 세계를 변화시킬 이 전쟁의 가장 훌륭한 경험자이자 관찰자 그리고 기록자가 되고 싶었던 그는 전쟁 발발과 동시에 자원병으로 입대해 중상을 10차례 이상 입으면서도 기적처럼 회복해 전장을 누볐으며, 1916년에는 소위로 임관해 소수정예의 정찰부대를 지휘하는 보병장교로 복무한다. 그리고 독일제국 군인이 받을 수 있는 최고 영예의 훈장인 푸르 메리트Pour le Merite를 수여받음으로써 전쟁 영웅의 반열에 오르게 된다. 이처럼 강렬한 전쟁 체험은 윙거의 초기 대표작인 『강철 폭풍 속에서In Stahlgewittern』와 같은 전쟁소설과 아포리즘적 에세이 『모험적인 영혼Das abenteuerliche Herz』 등의 주요한 소재로 활용된다. 초기 작품들에는 윙거가 전장에서 받은 엄청난 신체적·육체적 고통과 기술화된 현대 물량전의 체험, 전쟁의 광풍 속에서도 영웅적으로 살아남은 청년 장교의 우월감, 패배한 전쟁과 그로 인한 희생에 역사철학적 의미와 정당성을 부여하려는 노력 등이 복잡하게 뒤섞여 나타난다.

(2) 바이마르 공화국: 청년 장교에서 극우 활동가로

제1차 세계대전 직후 윙거는 새롭게 출범한 공화국 군대 장교단의 일원으로 잔류한다. 독일 육군이 베르사유 조약에 의해 7만5000여 명으로 감축되는 과정에서 대다수의 직업 군인이 군복을 벗었다는 사실을 고려해보면, 전장에서 그가 세운 공적이 육군 내에서 대단히 높은 평가를 받았다는 사실을 짐작할 수 있다. 그는 육군에서도 핵심적인 부서인 군사전술 연구부서에 근무하면서 기계화된 시대에 적합한 새로운 기계화 전술의 필요성을 집중적으로 연구했다. 그러한 전술 연구의 경험은 「사격과 이동Feuer und Bewegung」 「총동원Die totale Mobilmachung」 등의 에세이에 반영되어 있으며, 기술을 세계 지배를 위한 수단으로 파악하는 에세이 『노동자』를 구상하는 데 밑바탕이 된다. 그러나 윙거는 반反민주주의자로서 바이마르 공화국에 대한 군인의 충성 맹세를 내적으로 거부했기 때문에 공화국 장교로서의 생활은 그리 길게 지속될 수 없었다. 1923년 예비역 중위로 전역한 그는 본격적인 전업 작가의 길에 접어든다.

윙거는 이미 1921년에 전쟁 경험을 바탕으로 한 전기소설 『강철 폭풍 속에서』를 통해 문단에 이름을 알리지만, 1920년대 말까지 그의 활동은 주로 극우 민족주의적 정치 활동 및 정치논설에 집중된다. 엘리트 장교로서 스스로를 '전쟁 세대'의 대표로 생각한 그는 다가올 새로운 시대의 주인공은 바로 전쟁 세대이며, 자신과 같은 엘리트 장교들이 사회적 발언권을 얻어야 한다고 확신했다. 따라서 윙거를 중심으로 '새로운 민족주의'를 주창한 소위 '보수혁명파'는 오스발트 슈펭글러Oswald Spengler로 대표되는 기존의 전통적인 보수 집단과는 다음과 같은 지점에서 뚜렷이 구분된다. 우선, 기존의 보수 세력이 전쟁세대에 앞서 태어난 시민적인 성격의 지식인이라면, 보수혁명파는 주로 전쟁에 참전한 젊은 참전 세대를 중심으로 한다. 둘째로 보수혁명파는 기존의 사회체계를 군대의 일사불란한 병영적 질서체계에 근거한 권위주의적 전체국가 체제로 변화시키는 '혁명'을 추구한다는 점에서 전쟁 이전의 사회적 질서(시민적 안정성과 제정체제)의 회복을 추구하는 기존의 보수층과 명백히 구분된다. 셋째로, 보수혁명파는 현대의 기술(문명)에 대한 입장에서 기존의 보수층과 뚜렷이 노선을 달리한다. 현대적 기술문명에서 '서구의 몰락'을 확인하는 염세주의적 입장을 지닌 기존 보수층과 달리, 보수혁명파는 기계화된 전쟁의 경험에 근거해 기계와 기술문명을 적극적으로 활용해 사회를 변혁할 것을 주장한다. 기술을 "노동자의 형상을 통한 세계의 동원"이라고 거듭 강조하는 윙거의 입장 또한 바로 이러한 기술주의적 태도에 상응한다고 할 수 있다. 젊은 극우 논객이자 활동가로서 윙거는 자신의 '새로운 민족주의' 노선에 따라 외국의 점령군에 대한 무장투쟁 및 바이마르 공화국의 혁명적 전복 등을 주장하고 나섰다. 그의 이처럼 활발한 극우적 정치활동은 필연적으로 극우 정당인 나치당과의 연관 관계를 형성하기에 이른다.

(3) 윙거와 나치즘

윙거와 나치의 관계는 오늘날까지도 뜨거운 논쟁의 대상이 되고 있다. 한편에서는 윙거와 나치의 친연성을 1920년대 중후반에 주로 작성된 정치논설과 1930년 즈음에 발표된 「총동원」 『노동자』 「고통에 관하여」와 같은 철학 에세이에 나타난 전체주의적 사회에 대한 옹호에서 확인하는 반면, 다른 한편에서는 『대리석 절벽 위에서』에서 나타난 것과 같은 간접적인 나치 체제 비판과 일관된 나치 정권과의 거리 두기를 윙거와 나치 간의 관계를 부정하는 전거로 내세운다. 사실 이 두 견해 모두 사실에 가깝다고 할 수 있다. 바로 국가사회주의(나치) 운동과 윙거의 관계는 시간이 지나면서 변하기 때문이다. 1920년대 초중반에 시작된 양자 간의 관계는 우선 1920년대 중반까지 호의적이었다가 1920년대 말 즈음 악화되어 1930년대에 이르면 사실상 단절된다. 나치에 대한 윙거의 입장 변화를 시간 흐름에 따라 간략하게 살펴보도록 하자.

공무원 정치 중립 의무에 따라 어떠한 정치적 입장도 밝히지 못했던 중위 윙거는 1923년 전역과 동시에 외국 점령군에 대한 무장투쟁, 바이마르 공화국의 혁명적 전복과 같은 극우적 입장을 표명하며, 자연스럽게 1920년대 중반에 자신과 유사한 목표를 추구하던 나치 운동에 대해 호의적인 입장을 취한다. 따라서 그는 자신의 책을 히틀러에게 직접 선물하기도 했으며, 히틀러 또한 젊은 전쟁 영웅 윙거의 책을 읽고 호감을 표명하면서 베를린을 담당하고 있던 괴벨스를 통해 윙거와의 만남을 몇 차례 조율하기도 했다. 또한 비록 윙거의 거절로 무산되기는 했지만, 나치당은 윙거에게 국회의원직을 수차례 제의하기도 할 정도로 둘의 관계는 긴밀했다. 이처럼 밀접했던 윙거와 나치의 관계는 1920년대 후반 들어서 급격하게 악화된다. 그 이유는 무엇보다 나치의 '대중정당화'에서 찾을 수 있을 것이다. 나치당이 폭력적 혁명

노선을 공식적으로 포기하고 의회를 통한 집권이라는 소위 '합법 노선'을 선택한 후 대중적인 인기를 얻고자 노력하면서 나치당과 윙거는 급속히 멀어지기 때문이다. 엘리트주의적인 혁명주의자 윙거에게 나치당의 대중적 합법노선은 도저히 받아들일 수 없는 현실적 타협의 산물에 불과했던 것이다. 더불어 지식인의 직접적 정치 참여가 폭넓게 확산되어 있던 프랑스와 달리, 지식인의 정치 참여가 '정신의 영역'에 국한되어 있던 독일의 관념론적 지식인 전통의 자장磁場 아래 윙거가 놓여 있었다는 점 또한 그가 나치당과 거리 두기에 나선 이유로 볼 수 있을 것이다. 요컨대 1920년대 말을 기점으로 나치가 극우 이데올로기에 기반한 '혁명'운동에서 의회주의적 정당운동으로 전환하자, 윙거로서는 의회주의적 현실정치에 직접적으로 참여하는 것에 유보적인 태도를 취할 수밖에 없었던 것이다.

나치와의 거리 두기는 1933년 나치의 권력 장악 이후 정신적인 차원에서 뿐만 아니라 물리적 차원에서도 실행된다. 그는 10여 년간 거주한 정치의 중심지 베를린에서 한적한 교외인 고슬라르Goslar로 보금자리를 옮기고 제2차 세계대전이 발발할 때까지 나치 정권에 대해 지속적인 거리감을 유지한다. 그의 이러한 태도는 1933년 베를린 대학의 초빙을 받아 권력의 중심으로 이동한 카를 슈미트나 같은 해 프라이부르크 대학 총장으로 취임한 마르틴 하이데거와 같은 친구들과의 행보와 뚜렷이 구분된다.

나치와 윙거의 관계는 마침내 그가 1930년대 말 『대리석 절벽 위에서』를 발표하면서 돌이킬 수 없는 파탄에 이른다. 가상적 시공간을 배경으로 펼쳐지는 소설 속 '산림감독원장'의 무자비한 폭력과 살육은 이미 당대에도 나치 정권에 대한 유비로 해석되었으며, 그를 반反나치 진영의 인물로 인식시키는 데 일조했다. 나치의 조야함과 무차별적 폭력성에 대한 그의 비판과 비판적 자기성찰은 전후에도 계속되었다. 그 때문에 윙거는 나치에 적극적으로 협력했던 카를 슈미트, 마르틴 하이데거와 같은 보수 지식인들과 달리, 전후의 활동에 있어서— 수많은 비판에도 불구하고—거의 제약을 받지 않았다.

(4) 전후 독일에서의 윙거

윙거가 두 번째로 참가한 세계대전은 그가 "모든 사물의 아버지"라고 예찬하고 고대했던 전쟁과는 전혀 다른 양상을 나타냈다. 그가 확신했던 기계에 대한 인간의 확고하고 영웅적인 지배와 새로운 세계 질서 속 인간을 창조해줄 전쟁은 제2차 세계대전의 '섬멸전' 속에서 발견할 수 없었다. 사랑했던 첫째 아들 에른스텔(1926~1944)이 전사하고, 연합군 폭격기가 철저히 파괴한 독일 전역의 황폐한 현장을 목도하며 윙거는 그동안 기술에 대해 지니고 있던 낙관주의적·인간중심적 견해를 근본적으로 회의하게 된다. 또한 이제 50대에 접어든 그는 더 이상 자신과 같은 전쟁세대를 새로운 세계의 주체로서 제시하지도, 전후 사회의 현실에 대해 직접적인 발언과 행동을 하지도 않는다. 종전 직후 그는 제2차 세계대전 중 파리 점령군 사령부 문화장교로 근무하면서 프랑스 문화계와 쌓았던 친분을 고려해 프랑스 점령 지역인 바덴뷔르템베르크 주의 작은 시골마을 빌플링겐으로 이주한다. 윙거에게 출판 금지 명령을 내렸던 영국군 점령지나 소련군 점령지와 달리 이곳에서는 계속 출판활동을 지속할 수 있었기 때문이었다. 지천명의 나이에 접어든 윙거는 이제 시골집에 은둔하며 주로 자신의 취미활동인 곤충 채집과 저술에만 열중하면서 전쟁 이전보다 더 많은 소설과 에세이를 발표한다. 이중 1957년에 발간한 미래소설 『유리벌Gläserne Bienen』은 기술에 대한 윙거의 변화된 관점을 보여준다는 점에서 주목할 만하다. 이 소설은 그가 『노동자』에서 주장했던 '기술의 완벽성'의 상태를 배경으로 한다. 소설의 주인공은 자전적인 성격이 다분한 전직 기병 대위 리하르트인데, 그는 로봇을 생산하는 공장에 면접을 보러갔다가 기술이 완벽하게 발전하여 기계와 자연의 구분이 소멸되고 심지어 로봇 '유리벌'이 자연의 벌을 대체하고 압도하는 상황에 대해 당혹감을 느끼게 된다. 소설은 리하르트가 상당한 유보감에도 불구하고 자신의 재능을 살려 기술 감독관 자리를 맡는 것으로 어정쩡하게 끝을 맺는다. 하지만 소설 전반에 드리워진 기술 디스토피아적인 전망과 리하르트가 보이는 기계문명에 대한 거부 반응은 『노동자』에서 기술 발전의 촉진을 열렬히 주장하던 윙거의 사유가 전쟁을 거치며 얼마나 변화했는지를 단적으로 드러내 보인다.

이제 전후 윙거에 대한 사회적 평가로 넘어가보자. 작가 윙거에 대한 서독 사회의 평가는 당대의 정치사회적 상황에 따라 유동적이었다. 1950년대부터 1960년대 초까지 보수적이고 반공주의적 성향이 짙었던 콘라트 아데나워Konrad Adenauer 정부 시절에 윙거는 그다지 눈에 띄지 않게 활발한 출판활동을 계속했다. 하지만 1960년대 후반에 이르러 68학생운동과 함께 서독 사회의 분위기가 격변하면서 그에 대한 비판의 목소리도 거세지게 된다. 과거사 청산에 대한 요구가 생활세계의 전면적 민주화와 함께 사회적 어젠다로 설정된 상황에서 전체주의 국가의 도래를 예언한 『노동자』의 작가 윙거는 '나치즘의 선구자'로서 평가되었으며, 그에 따라 문학계와 비평계에서 십자포화의 대상이 된다. 그러나 윙거는 이미 70세가 넘은 나이에도 불구하고 이러한 세간의 평가에 개의치 않고 열정적인 창작활동을 계속해나간다.

윙거가 서독 문화계 주류로 '컴백'한 것은 1980년대 초 전세계에 불어 닥친 보수화의 바람과 적잖은 상관관계가 있다. 독일 보수의 아이콘이었던 윙거 또한 이 당시 서독 문화계의 중심으로 복귀할 수 있었기 때문이다. 특히 제1차 세계대전의 격전지였던 프랑스 베르됭에서 1984년에 개최된 제1차 세계대전 발발 70주년 기념식에서 이뤄졌던 윙거의 기념연설은 중요한 상징적 의미를 지닌다. 독일 총리 헬무트 콜과 프랑스 대통령 프랑수아 미테랑이 자리한 이 행사에서 윙거는 독일과 프랑스간의 화해와 평화의 상징으로 등장했고, 이를 통해 그는 1960~1970년대에 자신에게 쏟아졌던 비판적인 평가를 얼마간 해소할 수 있었다. 나아가 전후에 추구했던 '평화적 작가'로서의 면모 또한 보다 확고하게 만들 수 있었다. 1982년에 윙거에게 수여된 괴테 상 또한 윙거 문학에 대한 사회적 재평가라는 차원에서 큰 의미를 지닌다. 이 상의 수여로 인해 이미 90세를 바라보는 윙거에게 대

작가 괴테의 이미지가 더해졌기 때문이다. 괴테상 수상 과정에서 쏟아진 엄청난 비판에도 불구하고, 윙거는 이 상을 통해 독일인에게 폭넓은 사랑을 받는 '고전적' 작가로서 위상을 얻게 된다.

1995년 윙거는 빌플링겐의 시골집에서 마침내 100번째 생일을 맞이한다. 이 자리에는 독일 연방대통령 로만 헤어초크, 독일 연방총리 헬무트 콜, 바덴뷔르템베르크 주지사 에르빈 토이펠 등이 참석했는데, 모두 보수당인 기민당CDU 소속의 정치인들이었다. 이러한 정치적 편향성을 감안하더라도 독일을 대표하는 정치인이 그를 찾았다는 사실은 윙거가 1960~1970년대에 직면한 사회적 비판에서 상당히 해방되어 독일의 정치와 문화계에서 인정받는 주류적 인사가 되었음을 증명해주었다. 양차 세계대전의 무수한 총탄과 포탄의 파편에도 굴하지 않은 전쟁 영웅 윙거 또한 세월의 흐름을 비켜갈 수는 없었다. 103번째 생일을 불과 한 달여 앞둔 1998년 2월 17일, '격동의 독일 한 세기'를 논란 속에서 살아온 노작가는 세상을 떠났다.

2. 윙거의 시대 진단

　철학 에세이 『노동자』에서 살펴볼 수 있는 것처럼 윙거는 제1차 세계대전의 발발과 종결 그리고 바이마르 공화국 시대에 이르는 역사적 시기를 자신만의 독특한 역사철학적 시선으로 해석하고 진단해낸다. 윙거의 시대 진단은 크게 세 가지 차원으로 요약할 수 있다. 첫째는 시민사회와 시민의 몰락이며, 둘째는 시민사회와 민주주의 국가를 대체하는 권위주의적 전체국가와 '노동자'의 등장이다. 셋째는 산업화·기계화된 시대의 언어이자 세계를 지배하는 수단인 기술을 인간이 지배해야 한다는 것이다. 니체에게서 강한 영향을 받은 윙거는 19세기를 지배했던 시민은 20세기의 시작과 함께 몰락하기 시작했으며, 제1차 세계대전의 포화 속에서 그 최후를 맞이했다고 주장한다. 요컨대 '안전'과 '안락함'을 최상의 가치로 여기는 "최후의 인간"인 시민계급은 '고통'과 '죽음'과 같은 '근원적인 요소'들과의 관계를 상실했고, 이 때문에 몰락할 수밖에 없는 존재라는 것이다. 또한 윙거에게 시민의 몰락은 동시에 시민의 존재 방식을 규정하는 시민적 '개인'과 이러한 개인들이 모여 이루어진 '시민사회'의 몰락을 의미한다. 나아가 이러한 시민사회의 대표들이 선출되어 시민적인 대화와 토론의 가치 위에 구성된 정치 시스템인 '의회민주주의' 또한 필연적으로 몰락할 수밖에 없는 것이다.

윙거는 '최후의 인간'인 시민을 대체할 '초인적' 주체로 그가 '유형' 혹은 새로운 '인종'으로 표현하기도 하는 '노동자'를 제시한다. 여기서 윙거가 이야기하는 새로운 인종이란 물론 나치 이데올로기에서 확인할 수 있는 우생학적 의미의 인종이 아니다. 윙거에게 새로운 인종이란 '인간학적 유물론 Anthropologischer Materialismus'[1]의 관점에서 기술의 시대에 적합하게 변화되어 기존의 시민적 인간과 뚜렷하게 구분된다는 의미에서 새로운 인종인 것이다. 둘째로 기술의 시대에 적합하도록 발전된 새로운 인종에 의해 주도되는 사회는 기존의 시민이 지배하던 세계와는 그 조직과 성격에 있어 상이할 수밖에 없다는 것이 윙거의 시대 진단이 갖는 핵심이다. 그는 다가올 노동자 시대의 조직을 세계대전 군대의 일사불란한 지휘와 복종의 시스템에서 발견한다. 세계의 지배 수단으로서의 기술(무기)을 다루는 데 능숙할 뿐만 아니라, 주권적 결단을 통해 조직을 지휘하는 지휘관과 그의 명령을 목숨을

1_ 인간의 지각방식이나 능력이 물질적·외부적 상황에 따라 변화한다는 이론으로 발터 벤야민 사상의 핵심을 이룬다. 이러한 사유는 윙거의 글에서도 폭넓게 확인된다.

바쳐 수행하는 군인 간의 '유기체적' 관계야말로 윙거가 이 상적으로 생각하는 책임성 있는 명령과 복종의 관계다.

따라서 윙거가 단수로 표현하는 '노동자Der Arbeiter'의 형상 뒤에는 기실 '높은 위치'에서 명령하는 '지휘권자'의 상像과 목숨을 바쳐 이를 수행하는 '병사'의 상像이라는 두 가지 상이한 유형이 포괄되어 있는 것이다. 윙거가 유기체적이라고 표현하는 노동자 사회의 구조는 따라서 사회계약에 따른 수평적 계약관계가 아니라, '운명적'으로 연결된 수직적 종속관계인 것이다. 그러므로 다가올 노동자 시대의 국가 형태 또한 윙거에 따르면 수평적 계약관계에 근거한 의회민주주의 국가와 명백히 구분되어야 한다.

그는 1920년대 초 이탈리아를 장악한 파시즘과 사회주의 혁명을 통해 국가 중심의 산업 발전 모델을 수행 중이던 소비에트 연합에서 다가올 미래사회의 국가 모델을 발견한다. 윙거는 국가가 경제·문화와 같은 '중심 영역Zentralgebiet'[2]

---

2 카를 슈미트는 1929년에 출간된 논문 「중립화와 탈정치화의 시대」에서 현대 민주주의 사회의 각 부문이 자율화와 탈정치화되면서 국가 권력의 중립화(무력화)가 심화되는 현상을 지적하면서, 이를 극복할 수단으로 어느 시대에나 존재하는 사회의 가장 핵심적인 '중심 영역'을 국가가 절대적으로 지배해야 할 필요성을 역설한다. 이에 따라서 슈미트는 특히 현대 자본주의 사회에서 가장 중요한 영역인 '경제 영역'에 대한 국가의 철저한 지배와 통제를 요청한다.

에 대해 절대적인 통제권을 지닌 강력한 '전체국가'를 미래의 노동자의 국가 모델로 제시한다. 따라서 그는 이 같은 전체국가에서 국가가 비단 경제 영역에 대한 통제뿐만 아니라, 학문연구, 언론, 문화산업 등에 대해서도 강력한 지배권을 행사해야 한다고 주장한다. 특히 영화와 사진의 사용에 관한 윙거의 견해는 괴벨스가 이끌던 나치정부의 '프로파간다부'의 정책을 떠오르게 할 정도로 정치적이며 도구적인 성격을 띠고 있다. 이러한 맥락에서 「총동원」 『노동자』 「고통에 관하여」에 담긴 윙거의 시대 및 미래 진단은 명백히 파시즘적인 요소를 내포한다고 할 수 있으며, 이러한 면에서 윙거의 시대 진단에 대한 발터 벤야민의 신랄한 비판은 명백한 타당성을 지닌다고 할 수 있다.

3. 텍스트 소개

(1) 「고통에 관하여」

「고통에 관하여」는 하나의 독립적인 글이지만 「총동원」(1930)과 함께 에른스트 윙거의 초기 주저인 『노동자』(1932)에 대한 보론적 성격을 지니고 있다. 즉 『노동자』가 새로운 세계를 구축해나갈 주체인 '새로운 인종', 즉 '노동자'와 이 노동자가 지배하는 사회에 대한 전반적인 미래 전망을 제시한다면, 「총동원」과 「고통에 관하여」는 각각 노동자의 세계를 구축해나가는 '방법론'과 그 과정에서 겪게 될 '고통' 및 그 고통의 정당성에 대해 다루고 있다.

윙거는 「고통에 관하여」에서 기술화된 현대사회의 특성을 무엇보다 '고통'이라는 핵심어를 통해 포착하고, 기술과 고통이 맺는 관계를 해명하고자 시도한다. 게오르크 지멜Georg Simmel이 일찍이 「대도시와 정신적 삶」(1908)에서 현대 대도시를 살아가는 인간의 특징을 엄청난 청각적 소음과 시각적 혼란 등의 '고통'에 대한 '둔감성'으로 보았던 것처럼, 에른스트 윙거의 문제의식 또한 기술화와 합리화가 진척될수록 이에 상응해 인간의 신체에 가해지는 점증하는 고통과 이에 대응해야 하는 현대인들의 태도와 방식에 집중되어 있다. 기존의 독일 보수주의자들이 기술문명을 '타락' '평균화' 등의 이유로 적대시하고, 기술문명이 불러일으키는 증대되는 고통의 문제를 자연으로 도피함으로써 해결하려는 기술 적대적 혹은 기술 회피적인 성향을 보였다면, 윙거는 과학기술에 의한 세계의 '탈마법화'(막스 베버)나 '아우라의 소멸'(발터 벤야민)과 같은 기술화 과정에서 발생하는 고통을 피할 수 없는 시대의 운명으로 받아들이고 이에 '영웅적'으로 대응할 것을 요구한다. 윙거에 따르면, 고통은 어느 시대에나 존재하는 '불변의 척도'이며, 문명과 기술의 발달을 통해 제거될 수 없는 불멸의 대상이다. 따라서 그는 '고통의 경제학'을 주창한다. 사회적 고통의 총량은 일정하게 고정되어 있어서 절대로 제거될 수 없으며, 그저 다른 곳으로 옮겨지거나 축적될 뿐이어서 고통으로부터 도피하거나 기술을 통해 고통 없는 유토피아 사회를 건설하려는 노력은 필연적으로 실패할 수밖에 없다는 것이다. 이에 따라 윙거는 고통에 대한 해법으로 삶의 근원적인 요소인 이 "고통을 포섭하고 삶이 고통과 언제든 조우할 수 있도록 준비하는 삶의 계획"을 세울 것을 제시하는데, 고통을 이겨내게 하는 이 계획은 현대적 기술의 도움을 통해 최적화될 수 있다. 다시 말해 그는 인간과 기술의 '유기체적 결합'을 통해 현대적 고통을 영웅적으로 극복할 수 있다고 주장하며, 이를 현대의 군사, 문화, 스포츠 영역의 현상들을 통해 입증하고자 한다.

윙거는 기술의 핵심적인 기능으로 무엇보다 '제2의 인식' 가능성을 꼽는다. 즉 인간이 사진, 영상, 스톱워치 등 기술을 통해 자신을 '대상화'함으로써 자기 자신에 대한 새롭고 정밀한 '인식'을 얻을 수 있게 된다는 것이다. 이는 벤야민이 「기술복제 시대의 예술작품」에서 사진과 영화와 같은 기술 매체에 의해 기존의 시각이 접근할 수 없었던 '시각의 무의식 세계'가 열림으로써 인간 지각의 지평이 확장된다고 주장한 것과 맥을 같이한다. 나아가 윙거는 '제2의 의식'이 배태한 성과의 예를 현대 스포츠에서 발견한다. 움직임을 촬영해 동작을 최대한 합리화하며, 첨단 스포츠웨어 장비로 무장해 기록을 끊임없이 갱신하려고 노력하고, 이 과정에서 보다 큰 고통을 견딜 수 있게 되는 스포츠 선수의 모습은 기술시대 인간의 '전형'이 되는 것이다. 요컨대 인간은 기계와의 유기체적 결합을 통해 자신의 신체적 활동을 '측정'하고 자신의 한계를 극복하는 자기발전의 과정을 거쳐야 하며, 이를 통해 달성된 인간 육체의 "경화" 및 "도금화"를 통해 기술문명이 끊임없이 부과하는 고통을 극복할 수 있게 된다는 것이다. 이러한 윙거의 주장은 현대의 스포츠 분야에서 그가 언급한 측정 및 교정 기술이 광범위하게 사용되고 있다는 점에서 일견 설득력이 있어 보이지만, 그 같은 신체의 단련을 통해 보다 큰 고통을 극복할 수 있을지에는 강한 의문이 제기되는 것도 사실이다.

(2) 『노동자』

위에서 언급한 바와 같이 철학적 에세이 『노동자』는 「총동원」이 나온 1930년과 「고통에 관하여」가 출간된 1934년 사이인 1932년에 출간되었으며, 이 글들은 상호간에 밀접한 관계를 맺고 있다. 「총동원」이 기술력의 발전을 최대한 총동원하는 병영적 전체주의 국가 체계의 필연성을 세계대전의 경험에 근거해 제시했다면, 『노동자』는 새로운 인간 유형으로서 "노동자의 형상Gestalt des Arbeiters"과 그 형상의 정치적 구현체로서 전체주의 국가 간의 관계를 '유기체적 총체성' 속에서 파악하고, 이를 역사철학적·자연적 필연으로 설명하고자 노력한다. 윙거는 당시 이탈리아와 러시아 등에서 진행 중이던 전체주의 국가화, 즉 국가 중심의 경제 개발계획 추진, 입법부와 행정부가 결합된 정치시스템, 국민에 대한 국가의 총동원 체제 등에 주목하면서 국가에 의해 기술 발전의 가능성이 총동원될 수 있는 전체주의 국가 체제를 미래의 국가 모델로 제시하고 있다. 이처럼 『노동자』는 단순한 에세이의 차원을 넘어 당대에 전 세계적으로 진행되고 있던 전체주의화를 역사철학적으로 뒷받침해주는 '전체주의의 역사철학서'라고 볼 수도 있다. 이러한 맥락에서 윙거의 비판자들이 이 책을 "나치즘의 헌법" "파시즘의 마그나카르타"라고 비판한 것은 결코 과장이 아니다.

시민사회와 사민사회적 질서의 종말

1부에서 윙거는 시민계급이 19세기를 통해 구축한 체제, 즉 경제적으로는 제국주의적 자본주의, 정치적으로는 자유주의적 의회민주주의 체제가 자신의 한계를 드러냈으며, 제1차 세계대전을 통해 이미 파산선고를 받았음을 명시적으로 주장한다. 윙거에 따르면 시민적인 세계와 시민적인 세계지배의 방식은 그 근원에 있어서 독일인의 "가장 내밀한 기관과 어떠한 관계도 맺고 있지 않은" 비독일적인 것이다. 따라서 윙거는 독일인들이 가장 "형편없는 시민"이었으며, 서구문명의 자유에 근거한 사민사회 조직이 독일적인 서열질서Rangordnung에 근거한 "유기체적 구조"에 의해 대체될 것이라고 주장한다. 윙거는 시민적 세계의 몰락의 전조를 무엇보다 "노동자"의 등장에서 확인한다. 그에 따르면 노동자는 시민적 환경에서 태어나고 자라났지만 세계대전의 포화를 통해 새롭게 단조되어 낡은 세계를 타파할 동력을 지닌 새로운 "인종"이다. 여기서 윙거가 말하는 "노동자"란 마르크스주의적 의미의 노동자와 명백히 구별되는데, 마르크스주의적 의미의 노동자가 현대의 분화된 생산관계 속에서 파편화된 전문적 노동을 수행하는 '경제적 존재'인 반면에, 윙거의 노동자는 "총체성" 안에서 유기체적인 노동을 영웅적으로 수행하며 자신의 권력 의지를 표출하는 정치경제적 존재다. 이는 이해타산적·시민적 경제 영역보다 권력추구적·영웅적 정치 영역이 우선한다는 윙거의 정치철학적 입장의 반영으로 이러한 그의 사유의 바탕에는 "권력에의 의지"라는 니체의 철학이 기반을 이루고 있다. 윙거의 사유와 마르크스주의 간의 연관관계는 뒤에서 다시 살펴보도록 할 것이다.

윙거에 따르면 "노동자"라는 개념은 19세기적 의미의 개인이나 군중과 명확히 구분된다. 그가 노동자에 단순히 일하는 사람이라는 경제적 의미를 넘어 특정한 "형상Gestalt"의 재현 혹은 대표Repräsentation이라는 형이상학적 가치를 부여하기 때문이다. 이는 마치 플라톤의 이데아론에서 책상이 책상이라는 이데아의 재현Repräsentation인 것처럼, 윙거에게 모든 노동자는 "노동자의 형상Gestalt des Arbeiters"의 재현이며, 노동자의 등급은 또한 그가 노동자의 형상을 충실히 재현하는 정도에 따라 결정된다는 것이다. 다시 말해서 각각의 개별자가 특수한 형상Gestalt과 연계를 맺음으로써, 즉 노동자의 형상을 입음으로써 "노동자의 형상"이라는 형이상학적 총체성 속으로 편입되는 것이다.

나아가 윙거는 이를 통해 개별자와 전체가 맺고 있는 '유기체적 관계', 즉 개별자의 다양성과 전체의 통일성의 관계를 설명한다. 요컨대 각각의 개별자로서의 노동자가 자신만의 독특한 다양성(개성)을 지니고 있다면, 이러한 다양성은 형상의 총체성 내부에 포섭된 다양성이며, 개별자의 다양성은 유형의 총체성 내에서 통일성을 이루고 있다는 것이다. 이는 마치 동식물이 개체별로 다양성을 지니지만 각각의 개체가 자신이 속한 종의 특유의 형상을 동일하게 가지고 있 것처럼, 윙거는 새로운 인종인 노동자를 "노동자의 형상"과 "재현"이라는 틀 속에서 그리고 형상의 통일성과 개별자의 다양성이란 관계를 통해 규정하고 있다. 이러한 식물학적 형상이론은 괴테의 "형상학"에서 지대한 영향을 받은 것으로, 총체적이고 유기체적인 조직에 대한 윙거의 구상은 파편화되고 총체성을 상실한 현대사회에 대한 극복의 노력이자, 총체성이 지배하던 기존의 조화로운 세계에 대한 동경을 반영하고 있다고 할 수 있을 것이다.

2부의 초반부에서는 1부에서 설명되었던 노동자의 특징을 더욱 세부적으로 설명하고 부각하는 동시에 "세계의 지배자die Meisterung der Welt"로서의 노동자의 노동과 세계의 지배를 가능하게 하는 수단으로서의 "기술"의 특징이 논의된다. 여기서 윙거는 무엇보다 노동자 유형의 노동을 정의한다. 앞에서 노동자의 정의에서 살펴본 바와 같이 윙거가 정의하는 노동은 수익을 얻기 위한 경제적 활동으로서의 노동과는 뚜렷이 구분되는 형이상적적·역사철학적 의미를 지니고 있다. 즉 그가 말하는 노동이란 "형상으로서의 노동자 Arbeiter als Gestalt"가 "총체적 노동 성격der totale Arbeitscharakter" 을 드러내고 표현하는 일을 의미한다. 여기서 "총체적 노동 성격"의 표현이란 노동자의 모든 행위가 기존의 시민적 세계를 파괴하고 새로운 '노동자의 세계'를 창조해가는 과정에 참여하고 있음을 의미한다. 예컨대 여가시간에 행하는 스포츠 활동 또한 기존의 시민적 문화활동이나 종교활동을 대체한다는 점에서 새로운 세계 건설을 위한 "총체적 노동 성격" 내에서의 유기체적 행위(노동)가 되는 것이다.

이어서 윙거는 19세기적 현상인 대중과 개인 모두가 몰락하고 노동자 유형에 의해 대체될 것이라고 주장한다. 계약을 통해 관계를 맺는 19세기적 시민적 개인들은 근원적 권력(힘)과의 관계를 잃게 되었으며, 이러한 시민들의 모임인 대중 또한 소외되었고 근원적 권력과의 연관관계가 부재하기 때문에 각각 노동자 "유형Typus"과 노동자의 "유기체적 구조 organistische Konstruktion"에 의해 대체되게 된다는 것이다.

아우라 없는 인간과 인간학적 유물론

36번에서 38번까지의 글에서는 "유형"으로서의 노동자의 특성이 상세히 서술되는데, 이 부분은 「고통에 관하여」에서 상술되는 내용과 밀접한 연관관계를 맺고 있기 때문에 주목을 요한다. 윙거에 따르면 노동자는 시민적 개인의 특성인 "일회성"과 "고유한 독자적 인상"을 결여하고 있으며, 마치 가면을 쓴 것과 같은 굳고 결연한 '표정없음'으로 특징지어진다. 이러한 '아우라 없는 인간'의 얼굴은 발터 벤야민이 「사진의 작은 역사」, 「기술복제 시대의 예술작품」에서 주장한 "아우라의 소멸" 현상과 공명하는 것으로 보인다. 벤야민은 위에 언급된 논문에서 예술품의 원본을 둘러싸고 있던 진품성의 '아우라'가 기술적 복제의 등장에 따라 소멸된다고 주장한 바 있는데, '지금' '여기'와 밀접한 연관관계를 가진 아우라가 언제, 어디서나 다시 재현 가능해진 기술적 복제의 가능성에 의해 소멸된다는 것이다. 동시대를 살아간 두 지식인 간의 이 같은 사유의 유사성에도 불구하고 벤야민은 윙거에 대한 비평문 「독일 파시즘의 이론들」에서 마치 가면을 쓴 것과 같은 이 '아우라 없는 노동자'의 외형에 대해 "히포크라테스적 데드마스크"에 불과하다고 일갈하고 있다.

뒤이어진 장 "노동자의 형상에 의한 세계의 동원으로서

의 기술"에서는 기술과 노동자의 형상이 맺는 고유한 관계가 서술된다. 기술이 완성을 향해 계속적으로 발전한다는 사실은 윙거의 '인간학적 유물론'의 핵심적인 전제다. 즉 기술의 발전은 인간에게 그 기술에 적합한 새로운 인간 유형과 사회·경제·군사체제 등을 요구하는데, 기존의 시민적 사회체계에서는 이해관계의 충돌, 의회민주주의적 비합리성, 관료제적 비효율성 때문에 이러한 효과적 체제로의 전환이 불가능하다는 것이다. 때문에 기술적 발전에 상응하는 새로운 "유형"을 만들어내고 이러한 기술력을 최대한 발휘할 수 있는 사회체제를 구축하는 것이 새로운 사회의 과제가 되는 것이다. 이러한 이행단계 속에 존재하는 한 세계는 필연적으로 일시적인 "작업장 풍경Werkstättelandschaft"을 띨 수밖에 없다. 기술의 계속적인 발전은 기존의 설비를 폐기하고 새로운 설비의 설치를 요구하고, 또한 새로운 인력의 동원을 필요로 하기 때문이다. 기존의 일시적 작업장은 새로운 작업장으로 대체되며, 이러한 과정에서 노동자의 형상은 간단없는 기술력의 발전을 최대한 활용하여 세계에 주어진 인적-물적 자원을 사용(동원)하고, 이러한 동원을 통해 얻어진 최대한의 생산력과 "군사무장Rüstung"은 다시금 세계에 대한 지배권을 행사하기 위한 권력(힘)이 된다. 나아가 이렇게 성장한 생산력은 필연적으로 민족국가 단위를 넘어 세계에 대한 "제국적 성격imperialer Charakter"의 지배권으로 발전하게 된다는 것이 윙거 주장의 핵심이다. 이 과정에서 변화된 기술적 환경에 끊임없이 스스로를 맞추고, 또 동원되어야 하는 노동자의 '고통'은 윙거의 사유 안에서 새로운 세계를 창조하기 위한 불가피한 요소로서 요청되는 것이다. 이러한 맥락에서 윙거가 기존의 의회민주주의적 국가체제, 시장주의적 자본주의 체제를 부정할 것이라는 점은 어렵지 않게 짐작할 수 있다.

뒤이어지는 장에서는 따라서 "자유적 민주주의에서 노동자국가로의 이행" "사회계약을 노동계획으로 대체"라는 제목 아래에 정치·경제체제의 변화의 필요성이 역설된다. 먼저 윙거는 비효율적인 의회민주주의제를 행정과 입법이 일치된 강력한 중앙집권적 시스템으로 전환할 것을 주장하며, 관료들의 비효율적인 '정치적 판단'을 전문가들의 "기술적 판단"으로 대체할 것을 요구한다. 경제적 차원에서는 사적 개인 및 회사 그리고 시장의 이해관계에 의해 기술력의 총동원이 저해될 수 있는 바, 총동원의 정도를 최대화하기 위한 국가 계획경제 시스템의 필연성이 강조된다. 여기서 윙거는 주택 등과 같은 개인의 사적 소유를 최소한으로 인정하되 모든 산업 및 생산설비를 국유화할 것도 주장한다. 이는 그가 총체적 노동 성격의 대표Repräsentation인 국가만이 끊임없이 발전하는 (생산)수단에 최적화된 생산시스템을 통일적, 유기적으로 조직할 수 있다고 믿기 때문이다.

마르크스주의와의 연관성

앞에서 살펴본 내용들을 살펴보면, 윙거의 사유는 무자비한 국가사회주의 혹은 스탈린주의의 전시사회주의 내지 총동원체제에 대한 이론과 큰 차이가 없는 것처럼 보인다. 그러나 윙거의 이론은 이들 이론과 특정 지점에서 명백한 차이를 보이는데, 무엇보다 윙거는 기술력의 발전이 그 끝에 다다르는 역사의 종결지점을 설정하고 있기 때문이다. 그에 따르면 끊임없이 발전하는 듯이 보이는 기술은 어느 시점에서 그 발전의 종결점에 도달하여 완벽해지는데, 이 같은 "기술의 완벽성"과 이를 통해 달성되는 '중국적인 불변chinesische Konstanz' 상태에서 기술과 생산방식은 영원히 일치되고 생산과 소비 간의 불균형도 해소된다. 이 시점에 이르면 세계는 노동자 형상의 제국적 지배 아래에서 평화로워지며, 새로운 기술적 요구에 끊임없이 자신을 맞추어야 했던 인간 또한 기존의 고통에서 영원히 해방되는 것이다. 이처럼 역사와 기술의 발전에 종결 지점을 상정한다는 점에서 윙거의 철학은 세속적인 마르크스주의나 국가사회주의 이론과도 구분되며, 천년 왕국설과 같은 기독교적 종말론의 특징이 엿보인다. 안정과 유기체적 총체성이 지배하는 세계에 대한 이 같은 종교적 바람은 무엇보다 바이마르 공화국에서 항구화되었던 정치, 경제, 문화적 "예외상태 Ausnahmezustand"를 극복하고자 했던 시대사적 갈망의 반영으로 해석될 수도 있다.

일찍이 게오르그 루카치가 『소설의 이론』에서 "별빛이 그 길을 훤히 밝혀주던 시대"에 대한 가슴 아린 동경을 표현한 이래, 총체성 상실의 문제는 당대 지성들의 핵심적 주제가 되었다. 윙거의 『노동자』 또한 모든 총체성과 세계의 중심이 파괴된 20세기에서 기술력의 발전을 포기하지 않으면서도 모던의 예외상태를 극복하기 위해 자신만의 독특한 사회체계이론을 구축하고자 한 그의 노력으로서 이해될 수 있다. 이를 위해 윙거는 마르크스주의의 이론을 폭넓게 받아들이면서 이를 괴테적인 총체적·유기체적 사유와 접목시킨다. 이미 책의 제목 "노동자Arbeiter"가 명시적으로 드러내주듯이 윙거는 마르크스주의의 노동자 개념 뿐만 아니라 생산수단·경제체제 등의 단어도 전용하며, 마르크스주의의 역사철학 또한 수용한다. 따라서 "노동자"는 윙거에게서 새로운 사회 건설의 필연적인 핵심 주체로 역사에 등장하는 것이다. 나아가 윙거는 경제체제에 있어서도 개인의 사유재산을 최소화하고 모든 기반시설을 국유화하는 사회주의적 계획경제를 시행할 것을 주장하는데, 이는 특히 소련의 경제개발 5개년 계획에서 받은 강력한 인상에서 기인하는 것이다. 이렇듯이 책을 지배하고 있는 윙거의 입장은 마르크스주의의 윙거적 변주로 볼 수 있는 부분이 도처에서 발견된다. 그러나 윙거는 단순히 마르크스주의를 변주하는 데에서 그치지 않는다. 그는 이 모든 혼란의 근거지라 할 수 있는 생산수단(기술)의 발전에 종결점을 부여함으로써 이 모든 기술과 역사의 발전을 무한으로 나아가는 수평선이 아닌 특수한 꼭지점으로 수렴하는 합목적적이고 유기체적인 발전과정으로 설명하고자 하며, 이는 기술력의 발전을 긍정하면서도 세계의 중심과 총체적 조망을 잃지 않으려는 전통적이고 보수적 사고가 결합된 결과라고 볼 수 있다. 나아가 윙거의 이론과 마르크스주의 이론 간의 차이는 그가 의회제도, 인권, 개인의 자유, 언론의 자유 등 19세기 계몽과 민주주의의 유산을 적극적으로 부정하는 군국주의적 이데올로기에 사로잡혀 있다는 점에서도 찾을 수 있다. 이러한 점에서 윙거의 이론은 전통적 마르크스주의 이론보다는 스탈린주의나 파시즘의 전체주의 모델에 가깝다고 볼 수 있으며, 『노동자』에 자신의 사회이론을 담은 윙거에 대해 "파시즘의 선구자"라고 비판한 벤야민의 지적은 상당한 타당성을 지닌다고 할 수 있다.

『노동자』에 대한 비판

『노동자』는 책 전체에 깔려 있는 전체주의, 파시즘적 이데올로기와 반윤리적, 엘리트주의적 사유로 인해 출간 이래 비판적 분석의 대상이 되었다. 그 가운데 경제학자이자 사회학자인 알프레트 베버Alfred Weber의 『노동자』에 대한 비평은 이 작품이 가진 문제점을 잘 요약해준다.

베버는 『노동자』의 문제적 요소를 크게 네 지점에서 지적하는데, "전쟁에 대한 책임감 없는 태도" "역사에 대한 자의적 해석" "파렴치한 자유에 대한 증오심" "악마적 충동의 드러남"(즉 "고문에 대한 욕구") 등이 그것이다. 베버의 비평이 간파한 바와 같이 『노동자』에서 윙거는 제1차 세계대전의 엄청난 인명 피해와 전쟁범죄에 대해 무책임한 태도를 취할 뿐 아니라, 이를 열광적으로 긍정하고 전쟁을 새로운 세계 창조를 위한 '창조적 파괴'의 계기로 파악하는 '탈도덕적'인 입장을 취한다. 또한 베버는 윙거의 시대 진단 및 역사철학적 미래 전망의 자의성을 지적한다. 윙거는 제1차 세계대전에 기존의 시민적 질서를 파괴하고 새로운 세계를 탄생시키기 위한 역사적 과정으로서의 정당성을 자의적으로 부여할 뿐만 아니라, 기술화된 세계에서 사회의 변화 과정을 임의적으로 '총체적 노동 성격'이 구현되는 노동자 세계로의 발전 과정으로 해석하고 있기 때문이다.

권위주의적인 군사주의에 기반한 『노동자』에는 자유와 민주주의에 대한 뿌리 깊은 혐오감 또한 분명히 나타난다. 따라서 이 책에는 시민적 자유에 대한 깊은 증오감이 표현되며, 자유에 기반한 관계에 대한 대안으로 책임에 기반한 '구속Bindung' 관계가 제시된다. 이는 "자유의 정도는 바로 (…) 구속 정도에 상응"한다는 윙거의 주장에 잘 반영되어 있다.

아울러 베버가 지적한 "고문에 대한 욕구" 또한 텍스트 곳곳에서 발견된다. 기술 발전에 의한 '고통'의 발생과 기술을 통한 고통의 극복 가능성에 대한 그의 예리한 사회학적 분석은 주목할 만하지만, 그는 여기서 그치지 않고 「고통에 관하여」에서도 보여주었듯 이 고통을 절대화, 이상화하는 단계로까지 나아가기 때문이다. 비도덕적이고 잔인한 태도와 고통을 즐기는 태도가 윙거에게서 미학적인 영역, 즉 '경악의 미학'으로 고양되는 점을 감안하더라도, 이러한 윙거의 태도는 전체주의적 폭력에 대한 긍정으로 읽힐 수도 있다.

발터 벤야민이 윙거의 글 「총동원」이 수록된 『전쟁과 전사』에 대해 작성한 비평 「독일 파시즘의 이론들」도 바로 이러한 비판의 연장선상에서 이해되어야 할 것이다.

(3) 「독일 파시즘의 이론들」

앞서 제기된 윙거 비판의 연장선상에서 벤야민의 이 비평문은 윙거의 사유에 숨겨진 독성에 대한 '해독제'로서 작용할 수 있을 것이다. 이번 한국어판에서 벤야민의 「독일 파시즘의 이론들」을 윙거의 초기 에세이와 함께 배치한 이유다. 벤야민의 비평문은 윙거가 저자 중 한 명이자 편집인으로 참여한 『전쟁과 전사戰士』라는 에세이 모음집을 대상으로 한다. 이 모음집에는 총 8명의 저자가 쓴 8편의 글이 실려 있으며, 윙거는 책의 서문과 함께 첫 번째 글인 「총동원」을 투고했다. 윙거를 제외한 7명의 저자들은 모두 윙거의 베를린 체류 시절 가깝게 지내던 민족주의적·군국주의적 성향의 인사들이며, 윙거의 동생이자 작가인 프리드리히 게오르크 윙거Friedrich Georg Jünger(1898~1977)도 책의 제목과 같은 「전쟁과 전사」라는 글로 작업에 참여했다. 이 비평에서 벤야민은 크게 세 가지 지점에서 윙거와 그 친구들의 사유를 비판한다. 첫째는 '전쟁에 대한 미화' 및 '참전군인의 영웅화', 둘

째는 '기술의 전쟁적인 사용'에 대한 열광, 셋째는 전쟁의 신
화화와 신격화 문제다.

우선 '전쟁에 대한 미화' 및 '참전군인의 영웅화'에 대한
벤야민의 비판을 살펴보자. 벤야민은 1933년에 발표한「경
험과 빈곤」에서 세계대전을 겪은 병사들의 '침묵'에 대해 이
야기한 바 있는데, 여기서 그는 침묵의 원인으로 총체적 전
망과 종합적 경험을 불가능하게 만드는 제1차 세계대전의
물량전 양상을 꼽는다. 요컨대 현대의 물량전에서 개인의
파편적 '충격 체험'이 가능할지는 몰라도, 이것이 총체적 '경
험'으로 의식화될 수는 없기에 참전용사들은 침묵할 수밖
에 없다는 것이다. 이런 맥락에서 벤야민은 참혹한 물량전
을 찬양하고 참전 군인을 영웅화하며 그들의 경험을 미화하
는 윙거와 집필진의 서술 방식을 비판한다. 즉 개인의 영웅
적인 행위와 경험이 사실상 불가능해진 물량전의 참혹한 전
쟁 양상과 '가스전'으로 요약되는 전쟁의 반인륜적 모습으로
부터는 등을 돌린 채, 전사의 영웅성과 전쟁의 정당성만 무
조건적으로 긍정하고 있다는 것이다. 또한 벤야민은 윙거와
그의 친구들이 세계대전을 새로운 세계를 창조하기 위한 필
수불가결한 희생으로 평가하면서 수많은 이의 죽음을 정당
화한다고 비판한다. 나아가 이러한 맥락에서 윙거와 그의 친

구들은 패배한 전쟁에 대해서조차 '독일성' 회복을 위한 불가피한 손실이었다는 역사철학적 의미를 부여하기에 이르는데, 전쟁에 대한 이들의 무조건적인 긍정과 '소년적 열광'에 대해 벤야민은 "예술을 위한 예술이론을 무분별하게 전쟁에 대입한 새로운 전쟁이론"이라고 비판한다.

또한 벤야민은 전쟁과 기술의 사용 문제에 집중한다. 벤야민은 「기술복제 시대의 예술작품」에서 끊임없이 발전하는 기술을 올바르게 사용하는 방식에 대해 고민한 바 있다. 여기서 벤야민은 기술의 실현을 위해 인간을 희생시키는 "제1의 기술"과 인간과 자연 조화를 가능하게 만드는 "제2의 기술"을 구분하며, 바로 이러한 맥락에서 기술에서 "행복으로의 열쇠"를 찾고자 한다. 그러나 윙거와 그의 친구들이 추구하는 기술과 기술의 사용은 바로 전쟁적 기술, 기술의 전쟁인 사용이며, 이는 바로 벤야민이 '제1의 기술'로 규정한 인간을 희생시키는 기술에 다름아닌 것이다. 따라서 벤야민은 전쟁 기술에 대한 이들의 열광은 기실 '몰락의 숭배'와 다름없으며, 그들이 갈망하는 '다가올 전쟁'은 인류를 파멸로 몰고 갈 '기술의 노예 반란'에 불과할 것이라고 일갈한다.

마지막으로 벤야민은 전쟁을 신격화하는 윙거와 그의 친구들의 '뿌리 깊은 신비주의'적 태도를 비판한다. 벤야민에 따르면 이들은 "항상 가장 먼저 그리고 항상 가장 격렬하게 사리분별에 저항"하는 비이성적, 신비주의적 태도를 보일 뿐만 아니라, 이를 통해 전쟁을 영원하고 근원적인 자연 법칙의 영역으로까지 고양시키려 한다. 따라서 벤야민은 윙거와 그의 친구들의 저술이 전쟁을 "기술 속에서 신비주의적으로 그리고 무매개적으로 풀어내려는 시도"에 불과하며, 전쟁에 대한 이러한 종류의 신비주의적 긍정은 필연적으로 논증을 결여할 수밖에 없다고 지적한다. 벤야민의 비판처럼 윙거는 서술 과정에서 '근원Ursprung' '총체성Totalität' '근원적인 힘들Elementare Kräfte'과 같은 비논증적이고 신비주의적 언어에 의존한다. 이처럼 사물의 본질을 신비주의적 언어 뒤로 감추고, 위장하려는 윙거의 신비화 전략에 대응해 벤야민은 '인간적 사물의 제도'인 언어를 통해 '사물들을 실제 그 이름으로 명명'하는 언어화의 필요성을 다음과 같이 강조한다.

언어와 오성을 제공하는 모든 빛을 저 "근원 체험"을 향하도록 만들어야만 하는데, 이 근원 체험의 황량한 암흑으로부터 세계-죽음의 신비주의가 수천 개의 볼품없는 개념의 작은 다리들로 꿈틀대며 기어다닌다.

윙거와 그의 친구들이 '근원 체험'으로서 신비화하는 전쟁은 기실 '세계 죽음'의 종말론적 전망과 다름없으며, 신비로운 어둠의 그림자 속에 은폐된 현실은 '언어와 오성'의 빛으로 환하게 비춰야 할 대상인 것이다. 요컨대 벤야민은 세계의 '재마법화' 전략을 추구하는 윙거에 대해 언어를 통한 '탈마법화'로 맞서고 있다고 할 수 있다. '사물의 언어를 인간의 언어로 번역'하려는 벤야민의 언어철학적 사유와 '말할 수 없는 것의 언어화'라는 그의 탈신화화 전략은 여기서 결합되어 전쟁과 전쟁 체험을 신화화·신격화하는 윙거와 그의 친구들의 사유에 대한 해독제로서 기능하는 것이다.

4. 편역 텍스트 선정에 관하여

지금까지 살펴보았듯, 『노동자』는 윙거의 초기 사상의 집결체이자 바이마르 공화국 당시 독일 '보수혁명파'의 사유의 단면을 엿볼 수 있게 해준다는 점에서 대단히 중요한 텍스트다. 또한 『노동자』가 철학자 마르틴 하이데거의 근대 기술에 대한 사유에 결정적인 영향을 끼쳤으며, 그가 평생 동안이 책에 대한 연구를 중단하지 않았다는 사실 또한 『노동자』에 담긴 시대와 기술에 대한 성찰의 깊이를 가늠해볼 수있게 해준다. 그러나 안타깝게도 이 책의 분량이 방대한 관계로 완역에는 부담이 따랐다. 대안으로 『노동자』의 내용 가운데 「고통에 관하여」와 밀접한 연관 관계가 있거나 윙거 사유의 핵심이 드러나는 부분 그리고 윙거와 발터 벤야민 간사유의 연관 관계가 분명하게 드러나는 지점들을 중점적으로 번역했다.

먼저 『노동자』에 제시된 이론을 전체적으로 조망하는 1~4번, 7~10번, 13번이 제1부의 번역 대상이 되었다. 해당부분은 기존의 시민사회 붕괴와 새로운 '인종'인 노동자의등장 그리고 형상으로서의 노동자에 대한 정의를 담고 있다는 점에서 매우 중요하다. 제2부에서는 먼저 노동자 유형의 특징이 상술된 부분과 특히 「고통에 관하여」에서 세밀하게 다룬 노동자의 외형적 특징이 상술되어 있는 부분을 택했다. 따라서 시민적인 개인과 구분되는 '유형'의 특징을 다룬 33~38번과 42번을 소개했는데, 여기서 유형의 '아우라 없는' 외관에 대한 윙거의 설명은 「기술복제 시대의 예술작품」에서 벤야민이 전개한 이론을 상당 부분 선취하고 있다는 점에서 주목할 만하다. 나아가 『고통에 관하여』의 핵심적인 내용이자 기술에 대한 윙거의 사유를 분명하게 드러내주는 44번과 49~54번 그리고 56~57번을 선정했다. 여기서 윙거는 '기술의 변동성'을 현재의 기술사회가 직면하고 있는 '예외상태'의 원인으로 설명하며, 기술의 변동성이 중단되는 '기술의 완벽성'의 지점을 이러한 변동적인 상태의 종결점으로 설정한다는 점에서 윙거의 '종말론'적 역사철학의 일단이 뚜렷이 드러난다.

마지막으로 73~74번과 78~80번 그리고 개요를 번역하기로 했다. 이중 '자유주의적 민주주의에서 노동자 국가로의 이행'을 다루는 73~74번은 그의 정치이론을 파시즘의 영역으로 근접시키는 전체주의적 국가이론과 그의 절친한 친구였던 법학자 카를 슈미트의 영향을 받은 예외상태에 대한 독재이론을 담고 있어 특별한 주목을 요한다. 나아가 '사회계약을 노동계획으로 교체하는 것'을 테마로 하는 78~80번은 자본주의적 경쟁체제를 부정하는 계획경제 모델과 총동원 체제 내에서 전 국민에 대한 노동의 의무를 부과하는 노동봉사의무 등 전체주의적 경제 모델을 제시하고 있다는 점에서 이목을 끈다. 윙거의 이러한 파시즘적인 정치·경제 모델은 이 모델의 '전지구적' 성격에 대한 그의 강조에도 불구하고, 파시즘을 사상적으로 옹호하고 나치의 집권에 사상적으로 기여했다는 비판으로부터 자유롭지 못하게 만든다.

노동자·고통에 관하여·독일 파시즘의 이론들

초판 인쇄	2020년 1월 17일
초판 발행	2020년 1월 29일
지은이	에른스트 윙거·발터 벤야민
옮긴이	최동민
펴낸이	강성민
편집장	이은혜
마케팅	정민호 김도윤 고희수
홍보	김희숙 김상만 오혜림 지문희 우상희
펴낸곳	(주)글항아리 | 출판등록 2009년 1월 19일 제406-2009-000002호
주소	10881 경기도 파주시 회동길 210
전자우편	bookpot@hanmail.net
전화번호	031-955-1936(편집부) | 031-955-2696(마케팅)
팩스	031-955-2557
ISBN	978-89-6735-744-3 93160

글항아리는 (주)문학동네의 계열사입니다.

이 도서의 국립중앙도서관 출판시도서목록(CIP)은 서지정보유통지원시스템 홈페이지
(http://seoji.nl.go.kr)와 국가자료공동목록시스템(http://www.nl.go.kr/kolisnet)에서
이용하실 수 있습니다. (CIP제어번호 : CIP2020001206)

geulhangari.com